Parte III — Literatura: autonomia e...

Unidade 13 — O Pré-Modernismo — 356
- Capítulo 36 — O Pré-Modernismo – retratos do Brasil, 358
- Capítulo 37 — Literatura em transição, 366

Unidade 14 — Manifestações do moderno — 381
- Capítulo 38 — As vanguardas europeias – diálogos do moderno, 382
- Capítulo 39 — O Modernismo em Portugal – novidades artísticas e ecos do passado, 388

Unidade 15 — O Modernismo no Brasil: primeira fase — 403
- Capítulo 40 — A primeira fase do Modernismo – autonomia artística, 404
- Capítulo 41 — Mário, Oswald e Raul Bopp: ousadia literária, 412
- Capítulo 42 — Manuel Bandeira e Alcântara Machado: o cotidiano em verso e prosa, 422

Unidade 16 — O Modernismo no Brasil: segunda fase — 433
- Capítulo 43 — A segunda fase do Modernismo – urgências sociais, 434
- Capítulo 44 — O Nordeste revisitado, 444
- Capítulo 45 — O ciclo do Sul, 454
- Capítulo 46 — Carlos Drummond de Andrade: o eu e o mundo, 458
- Capítulo 47 — Murilo Mendes e Jorge de Lima: novidades da poesia religiosa, 462
- Capítulo 48 — Cecília e Vinicius: reflexões sobre a experiência humana, 466

Unidade 17 — O Modernismo no Brasil: terceira fase — 475
- Capítulo 49 — A terceira fase do Modernismo – o apuro da forma, 476
- Capítulo 50 — João Guimarães Rosa: o universal nascido do regional, 484
- Capítulo 51 — Clarice Lispector: a iluminação do cotidiano, 492
- Capítulo 52 — João Cabral de Melo Neto: a arquitetura da linguagem, 496
- Capítulo 53 — Nelson Rodrigues e Ariano Suassuna: o teatro do século XX, 500

Unidade 18 — Tendências da literatura brasileira contemporânea — 509
- Capítulo 54 — A literatura brasileira atual – multiplicidade de recursos, 510

Unidade 19 — Panorama das literaturas africanas de língua portuguesa — 527
- Capítulo 55 — Literaturas africanas – reconstrução de identidades, 528

Parte III — Literatura: autonomia e competência expressiva

UNIDADES

- **13** O Pré-Modernismo
- **14** Manifestações do moderno
- **15** O Modernismo no Brasil: primeira fase
- **16** O Modernismo no Brasil: segunda fase
- **17** O Modernismo no Brasil: terceira fase
- **18** Tendências da literatura brasileira contemporânea
- **19** Panorama das literaturas africanas de língua portuguesa

Emiliano Di Cavalcanti (1897-1976) era bem informado sobre as vanguardas modernistas na literatura e em outras áreas. Foi referência importante não apenas para o grupo modernista, mas para a história das artes plásticas no Brasil. Abordou temas tipicamente brasileiros, como o samba, o cenário geográfico brasileiro, temas do cotidiano, como festas populares, cenas com pescadores, entre outros. Os trópicos destacam-se nas cores fortes, na definição dos volumes, na luminosidade peculiar e na sensualidade das formas.

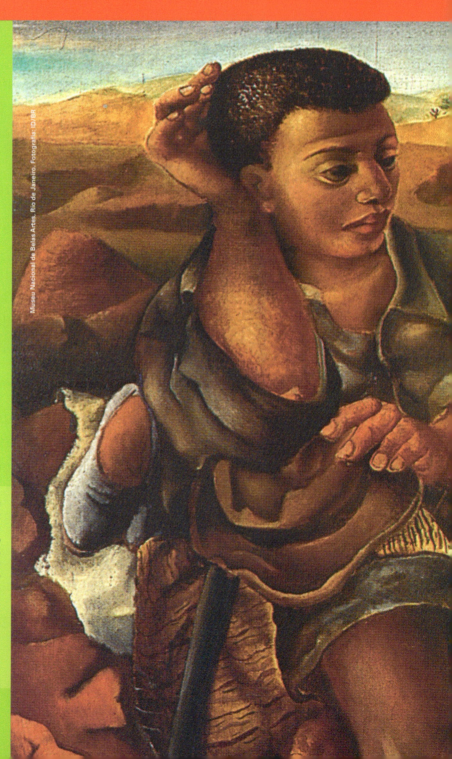

Di Cavalcanti. *Ciganos*, 1940. Óleo sobre tela, 97 cm × 130 cm. Museu Nacional de Belas Artes, Rio de Janeiro.

Nas primeiras décadas do século XX, o sistema literário brasileiro deixou de ser apenas um eco de estéticas estrangeiras e passou a ter como referência central a produção literária nacional. Isso começou com o movimento conhecido por Modernismo, que não ignorou a cultura internacional, mas, em vez de absorvê-la passivamente, passou a assimilá-la criticamente.

Dessa forma, o Modernismo produziu uma literatura sintonizada com a cultura e o falar brasileiros, promovendo uma aproximação cada vez maior entre a linguagem das personagens literárias e a linguagem do cotidiano. Além disso, o papel de protagonista passou a ser desempenhado frequentemente por figuras que vivenciavam condições sociais duríssimas, mergulhadas na pobreza ou na marginalidade.

Para obter o efeito de proximidade das personagens com a cultura nacional, os escritores precisaram criar técnicas relativamente complexas e alcançar extremo domínio do ofício literário. A influência de longo prazo exercida pelo Modernismo comprova-se pela presença dessas técnicas nas obras contemporâneas.

UNIDADE

13

O Pré-
-Modernismo

Nesta unidade

36 O Pré-Modernismo – retratos do Brasil

37 Literatura em transição

Estas fotografias de 1947, do franco-
-brasileiro Pierre Verger (1902-1996),
mostram cenas da festa de Iemanjá em
Salvador (BA). A valorização da cultura
popular, marca do trabalho de Verger,
também é notada na obra dos escritores
pré-modernistas, que trouxeram para o
primeiro plano grupos sociais
marginalizados, para revelar ao leitor as
várias realidades do Brasil.

A produção literária brasileira do início do século XX foi marcada por manifestações que davam continuidade às diversas tendências artísticas do século anterior. Não existia uma orientação estética inovadora e unificadora dessas tendências na literatura, mas sim a permanência de traços realistas, naturalistas, parnasianos e simbolistas, que se mesclavam e se aplicavam a novos contextos.

Também havia uma importante novidade: os autores pré-modernistas iniciavam a revisão do nacionalismo, trocando o ufanismo (espécie de patriotismo exagerado) pelo questionamento e pela crítica da organização social do país. Essa crítica não apenas atingia setores específicos, tais como o Exército, a administração das cidades e as políticas agrícolas, mas também promovia uma reflexão ampla sobre a constituição do povo brasileiro e de sua cultura.

CAPÍTULO

36 O Pré-Modernismo – retratos do Brasil

O que você vai estudar

- Os contrastes do Brasil republicano.
- A permanência das referências artísticas do século XIX.
- O interesse pelo Brasil real.

O início do século XX, na Europa, foi marcado por grandes transformações científicas e tecnológicas e pelos conflitos políticos que dariam origem à Primeira Guerra Mundial, em 1914. Nesse contexto agitado, abordagens artísticas inéditas foram experimentadas pelas **vanguardas**, movimentos estéticos que expressavam o dinamismo dos novos tempos e renovavam a arte europeia.

Tal cenário, porém, não contagiou a realidade brasileira nesse período. Nossos artistas preferiram aprofundar o olhar sobre as questões nacionais, passando ao largo das inovações formais que começavam a ser praticadas na Europa. Neste capítulo, você conhecerá os interesses e as referências artísticas dos chamados pré-modernistas.

Sua leitura

A seguir, estão reproduzidas uma tela do pintor brasileiro Almeida Júnior (1850-1899) e parte do conto "Cidades mortas", do livro de mesmo título publicado em 1919 por Monteiro Lobato (1882-1948). As duas obras retratam aspectos do interior do estado de São Paulo.

Caipira picando fumo

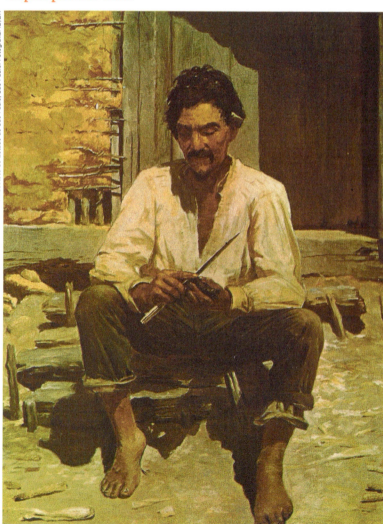

Almeida Júnior ajudou a introduzir cenas cotidianas e personagens comuns na arte brasileira, fugindo dos temas grandiosos que caracterizaram boa parte da pintura no século XIX. Graças a uma bolsa de estudos concedida pelo governo imperial, o pintor pôde estudar na França e entrou em contato com artistas que privilegiavam a figura do trabalhador rural. Essa orientação foi absorvida facilmente pelo jovem pintor, que cresceu em Itu, no interior paulista, e, portanto, conhecia bem a cultura caipira. O regionalismo foi um traço distintivo de sua produção.

ALMEIDA JR., J. F. de. *Caipira picando fumo*, 1893. Óleo sobre tela, 202 cm × 141 cm. Pinacoteca do Estado de São Paulo, São Paulo.

358

Cidades mortas

Pelas ruas ermas, onde o transeunte é raro, não matracoleja sequer uma carroça; de há muito, em matéria de rodas, se voltou aos rodízios desse rechinante símbolo do viver colonial — o carro de boi. Erguem-se por ali soberbos casarões apalaçados, de dois e três andares, sólidos como fortalezas, tudo pedra, cal e cabiúna; casarões que lembram ossaturas de megatérios donde as carnes, o sangue, a vida, para sempre refugiram.

[...]

São os palácios mortos da cidade morta.

Avultam em número, nas ruas centrais, casas sem janelas, só portas, três e quatro: antigos armazéns hoje fechados, porque o comércio desertou também. Em certa praça vazia, vestígios vagos de "monumento" de vulto: o antigo teatro — um teatro onde já ressoou a voz da Rosina Stolze, da Candiani...

Não há na cidade exangue nem pedreiros, nem carapinas; fizeram-se estes remendões; aqueles, meros demolidores — tanto vai da última construção. A tarefa se lhes resume em especar muros que deitam ventres, escorar paredes rachadas e remendá-las mal e mal. Um dia metem abaixo as telhas: sempre vale trinta mil réis o milheiro — e fica à inclemência do tempo o encargo de aluir o resto.

Os ricos são dois ou três forretas, coronéis da Briosa, com cem apólices a render no Rio; e os sinecuristas acarrapatados ao orçamento: juiz, coletor, delegado. O resto é um *mob*: velhos mestiços de miserável descendência, roídos de opilação e álcool; famílias decaídas, a viverem misteriosamente umas, outras à custa do parco auxílio enviado de fora por um filho mais audacioso que migrou. "Boa gente", que vive de aparas.

Da geração nova, os rapazes debandam cedo, quase meninos ainda; só ficam as moças — sempre fincadas de cotovelos à janela, negaceando um marido que é um mito em terra assim, donde os casadouros fogem. Pescam, às vezes, as mais jeitosas, o seu promotorzinho, o seu delegadozinho de carreira – e o caso vira prodigioso acontecimento histórico, criador de lendas.

Toda a ligação com o mundo se resume no cordão umbilical do correio — magro estafeta bifurcado em pontiagudas éguas pisadas, em eterno ir e vir com duas malas postais à garupa, murchas como figos secos.

MONTEIRO LOBATO, J. R. *Cidades mortas*. São Paulo: Brasiliense, 1995. p. 22-23.

Vocabulário de apoio

acarrapatado: agarrado como carrapato
aluir: arruinar
apalaçado: com aspecto de palácio
apara: raspas
apólice: documento que comprova dívida
avultar: aumentar, intensificar-se
Briosa: Guarda Nacional
cabiúna: madeira de jacarandá
carapina: carpinteiro
casadouro: que deseja casar
debandar: sair de um grupo, retirar-se
desertar: abandonar, deixar
ermo: lugar desabitado, deserto
especar: escorar, sustentar
estafeta: carteiro
exangue: que ficou sem sangue
forreta: avarento, sovina
inclemência: intolerância, severidade
matracolejar: fazer muito barulho
megatério: preguiça-gigante extinta há cerca de 10 mil anos
milheiro: milhar, quantidade de mil
***mob* (inglês)**: "povinho"
negacear: seduzir
opilação: grave anemia causada por vermes
parco: minguado, escasso
rechinante: chiante
refugir: fugir
remendão: que faz remendos; artesão pouco habilidoso
Rosina Stolze e Candiani: famosas cantoras líricas
sinecurista: aquele que exerce ocupação fácil e bem remunerada
transeunte: passante, pedestre

Sobre os textos

1. O caipira, na tela de Almeida Júnior da página anterior, parece concentrado nos próprios pensamentos. Que elementos da tela produzem essa impressão?

2. Descreva o tratamento dado às cores na pintura de Almeida Júnior. Explique que efeito esse tratamento produz.

3. A tela apresenta elementos humanos/culturais e também elementos naturais. Há uma relação equilibrada entre esses elementos ou um deles predomina? Explique, considerando o cenário e a figura humana.

4. Releia esta passagem do conto "Cidades mortas": "Não há na cidade exangue nem pedreiros, nem carapinas". Explique o sentido do adjetivo *exangue* na caracterização do cenário descrito.

5. Os tipos humanos descritos no conto contribuem para a explicitação do estado atual da cidade. Para você, qual tipo humano simboliza melhor a decadência? Por quê?

6. Almeida Júnior e Monteiro Lobato são artistas com interesses semelhantes. Que aspectos aproximam as obras analisadas nesta seção?

FERREZ, Marc. *Escravos na colheita do café*, c. 1882. Negativo original em vidro, gelatina/prata, 24 cm × 30 cm. Coleção Gilberto Ferrez, Rio de Janeiro.

A produção de café, base da economia no Império, organizou-se sobre o latifúndio, a mão de obra escravizada – retratada pelo fotógrafo Marc Ferrez (1843-1923) – e a monocultura voltada à exportação. Entre 1830 e 1890, as fazendas do vale do Paraíba (que abrange áreas de SP e RJ) foram as maiores produtoras de café, irradiando desenvolvimento econômico para as cidades próximas. No entanto, a forma de cultivo logo esgotou o solo, e a cultura cafeeira entrou em declínio na região, transferindo-se para o oeste paulista.

> O contexto de produção

As primeiras décadas do século XX no Brasil foram marcadas pela **consolidação da República** e pela chamada **"política do café com leite"**, que submeteu o país aos interesses de cafeicultores paulistas e pecuaristas mineiros. A economia dependia desses setores, em especial do equilíbrio entre a produção e a exportação do café. Se os mercados externos não absorviam toda a produção de café, ocorriam as chamadas "crises de superprodução", e o Estado saía em socorro dos cafeicultores. O norte do país também vivia um momento de fartura com a **extração da borracha na Amazônia**. Esses traços de prosperidade, porém, revelavam sérias contradições sociais, que foram denunciadas pelos autores pré-modernistas.

> O contexto histórico

O Pré-Modernismo contou com importantes cronistas, que documentaram a **modernização** do país e seus **contrastes**. Um deles foi Lima Barreto (1881-1922), que analisou a fragilidade da economia brasileira em sua crônica "As riquezas da Bruzundanga". Nos trechos selecionados a seguir, ele comenta os problemas do café e da borracha.

> Com o café dá-se uma cousa interessante. O café é tido como uma das maiores riquezas do país; entretanto é uma das maiores pobrezas. Sabem por quê? Porque o café é o maior "mordedor" das finanças da Bruzundanga.
>
> Eu me explico. O café, ou antes, a cultura do café é a base da oligarquia política que domina a nação. A sua árvore é cultivada em grandes latifúndios pertencentes a essa gente, que, em geral, mal os conhece [...].
>
> Os proprietários dos latifúndios vivem nas cidades, gastando à larga, levando vida de nababos e com fumaças de aristocratas. Quando o café não lhes dá o bastante para as suas imponências e as da família, começam a clamar que o país vai à garra; que é preciso salvar a lavoura; que o café é a base da vida econômica do país; e — zás — arranjam meios e modos do governo central decretar um empréstimo de milhões para valorizar o produto.
>
> [...]
>
> A riqueza mais engraçada da Bruzundanga é a borracha. De fato, a árvore da borracha é nativa e abundante no país. Ela cresce em terras que, se não são alagadiças, são doentias e infestadas de febres e outras endemias. A extração do látex é uma verdadeira batalha em que são ceifadas inúmeras vidas. É cara, portanto. Os ingleses levaram sementes e plantaram a árvore da borracha nas suas colônias, em melhores condições que as espontâneas da Bruzundanga. Pacientemente, esperaram que as árvores crescessem; enquanto isto, os estadistas da Bruzundanga taxavam a mais não poder o produto.
>
> Durante anos, essa taxa fez a delícia da província dos Rios. Palácios foram construídos, teatros, hipódromos, etc.
>
> Das margens do seu rio principal, surgiram cidades maravilhosas e os seus magnatas faziam viagens à Europa em iates ricos. As cocottes caras infestavam as ruas da cidade. O Eldorado...
>
> Veio, porém, a borracha dos ingleses e tudo foi por água abaixo, porque o preço de venda da Bruzundanga mal dava para pagar os impostos. A riqueza fez-se pobreza...
>
> LIMA BARRETO, A. H. de. As riquezas da Bruzundanga. In: *Os bruzundangas*. São Paulo: Ática, 1985. p. 47-48.

Repertório

Prosperidade para poucos

Lima Barreto e outros pré-modernistas estavam atentos ao contraste entre a imagem construída do Brasil e a pobreza geral. A urbanização elegante se fazia pela transferência forçada de famílias pobres das áreas centrais para as favelas em formação. A industrialização no Rio de Janeiro e em São Paulo atraía brasileiros e imigrantes em busca de trabalho, mas excluía os negros recém-libertos. O café e a borracha enriqueciam regiões, mas a cana-de-açúcar declinava no Nordeste, que enfrentava a seca, a miséria e a violência do cangaço.

No fim do século XIX, o Brasil monopolizou a produção de borracha, que alcançou altos preços no mercado mundial. Belém (PA) e Manaus (AM) viveram rápida e luxuosa urbanização nos moldes europeus. O Teatro Amazonas, de Manaus, foi construído nesse período. Fotografia de 2007.

Vocabulário de apoio

ceifar: destruir, tirar a vida
cocotte: do francês, "menina, cortesã" (prostituta elegante)
endemia: doença infecciosa que ocorre com frequência em determinada região
estadista: pessoa ativamente envolvida na condução do governo e de suas políticas
ir à garra: perder o rumo, ficar à deriva
nababo: milionário que ostenta luxo

■ Margens do texto

1. A onomatopeia *zás* é usada para representar ação decidida e rápida, pois reproduz o ruído de uma pancada. Associe o uso dessa palavra à análise da produção cafeeira no trecho.
2. Explique: a cultura da borracha alterou duas vezes a fisionomia da região onde era produzida.

> O contexto cultural

No contexto das desigualdades do início do século, chama a atenção o **artificialismo** em que viviam as classes superiores. Elas importavam os produtos europeus e também o modo de vida francês, que estimulava, sobretudo, um **gosto artístico elitista** apegado às modas parnasiana e simbolista. Alguns fatores contribuíram para essa disposição das elites brasileiras em importar de maneira acrítica modas europeias: por exemplo, importantes avanços tecnológicos como o automóvel e a lâmpada elétrica, que propiciavam maior conforto, e a multiplicação de estabelecimentos comerciais e opções culturais, promotores de uma maior sociabilidade.

O período, porém, foi igualmente marcado por um novo posicionamento das camadas populares, que começaram a afirmar o seu gosto artístico próprio, descartando aquele ditado pela elite. Lima Barreto expõe a contradição entre a cultura socialmente prestigiada e a cultura popular neste trecho do romance *Triste fim de Policarpo Quaresma*, em que Policarpo discute com a irmã por causa de um violão.

Cena do filme *Policarpo Quaresma, herói do Brasil* (direção de Paulo Thiago, Brasil, 1998): valorização da cultura popular brasileira.

> [...] o Major Quaresma, de cabeça baixa, com pequenos passos de boi de carro, subia a rua, tendo debaixo do braço um violão impudico.
> É verdade que a guitarra vinha decentemente embrulhada em papel, mas o vestuário não lhe escondia inteiramente as formas. À vista de tão escandaloso fato, a consideração e o respeito que o Major Policarpo Quaresma merecia nos arredores de sua casa diminuíram um pouco. Estava perdido, maluco, diziam. Ele, porém, continuou serenamente nos seus estudos, mesmo porque não percebeu essa diminuição.
> [...]
> — Policarpo, você precisa tomar juízo. Um homem de idade, com posição, respeitável, como você é, andar metido com esse seresteiro, um quase capadócio — não é bonito!
> O major descansou o chapéu de sol — um antigo chapéu de sol, com a haste inteiramente de madeira, e um cabo de volta, incrustado de pequenos losangos de madrepérola — e respondeu:
> — Mas você está muito enganada, mana. É preconceito supor-se que todo o homem que toca violão é um desclassificado. A modinha é a mais genuína expressão da poesia nacional e o violão é o instrumento que ela pede. Nós é que temos abandonado o gênero, mas ele já esteve em honra, em Lisboa, no século passado, com o Padre Caldas, que teve um auditório de fidalgas. Beckford, um inglês, muito o elogia.
> LIMA BARRETO, A. H. de. *Triste fim de Policarpo Quaresma*. São Paulo: Ateliê Editorial, 2001. p. 23-24.

A reação dos vizinhos e da irmã de Policarpo Quaresma evidencia o preconceito em relação à cultura genuinamente nacional: o violão, a modinha e o seresteiro são desprezados. Policarpo é malvisto porque, adotando e divulgando o gosto popular, destoa da classe social a que pertence, cuja superioridade é reforçada pela adoção de comportamentos europeizados. O texto de Lima Barreto chama a atenção para a propagação da modinha, um gênero musical que, assim como as serestas, o maxixe, o lundu e o samba, alcançou grande sucesso junto às camadas populares.

Essa divisão social do gosto artístico, que se percebe no trecho do romance lido, indica o início da expressão de **interesses e perspectivas de setores sociais de menor prestígio**. Para isso, foi fundamental a expansão da imprensa, que passou a contar com maior número de publicações críticas. Revistas como *O Malho* e jornais oposicionistas como *A Lanterna* discutiam **questões de interesse nacional** e, assim, estimulavam a leitura para atualização de informações e formação de opinião.

Vocabulário de apoio

Beckford: nobre inglês que elogiou as modinhas ouvidas na corte de dona Maria I, em Lisboa
capadócio: ignorante, pouco inteligente
fidalgo: nobre, aristocrata
impudico: que não tem pudor, sensual
modinha: variedade de canção tradicional luso-brasileira que se popularizou a partir do século XIX
Padre Caldas: compositor que divulgou a modinha nas cortes portuguesas
seresteiro: que canta serestas, faz serenatas

■ Margens do texto

1. Por que são irônicas as expressões "violão impudico", "guitarra decentemente embrulhada em papel" e "escandaloso fato"?
2. O major Quaresma defende-se da repreensão da irmã afirmando o valor da modinha como expressão genuína da nacionalidade. Identifique e explique a estratégia empregada para completar sua argumentação.

› O contexto literário

As produções literárias do início do século XX são tradicionalmente agrupadas sob a designação **pré-modernistas**, pela inserção nesse tempo histórico e por questionarem a representação do povo brasileiro. No entanto, essas produções não inauguraram uma concepção estética original. Na verdade, elas conservaram basicamente a linguagem literária do século XIX. Por esse motivo, o Pré-Modernismo não é considerado uma escola literária, mas sim uma **fase de transição** da literatura brasileira.

O sistema literário do Pré-Modernismo

Algumas inovações técnicas trouxeram avanços significativos para o jornalismo no início do século XX. A disseminação da **fotografia** permitiu a reprodução precisa de ambientes e pessoas em foco nas reportagens, enquanto o **telégrafo** favoreceu a transmissão rápida das informações. Essa agilidade resultou em maior interesse dos leitores, ávidos por textos atualizados e vinculados à realidade.

O campo literário também acompanhou essa nova disposição: os textos mais importantes do período valeram-se de **linguagem próxima à jornalística** e buscaram investigar e compreender a **realidade nacional**. Entre os principais autores pré-modernistas, Lima Barreto e Euclides da Cunha atuaram como jornalistas profissionais, enquanto Monteiro Lobato traduziu artigos de periódicos ingleses para o jornal O *Estado de S. Paulo*.

Tematicamente, o **nacionalismo crítico** é a marca distintiva do Pré-Modernismo. A novidade veio com a publicação, em 1902, de *Canaã*, de Graça Aranha (1868-1931), e *Os sertões*, de Euclides da Cunha (1866-1909), que propunham um nacionalismo voltado para a denúncia e a superação dos problemas sociais, políticos e culturais do Brasil. Nessa linha, mais do que descrever certas regiões, os autores refletiam sobre a condição histórica da nação, como se lê nesta passagem de *Canaã*.

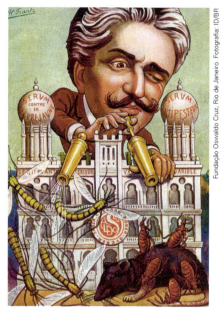

FRANTZ, H. Caricatura de Oswaldo Cruz. *Chanteclair*, Paris, out. 1911.

Nessa caricatura, publicada no periódico francês *Chanteclair*, em 1911, Oswaldo Cruz combate a peste bubônica. Autoridade responsável pelo saneamento da cidade, Oswaldo Cruz, tentando evitar o alastramento da peste, resolveu pagar por ratos mortos. Assim, criou, involuntariamente, um lucrativo negócio: pessoas começaram a criar ratos para vender e até compravam os animais dos navios estrangeiros que atracavam no Rio de Janeiro. O caso ilustra os contrastes do Rio de Janeiro, capital brasileira na época.

> Paulo Maciel parecia desinteressar-se da discussão e, descuidado, foi-se afastando na direção da casa, tirando de passagem folhas das laranjeiras que ia aspirando, nervoso. Os companheiros o seguiam, empenhados no assunto. Maciel pensava:
> — É o debate diário da vida brasileira... Ser ou não ser uma nação... Momento doloroso em que se joga o destino de um povo... Ai dos fracos!... Que podemos fazer para resistir aos lobos? Com a bondade ingênita da raça, a nativa fraqueza, a descuidada inércia, como nos oporemos a que eles venham?... Tudo vai acabar e se transformar. Pobre Brasil!... Foi uma tentativa falha de nacionalidade. Paciência...
> E o que nos adiantam os Estados Unidos? Será sempre um senhor. Todo este continente está destinado ao pasto das feras... Sul América... Ridículo... Mas não haverá uma salvação, não haverá um deus ou uma força que paralise o raio armado contra nós?... Enfim, vá lá... *Mea culpa*; e está acabado... Temos o que merecemos... Daí, pode ser que seja melhor... A Terra prosperará... Melhor administração... mais polícia... e é só... Vale a pena? E o mundo é só isso? Vale a pena viver para ter mais polícia? E a língua? a raça... esta associação... degradada se quiserem... mesquinha... sim, fraca, quase a esfacelar-se... mas amorável, boa e amada, apesar de tudo, porque é nossa, nossa... Oh! muito nossa...
> GRAÇA ARANHA, J. P. da. *Canaã*. Rio de Janeiro: Edições de Ouro, s. d. p. 157.

Vocabulário de apoio

amorável: agradável, amoroso
empenhado: envolvido, comprometido
esfacelar-se: desfazer-se, desmantelar-se
ingênito: inato, congênito, que nasce com a pessoa
mea culpa (latim): ato de pedir perdão, confissão da própria culpa
mesquinho: medíocre, ordinário

■ Margens do texto

1. Qual é a função das reticências no trecho em discurso direto?
2. Na fala da personagem, as soluções consideradas para a superação dos problemas nacionais reforçam a ideia de que o brasileiro é fraco. Explique essa afirmação.

O papel da tradição

O pensamento da personagem Paulo Maciel, examinado no trecho de *Canaã* da página anterior, parte da ideia de que o brasileiro é um povo de "bondade ingênita", "nativa fraqueza" e "descuidada inércia", sendo, portanto, pouco apto à competição. Essa consideração, feita a partir da ideia de **raça**, revela que as **teorias científicas do século anterior** ainda tinham prestígio – sobretudo o **determinismo** e o **evolucionismo**. A análise dos problemas sociais partia do pressuposto de que elementos como o meio, a raça e as condições históricas determinavam comportamentos e de que alguns traços tornavam uma raça mais competente para a sobrevivência e a dominação. Esse pensamento, herdado do século XIX, permeou as reflexões dos pré-modernistas. No entanto, eles rejeitaram o determinismo posto em prática de forma mecânica pelos naturalistas; suas análises observavam as nuanças locais e recusavam as visões fatalistas, pois a literatura pretendia questionar a realidade e criar consciência política.

Ainda no campo das heranças de estéticas anteriores, predominaram os pressupostos de observação e análise dos **realistas** e dos **naturalistas**. Os artistas privilegiaram o retrato do brasileiro comum em seu cotidiano, focando suas condições de trabalho e suas relações sociais. Houve interesse tanto pelos tipos rurais quanto pela população urbana, representada pelos trabalhadores de baixa renda.

Apesar disso, algumas passagens de livros da época lembram o **esteticismo parnasiano**, principalmente nas descrições. Há, inclusive, exemplos de obras desse período (não enquadradas como pré-modernistas) em que a linguagem ornamental associa-se ao discurso ufanista e conservador, como se vê na prosa de Coelho Neto (1864-1934) e Afonso Celso (1836-1912).

Fuga do esteticismo

Na produção literária identificada como pré-modernista, houve um afastamento consciente da poesia parnasiana e a recusa em repetir procedimentos formalistas e padronizados, amoldados ao gosto da elite.

Para fugir do esteticismo, os pré-modernistas optaram por uma linguagem mais direta e próxima da realidade da fala dos brasileiros, como mostram os textos de **Monteiro Lobato** e **Lima Barreto**, com suas personagens tomadas do dia a dia. Já **Euclides da Cunha** preferiu manter, em boa parte da sua obra, a linguagem formal e rebuscada, mas, ainda assim, totalmente diversa da elegância parnasiana. **Augusto dos Anjos** (1884-1914), considerado pelos estudiosos o poeta mais significativo dessa fase de transição, também se afastou do Parnasianismo, adotando orientações simbolistas associadas a outras tendências, tornando-se um caso singular do Pré-Modernismo.

Silva, Oscar Pereira da. *Retrato do arquiteto Ramos de Azevedo*, 1929. Óleo sobre tela, 62,5 cm × 73 cm. Casa das Rosas, São Paulo.

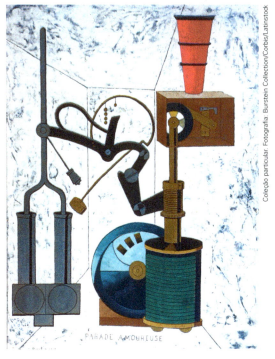

Picabia, Francis. *Parada amorosa*, 1917. Óleo sobre tela, 96,6 cm × 73,7 cm. Coleção particular.

A chamada pintura acadêmica, praticada no Brasil a partir do final do século XIX, apresentou certa inovação temática em relação à pintura do Romantismo, que destacava paisagens grandiosas e cenas históricas. Muitas obras acadêmicas retratavam cenas familiares ou personalidades da época, como a tela (acima) de Oscar Pereira da Silva (1865?-1939). A inovação temática, porém, não encontrava correspondência na composição estética: os artistas acadêmicos desconsideravam totalmente as inovações das vanguardas europeias. Basta comparar essa pintura com a obra (ao lado) de Francis Picabia (1879-1953), produzida vários anos antes. Esse pintor, vinculado ao movimento dadaísta (uma das vanguardas europeias), rompeu totalmente com a representação do amor vigente até fins do século XIX. Esse mesmo distanciamento em relação às vanguardas europeias pode ser observado na literatura pré-modernista.

Uma leitura

As crônicas de Olavo Bilac (1865-1918), conhecido autor parnasiano, versavam sobre a organização social brasileira. Um de seus temas mais recorrentes era a crítica à imundície e à estagnação da cidade do Rio de Janeiro. Esta crônica comemora a abertura da avenida Central, símbolo maior da reforma urbana projetada pelo prefeito Pereira Passos no início do século XX.

> **Para apontar a diferença entre o espaço antigo e o novo, Bilac faz referência à reação pública. Em outra parte da crônica, compara a reação do povo à de uma criança pobre que recebe um brinquedo novo com precaução.**

Inauguração da Avenida

[...]

Já lá se vão cinco dias. E ainda não houve aclamações, ainda não houve delírio. O choque foi rude demais. A calma ainda não renasceu.

Mas o que há de mais interessante na vida dessa mó de povo que se está comprimindo e revoluteando na Avenida, entre a Prainha e o Boqueirão, é o tom das conversas, que o ouvido de um observador apanha aqui e ali, neste ou naquele grupo.

Não falo das conversas da gente culta, dos "doutores" que se julgam doutos.

Falo das conversas do povo – do povo rude, que contempla e critica a arquitetura dos prédios: "Não gosto deste... Gosto mais daquele... Este é mais rico... Aquele tem mais arte... Este é pesado... Aquele é mais elegante...".

Ainda nesta sexta-feira, à noite, entremeti-me num grupo e fiquei saboreando uma dessas discussões. Os conversadores, à luz rebrilhante do gás e da eletricidade, iam apontando os prédios: e — cousa consoladora — eu, que acompanhava com os ouvidos e com os olhos a discussão, nem uma só vez deixei de concordar com a opinião do grupo. Com um instintivo bom gosto subitamente nascido, como por um desses milagres a que os teólogos dão o nome de "mistérios da Graça revelada" — aquela simples e rude gente, que nunca vira palácios, que nunca recebera a noção mais rudimentar da arte da arquitetura, estava ali discernindo entre o bom e o mau, e discernindo com clarividência e precisão, separando o trigo do joio, e distinguindo do vidro ordinário o diamante puro.

É que o nosso povo — nascido e criado neste fecundo clima de calor e umidade, que tanto beneficia as plantas como os homens — tem uma inteligência nativa, exuberante, pronta, que é feita de sobressaltos e relâmpagos, e que apanha e fixa na confusão as ideias, como a placa sensibilizada de uma máquina fotográfica apanha e fixa, ao clarão instantâneo de uma faísca de luz oxídrica, todos os objetos mergulhados na penumbra de uma sala...

E, pela Avenida em fora, acotovelando outros grupos, fui pensando na revolução moral e intelectual que se vai operar na população, em virtude da reforma material da cidade.

A melhor educação é a que entra pelos olhos. Bastou que, deste solo coberto de baiucas e taperas, surgissem alguns palácios, para que imediatamente nas almas mais incultas brotasse de súbito a fina flor do bom gosto: olhos, que só haviam contemplado até então betesgas, compreenderam logo o que é a arquitetura. Que não será quando da velha cidade colonial, estupidamente conservada até agora como um pesadelo do passado, apenas restar a lembrança?

Fui até a Prainha e voltei. [...]

E quando cheguei ao Boqueirão do Passeio, voltei-me, e contemplei mais uma vez a Avenida, em toda a sua gloriosa e luminosa extensão. [...]

Gazeta de Notícias – 19 nov. 1905

BILAC, Olavo. *Vossa insolência*: crônicas. São Paulo: Companhia das Letras, 1996. p. 264-267.

---

1. O trecho destaca uma das principais características do gênero crônica. Identifique-a.

2. O período pré-modernista caracteriza-se pela coexistência de várias correntes da segunda metade do século XIX. Qual concepção está evidente neste trecho? Explique.

> Para o autor, existe um padrão de bom gosto, vinculado à sofisticação, que não se confunde com a cultura colonial ou com a cultura popular. Daí ele aplaudir o fato de o povo espontaneamente desenvolver esse "bom gosto". A posição elitista divulgada na crônica se aproxima da concepção parnasiana de arte.

> O autor adere à política de final de século. Ele entende ser necessária a substituição das referências à cultura colonial pelo modelo europeu parisiense para estimular o progresso do país. Seu entusiasmo não deixa espaço para comentários sobre as reais condições de vida da população carioca, excluída dessa urbanização.

Vocabulário de apoio

aclamação: manifestação pública e coletiva de aprovação
baiuca: local de última categoria, mal frequentado
betesga: rua estreita, sem saída
clarividência: capacidade de ver com clareza, perspicácia e intuição
discernir: distinguir, diferenciar
douto: sábio, erudito
fecundo: produtivo, fértil
luz oxídrica: tipo de iluminação que produz luz intensa
mó: grande quantidade
revolutear: agitar-se em várias direções
tapera: lugar mal conservado e de mau aspecto

Ler o Pré-Modernismo

João do Rio (1881-1921) foi um dos principais cronistas da modernização do Rio de Janeiro. A crônica a seguir, de 1904, aborda o trabalho exercido por indivíduos comuns.

Vocabulário de apoio

cavaco: lasca de madeira
profissão sem academia: profissão de quem não tem estudo, conhecimento formal
trincar: cortar com os dentes, morder

Pequenas profissões

[...]

— Mas, senhor Deus! é uma infinidade, uma infinidade de profissões sem academia! Até parece que não estamos no Rio de Janeiro...

— Coitados! Andam todos na dolorosa academia da miséria, e, vê tu, até nisso há vocações! Os trapeiros, por exemplo, dividem-se em duas especialidades: a dos trapos limpos e a de todos os trapos. Ainda há os cursos suplementares dos apanhadores de papéis, de cavacos e de chumbo. Alguns envergonham-se de contar a existência esforçada. Outros abundam em pormenores e são um mundo de velhos desiludidos, de mulheres gastas, de garotos e de crianças, filhos de família, que saem, por ordem dos pais, com um saco às costas, para cavar a vida nas horas da limpeza das ruas.

De todas essas pequenas profissões a mais rara e a mais parisiense é a dos caçadores, que formam o sindicato das goteiras e dos jardins. São os apanhadores de gatos para matar e levar aos restaurantes, já sem pele, onde passam por coelho. Cada gato vale dez tostões no máximo. Uma só das costelas que os fregueses rendosos trincam, à noite, nas salas iluminadas dos hotéis, vale muito mais. As outras profissões são comuns. Os trapeiros existem desde que nós possuímos fábricas de papel e fábricas de móveis. Os primeiros apanham trapos, todos os trapos encontrados na rua, remexem o lixo, arrancam da poeira e do esterco os pedaços de pano, que serão em pouco alvo papel; os outros têm o serviço mais especial de procurar panos limpos, trapos em perfeito estado, para vender aos lustradores das fábricas de móveis. As grandes casas desse gênero compram em porção a traparia limpa. A uns não prejudica a intempérie, aos segundos a chuva causa prejuízos enormes. Imagina essa pobre gente, quando chove, quando não há sol, com o céu aberto em cataratas e, em cada rua, uma inundação!

[...]

Rio, João do. *A alma encantadora das ruas*: crônicas. São Paulo: Companhia das Letras, 2008. p. 56-57.

Sobre o texto

1. A ironia é um dos traços mais característicos de João do Rio.
   a) Explique a ironia presente no primeiro parágrafo.
   b) Que outros termos e expressões dos parágrafos seguintes se aproximam do sentido da palavra *academia*, contribuindo para o efeito de ironia da crônica? Explique.
   c) Que profissão é descrita como "a mais parisiense"? Por que essa descrição é irônica?

2. Localize, no último parágrafo do trecho, a palavra *intempérie*. É possível deduzir o sentido dessa palavra a partir do contexto (trecho) em que ela aparece. Explique.

3. Compare a imagem do Rio de Janeiro apresentada por João do Rio e por Olavo Bilac (p. 364).

O que você pensa disto?

O contraste entre a qualidade de vida da elite e das classes mais pobres, evidente nas crônicas lidas neste capítulo, também pode ser observado atualmente. O mapa ao lado mostra o Índice de Desenvolvimento Humano dos países divulgado em 2013. O IDH considera três dimensões básicas (saúde, educação e renda) e é mais elevado nos países com melhor qualidade de vida.

- Procure exemplos que mostrem contrastes de qualidade de vida em sua cidade, no Brasil ou no mundo e discuta-os com seus colegas.

Fonte de pesquisa: <http://www.pnud.org.br/arquivos/rdh-2013.pdf>. Acesso em: 18 abr. 2013.

CAPÍTULO 37
Literatura em transição

O que você vai estudar

- Euclides da Cunha: estudo do sertão.
- Monteiro Lobato: revisão do caboclismo.
- Lima Barreto: nacionalismo em desconstrução.
- Augusto dos Anjos: mistura de estilos.

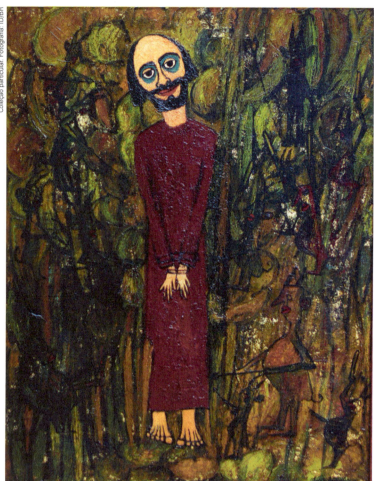

SCALDAFERRI, Sante. *A flagelação do beato*, 1966. Óleo sobre tela, 116 cm × 89 cm. Coleção particular.

A obra do pintor baiano Sante Scaldaferri (1928-) alia a arte erudita à temática regional. O pintor se interessa pelo drama dos moradores do sertão e remete, principalmente, à sua religiosidade. Ex-votos (objetos deixados por fiéis em igrejas em retribuição a uma graça alcançada) estão presentes em muitas de suas pinturas. Nessa tela, da década de 1960, a religiosidade popular está vinculada à temática social: Scaldaferri pinta um beato, figura que prega os ensinamentos cristãos em povoados extremamente pobres do sertão. O escritor pré-modernista Euclides da Cunha também tratou desse tipo social: o beato Antonio Conselheiro, fundador do povoado de Canudos, é figura central em *Os sertões*.

❯ Euclides da Cunha: a anatomia do sertão

Em 1897, Euclides da Cunha (1866-1909) foi designado pelo jornal *O Estado de S. Paulo* para cobrir a campanha do Exército brasileiro contra o arraial de Canudos, reduto de sertanejos localizado no sertão da Bahia. Acreditava-se que os sertanejos, liderados por Antonio Conselheiro, defendiam o retorno da Monarquia. Desde 1896, eles vinham resistindo, com armas rústicas, pedras e paus, contra expedições militares fortemente armadas. A resistência do arraial diante dessas expedições tinha se tornado vergonhosa para o Exército e para a República.

Quando partiu para a Bahia, Euclides partilhava as convicções do governo republicano e da população dos centros urbanos: via os sertanejos como bárbaros. A cobertura do evento, porém, apresentou-lhe outra face da questão. O escritor deparou com brasileiros desamparados pelo Estado, submetidos ao isolamento cultural, às condições naturais desfavoráveis e ao trabalho degradante imposto pelos latifundiários.

Essa visão foi transposta para a obra *Os sertões*, publicada cinco anos após seu retorno. O livro critica as ações do Exército e a atuação do governo republicano, destaca os contrastes entre as condições de vida no litoral e no interior e questiona a imagem de "civilização" brasileira que se pretendia aplicar à organização social do país.

> Entre o científico e o literário

A obra *Os sertões* é composta de três partes: "A terra", "O homem" e "A luta". Inicialmente, Euclides da Cunha descreve aspectos geográficos da região de Canudos, focando a dificuldade de sobrevivência, principalmente devido à seca. Dessa descrição extrai os argumentos com que explica a formação do tipo sertanejo na segunda parte. Na terceira, ocupa-se com a longa narrativa do conflito entre o arraial de Canudos e o Exército, vendo-o como fruto das condições descritas nas duas partes anteriores.

Essa organização mostra a **orientação determinista** adotada pelo autor. Euclides entendia que as condições do meio físico atuavam sobre a raça miscigenada e que as personalidades assim formadas potencializavam seus defeitos na interação com o meio social. Isso se evidencia na sua descrição de Antonio Conselheiro no trecho a seguir.

AGOSTINI, Ângelo. Charge de Antonio Conselheiro. *Revista Ilustrada*, c. 1896. Biblioteca Nacional, Rio de Janeiro.

Nessa charge, Agostini (1843-1910) ridiculariza a pretensão de Antonio Conselheiro de rechaçar a República, apresentando-o com aspecto grotesco, seguido por bufões. Os sertanejos de Canudos acreditavam que ele era um messias, eleito por Deus para salvá-los da miséria. Em suas pregações, o beato afirmava que surgiria uma ordem social mais justa e se referia, sobretudo, a uma intervenção de dom Sebastião, jovem rei português morto em uma batalha na África, em 1578, que tinha se tornado, desde o século XVI, objeto da fé de portugueses e brasileiros. Para Euclides da Cunha, esse delírio místico, e não uma ideologia política, motivava a defesa da Monarquia por Conselheiro e seus seguidores.

> Da mesma forma que o geólogo interpretando a inclinação e a orientação dos estratos truncados de antigas formações esboça o perfil de uma montanha extinta, o historiador só pode avaliar a altitude daquele homem, que por si nada valeu, considerando a psicologia da sociedade que o criou.
>
> Isolado, ele se perde na turba dos nevróticos vulgares. Pode ser incluído numa modalidade qualquer de psicose progressiva. Mas, posto em função do meio, assombra. É uma diátese, e é uma síntese. As fases singulares da sua existência não são, talvez, períodos sucessivos de uma moléstia grave, mas são, com certeza, resumo abreviado dos aspectos predominantes de mal social gravíssimo. Por isto o infeliz destinado à solicitude dos médicos veio, impelido por uma potência superior, bater de encontro a uma civilização, indo para a história como poderia ter ido para o hospício. [...]
>
> Todas as crenças ingênuas, do fetichismo bárbaro às aberrações católicas, todas as tendências impulsivas das raças inferiores, livremente exercitadas na indisciplina da vida sertaneja, se condensaram no seu misticismo feroz e extravagante. [...]
>
> CUNHA, Euclides da. *Os sertões*: campanha de Canudos. 2. ed. São Paulo: Ateliê Editorial/Imprensa Oficial do Estado, Arquivo do Estado, 2001. p. 252.

Para o autor, a liderança de Antonio Conselheiro sobre os sertanejos não surgiu de uma capacidade superior, mas sim da confluência de todo o atraso da sociedade sertaneja em sua figura. Seu temperamento doentio fora decisivamente estimulado pelo meio em que viveu e, ao mesmo tempo, convertido em fator de perturbação deste. Tal adesão ao determinismo é reforçada, ainda, por afirmações de que, pela miscigenação de brancos, negros e índios em um meio desfavorável, formou-se uma raça inferior.

A abordagem proposta pelo autor pressupunha o uso de linguagem precisa e o emprego de termos técnicos, que abundam especialmente em "A terra". No entanto, o estilo de Euclides da Cunha não é impessoal, e verifica-se a estilização da linguagem mesmo em trechos descritivos como este, que narra o estouro de uma boiada:

> [...] É um solavanco único, assombroso, atirando, de pancada, por diante, revoltos, misturando-se embolados, em vertiginosos disparos, aqueles maciços corpos tão normalmente tardos e morosos.
>
> E lá se vão: não há mais contê-los ou alcançá-los. Acamam-se as caatingas, árvores dobradas, partidas, estalando em lascas e gravetos; desbordam de repente as baixadas num marulho de chifres; estrepitam, britando e esfarelando as pedras, torrentes de cascos pelos tombadores; rola surdamente pelos tabuleiros ruído soturno e longo de trovão longínquo...
>
> CUNHA, Euclides da. *Os sertões*: campanha de Canudos. 2. ed. São Paulo: Ateliê Editorial/Imprensa Oficial do Estado, Arquivo do Estado, 2001. p. 225.

Vocabulário de apoio

diátese: disposição moral mórbida
fetichismo: culto de objetos que possuem poderes mágicos
nevrótico: aquele que tem distúrbios psíquicos
solicitude: cuidado, atenção
turba: multidão

■ Margens do texto

Nesse fragmento, as palavras selecionadas expressam, no plano sonoro do texto, o ruído da boiada. Como isso é feito?

Vocabulário de apoio

acamar-se: deitar-se, abaixar-se
britar: picar, destroçar
estrepitar: vibrar com estrondo
marulho: confusão
soturno: assustador, grave

Sua leitura

Na última parte de *Os sertões*, "A luta", Euclides da Cunha narrou minuciosamente o movimento das tropas nas quatro expedições enviadas para a região de Canudos, valendo-se de relatos de soldados, jornalistas e moradores da região. O autor foi testemunha ocular apenas da última etapa do conflito, momento que relata nas páginas finais do livro. Leia a seguir um fragmento do penúltimo capítulo.

O fim

Não há relatar o que houve a 3 e a 4.

A luta, que viera perdendo dia a dia o caráter militar, degenerou, ao cabo, inteiramente. Foram-se os últimos traços de um formalismo inútil: deliberações de comando, movimentos combinados, distribuições de forças, os mesmos toques de cornetas, e por fim a própria hierarquia, já materialmente extinta num exército sem distintivos e sem fardas.

Sabia-se de uma coisa única: os jagunços não poderiam resistir por muitas horas. Alguns soldados se haviam abeirado do último reduto e colhido de um lance a situação dos adversários. Era incrível: numa cava quadrangular, de pouco mais de metro de fundo, ao lado da igreja nova, uns vinte lutadores, esfomeados e rotos, medonhos de ver-se, predispunham-se a um suicídio formidável. Chamou-se aquilo o "hospital de sangue" dos jagunços. Era um túmulo. De feito, lá estavam, em maior número, os mortos, alguns de muitos dias já, enfileirados ao longo das quatro bordas da escavação e formando o quadrado assombroso dentro do qual uma dúzia de moribundos, vidas concentradas na última contração dos dedos nos gatilhos das espingardas, combatiam contra um exército.

E lutavam com relativa vantagem ainda.

Pelo menos fizeram parar os adversários. Destes os que mais se aproximaram lá ficaram, aumentando a trincheira sinistra de corpos esmigalhados e sangrentos. Viam-se, salpintando o acervo de cadáveres andrajosos dos jagunços, listras vermelhas de fardas, e entre elas as divisas do sargento-ajudante do 39º que lá entrara baqueando logo. Outros tiveram igual destino. Tinham a ilusão do último encontro feliz e fácil: romperem pelos últimos casebres envolventes, caindo de chofre sobre os titãs combalidos, fulminando-os, esmagando-os...

Mas eram terríveis lances, obscuros para todo o sempre. Raro tornavam os que os faziam. Aprumavam-se sobre o fosso e sopeava-lhes o arrojo o horror de um quadro onde a realidade tangível de uma trincheira de mortos, argamassada de sangue e esvurmando pus, vencia todos os exageros da idealização mais ousada. E salteava-os a atonia do assombro...

Canudos não se rendeu

Fechemos este livro.

Canudos não se rendeu. Exemplo único em toda a história, resistiu até ao esgotamento completo. Expugnado palmo a palmo, na precisão integral do termo, caiu no dia 5, ao entardecer, quando caíram os seus últimos defensores, que todos morreram. Eram quatro apenas: um velho, dois homens feitos e uma criança, na frente dos quais rugiam raivosamente cinco mil soldados.

Forremo-nos à tarefa de descrever os seus últimos momentos. Nem poderíamos fazê-lo. Esta página, imaginamo-la sempre profundamente emocionante e trágica; mas cerramo-la vacilante e sem brilhos.

Vimos como quem vinga uma montanha altíssima. No alto, a par de uma perspectiva maior, a vertigem...

Ademais, não desafiaria a incredulidade do futuro a narrativa de pormenores em que se amostrassem mulheres precipitando-se nas fogueiras dos próprios lares, abraçadas aos filhos pequeninos?...

E de que modo comentaríamos, com a só fragilidade da palavra humana, o fato singular de não aparecerem mais, desde a manhã de 3, os prisioneiros válidos colhidos na véspera, e entre eles aquele Antônio Beatinho, que se nos entregara, confiante — e a quem devemos preciosos esclarecimentos sobre esta fase obscura da nossa história?

Caiu o arraial a 5. No dia 6 acabaram de o destruir desmanchando-lhe as casas, 5 200, cuidadosamente contadas.

CUNHA, Euclides da. *Os sertões*: campanha de Canudos. 2. ed. São Paulo: Ateliê Editorial/Imprensa Oficial do Estado, Arquivo do Estado, 2001. p. 777-779.

Vocabulário de apoio

andrajoso: esfarrapado
ao cabo: no fim
argamassado: recoberto, revestido
arrojo: coragem, ousadia
cava: vala
combalido: enfraquecido
de chofre: repentinamente, em cheio
degenerar: piorar
esvurmar: derramar
expugnar: tomar à força
forrar-se: poupar-se
moribundo: que está morrendo
roto: esfarrapado
salpintar: cobrir com pingos
saltear: atacar
sopear: golpear
tangível: perceptível
titã: pessoa de características físicas ou morais extraordinárias
vingar: subir

Sobre o texto

1. O fragmento aborda o momento em que o conflito está prestes a se encerrar. O que a ausência de formalismo militar (segundo parágrafo) informa sobre a natureza do conflito naquela etapa?

2. Euclides da Cunha escreveu que a campanha de Canudos tinha sido um crime. Tendo em vista essa informação, como deve ser interpretada a frase "Eram quatro apenas: um velho, dois homens feitos e uma criança, na frente dos quais rugiam raivosamente cinco mil soldados"?

3. Parte da subjetividade do relato é construída pelo uso de frases isoladas em alguns parágrafos.
   a) Proponha uma interpretação para as construções do primeiro e do sétimo parágrafos do trecho lido.
   b) Que argumento apresentado no penúltimo parágrafo do trecho explica a posição sugerida pelo primeiro e pelo sétimo parágrafos?

4. Leia agora outro trecho do livro *Os sertões*, em que Euclides da Cunha descreve o sertanejo:

> O sertanejo é, antes de tudo, um forte. Não tem o raquitismo exaustivo dos mestiços neurastênicos do litoral.
> A sua aparência, entretanto, ao primeiro lance de vista, revela o contrário. Falta-lhe a plástica impecável, o desempeno, a estrutura corretíssima das organizações atléticas.
> É desgracioso, desengonçado, torto. Hércules-Quasímodo, reflete no aspecto a fealdade típica dos fracos. O andar sem firmeza, sem aprumo, quase gingante e sinuoso, aparenta a translação de membros desarticulados. Agrava-o a postura normalmente abatida, num manifestar de displicência que lhe dá um caráter de humildade deprimente. [...]
> É o homem permanentemente fatigado.
> Reflete a preguiça invencível, a atonia muscular perene, em tudo: na palavra remorada, no gesto contrafeito, no andar desaprumado, na cadência langorosa das modinhas, na tendência constante à imobilidade e à quietude.
> Entretanto, toda esta aparência de cansaço ilude.
> Nada é mais surpreendedor do que vê-la desaparecer de improviso. Naquela organização combalida operam-se, em segundos, transmutações completas. Basta o aparecimento de qualquer incidente exigindo-lhe o desencadear das energias adormidas. O homem transfigura-se. Empertiga-se, estadeando novos relevos, novas linhas na estatura e no gesto; e a cabeça firma-se-lhe, alta, sobre os ombros possantes aclarada pelo olhar desassombrado e forte; e corrigem-se-lhe, prestes, numa descarga nervosa instantânea, todos os efeitos do relaxamento habitual dos órgãos; e da figura vulgar do tabaréu canhestro reponta, inesperadamente, o aspecto dominador de um titã acobreado e potente, num desdobramento surpreendente de força e agilidade extraordinárias.

CUNHA, Euclides da. *Os sertões*: campanha de Canudos. 2. ed. São Paulo: Ateliê Editorial/ Imprensa Oficial do Estado, Arquivo do Estado, 2001. p. 207-208.

   a) A conjunção *entretanto*, do início do sexto parágrafo, marca a contraposição de duas partes da descrição do sertanejo. Explique-as.
   b) A expressão *Hércules-Quasímodo* combina palavras cujos sentidos parecem inconciliáveis: Hércules, personagem da mitologia grega, remete a força e beleza; Quasímodo, o corcunda da obra *Nossa Senhora de Paris*, de Victor Hugo, sugere feiura e deformidade. Como essa imagem sintetiza a descrição do sertanejo feita pelo autor?
   c) A descrição do sertanejo é confirmada por sua atuação durante o conflito de Canudos? Explique sua resposta.

Vocabulário de apoio

aprumo: postura endireitada, elegância
atonia: abatimento
canhestro: desajeitado
combalido: abalado física ou psicologicamente
desempeno: elegância, desenvoltura
displicência: desinteresse, indiferença
empertigar-se: aprumar-se, endireitar-se
estadear: ostentar, exibir
fealdade: feiura, falta de dignidade
gingante: que ginga, rebola
langoroso: enfraquecido, frouxo
neurastênico: aquele que enraivece com facilidade, irritadiço
perene: permanente
possante: vigoroso, forte
raquitismo: desenvolvimento insuficiente, fraqueza, limitação
remorado: demorado, atrasado
repontar: surgir, reaparecer
sinuoso: que volteia, ondula
tabaréu: indivíduo inapto para realizar suas tarefas

ZURBARÁN, Francisco de. *Hércules e Cerberus* (detalhe), c. 1624. Óleo sobre tela, 132 cm × 151 cm. Museu do Prado, Madri, Espanha.

Cena de *O corcunda de Notre-Dame* (direção de Michael Tuchner, EUA, 1982).
Euclides da Cunha serve-se das personagens acima para fazer uma síntese do sertanejo.

Monteiro Lobato: o caboclo e os problemas da mestiçagem

Provavelmente a obra infantojuvenil de Monteiro Lobato (1882-1948) é mais conhecida do que a destinada aos adultos. Com suas histórias sobre o Sítio do Pica-pau Amarelo, o autor propôs uma alternativa à literatura infantil traduzida, que não oferecia às crianças elementos de sua cultura e de sua língua.

Monteiro Lobato defendia a **função social da literatura**. Para concretizá-la, retratou a vida da região em que viveu, o vale do Paraíba, no interior paulista, que oferecia um tipo – o caboclo – e um problema – a decadência econômica originada pela crise do café na região. Caboclo era o trabalhador rural mestiço de indígena com branco, isolado dos centros urbanos, sem escolaridade e desassistido pelos serviços públicos. Para analisar sua condição, Lobato recorreu à tradição realista-naturalista, da qual vinham os pressupostos científicos da **degeneração racial** causada pela miscigenação, muito empregados por ele.

Nos contos de *Urupês*, *Negrinha* e *Cidades mortas*, Lobato registrou a vida nos vilarejos e seus problemas, como se lê no miniconto "Pé no chão".

> Fica no extremo da rua o Grupo Escolar, de modo que a meninada passa e repassa à frente da minha janela. Notei que muitas crianças sofriam dos pés, pois traziam um no chão e outro calçado. Perguntei a uma delas:
> — Que doença de pés é essa? Bicho arruinado?
> O pequeno baixou a cabeça com acanhamento; depois confessou:
> — É "inconomia".
> Compreendi. Como nos Grupos não se admitem crianças de pé no chão, inventaram as mães pobres aquela pia fraude. Um pé vai calçado, o outro, doente de imaginário mal crônico, vai descalço. Um par de botinas dura assim por dois. Quando o pé de botina em uso fica estragado, transfere-se a doença de um pé para outro, e o pé de botina de reserva entra em funções. Destarte, guardadas as conveniências, fica o dispêndio cortado pelo meio. Acata-se a lei e guarda-se o cobre.
> Benditas sejam as mães engenhosas!
> MONTEIRO LOBATO, J. R. Pé no chão. In: *Cidades mortas*. São Paulo: Brasiliense, 1995. p. 37.

As histórias de Lobato geralmente visam provocar **comoção ou surpresa**, elementos em função dos quais se articulam as descrições e ações narradas. Há pouco aprofundamento dos dramas morais das personagens e, muitas vezes, o autor busca os aspectos cômicos do caráter, com intenção satírica. É o que se nota, por exemplo, na descrição da protagonista de "Cabelos compridos", a seguir.

> — Coitada da Das Dores, tão boazinha...
> Das Dores é isso, só isso — boazinha. Não possui outra qualidade. É feia, é desengraçada, é inelegante, é magérrima, não tem seios nem cadeiras nem nenhuma rotundidade posterior; é pobre de bens e de espírito; e é filha daquele Joaquim da Venda, ilhéu de burrice ebúrnea — isto é, dura como o marfim. Moça que não tem por onde se lhe pegue fica sendo apenas isso — boazinha.
> — Coitada da Das Dores, tão boazinha...
> MONTEIRO LOBATO, J. R. Cabelos compridos. In: *Cidades mortas*. São Paulo: Brasiliense, 1995. p. 65.

A descrição de Das Dores evidencia a tendência de Lobato à **caricatura**, composição marcada pelo exagero de um traço característico.

Repertório

Jeca Tatu e suas transformações

Em sua obra de ficção, Monteiro Lobato inicialmente caracterizou o caboclo como preguiçoso, ignorante e inapto para o progresso, condição que atribuiu à mestiçagem de raças, aderindo às visões correntes no período.

Essa imagem, caracterizada por Jeca Tatu, sua personagem-símbolo do caboclo, manteve-se até 1918, com a publicação do livro de contos *Urupês*. Ainda nesse ano, porém, Lobato iniciou uma série de artigos sobre saúde pública e passou a indicar que o perfil de Jeca não se devia à genética, mas à falta de condições de saúde e higiene. O Jeca seria, portanto, um homem doente por não contar com a assistência do Estado. Em 1947, a personagem foi reelaborada mais uma vez: em *Zé Brasil*, o Jeca foi transformado no camponês sem terra, impotente contra o latifúndio.

Jeca Tatu desenhado por Belmonte (1897-1947), um dos principais cartunistas da primeira década do século XX, para ilustrar o livro *Ideias de Jeca Tatu*, de 1919.

Margens do texto

1. Qual é o significado do vocábulo *engenhosas*? Por que as "mães engenhosas" são chamadas de "benditas"?
2. Quem é o alvo da crítica desse conto? Por quê?

Sua leitura

Em 1914, Monteiro Lobato escreveu para o jornal *O Estado de S. Paulo* o artigo "Velha praga", em que denunciava a prática de queimadas para limpar áreas de plantação no interior do estado de São Paulo. Nesse artigo e no seguinte, "Urupês", apresentou o caboclo (trabalhador rural) como preguiçoso, ignorante e apático. Essa visão a respeito de Jeca Tatu, personagem-símbolo do caboclo, aparece no trecho a seguir. Leia-o e responda às questões.

Urupês

[...]

Quando comparece às feiras, todo mundo logo adivinha o que ele traz: sempre coisas que a natureza derrama pelo mato e ao homem só custa o gesto de espichar a mão e colher — cocos de tucum ou jiçara, guabirobas, bacuparis, maracujás, jataís, pinhões, orquídeas; ou artefatos de taquarapoca — peneiras, cestinhas, samburás, tipitis, pios de caçador; ou utensílios de madeira mole — gamelas, pilõezinhos, colheres de pau.

Nada mais.

Seu grande cuidado é espremer todas as consequências da lei do menor esforço — e nisto vai longe.

Começa na morada. Sua casa de sapé e lama faz sorrir aos bichos que moram em toca e gargalhar ao joão-de-barro. Pura biboca de bosquímano. Mobília, nenhuma. A cama é uma espipada esteira de peri posta sobre o chão batido.

Às vezes se dá ao luxo de um banquinho de três pernas — para os hóspedes. Três pernas permitem equilíbrio; inútil, portanto, meter a quarta, o que ainda o obrigaria a nivelar o chão. Para que assentos, se a natureza os dotou de sólidos, rachados calcanhares sobre os quais se sentam?

Nenhum talher. Não é a munheca um talher completo — colher, garfo e faca a um tempo?

No mais, umas cuias, gamelinhas, um pote esbeiçado, a pichorra e a panela de feijão.

Nada de armários ou baús. A roupa, guarda-a no corpo. Só tem dois parelhos; um que traz no uso e outro na lavagem.

Os mantimentos apaiola nos cantos da casa.

Inventou um cipó preso à cumeeira, de gancho na ponta e um disco de lata no alto: ali pendura o toucinho, a salvo dos gatos e ratos.

Da parede pende a espingarda pica-pau, o polvarinho de chifre, o São Benedito defumado, o rabo de tatu e as palmas bentas de queimar durante as fortes trovoadas. Servem de gaveta os buracos da parede.

Seus remotos avós não gozaram maiores comodidades. Seus netos não meterão quarta perna ao banco. Para quê? Vive-se bem sem isso.

[...]

Se pelotas de barro caem, abrindo seteiras na parede, Jeca não se move a repô-las. Ficam pelo resto da vida os buracos abertos, a entremostrarem nesgas de céu.

Quando a palha do teto, apodrecida, greta em fendas por onde pinga a chuva, Jeca, em vez de remendar a tortura, limita-se, cada vez que chove, a aparar numa gamelinha a água gotejante...

Remendo... Para quê? se uma casa dura dez anos e faltam "apenas" nove para que ele abandone aquela? Esta filosofia economiza reparos.

MONTEIRO LOBATO, J. R. *Urupês*. São Paulo: Brasiliense, 2004. p. 168-169.

Sobre o texto

1. Os hábitos do caboclo descritos procuram evidenciar seu baixo grau de civilização.
   a) Como se revela que a população cabocla é pouco civilizada?
   b) Esta frase resume a natureza do caboclo: "Seu grande cuidado é espremer todas as consequências da lei do menor esforço – e nisto vai longe." Explique a ironia da frase.
2. Os verbos no presente do indicativo predominam nessa descrição. Que efeito é obtido pelo emprego desse tempo e modo verbais?
3. Considerando esse trecho, é correto afirmar que o narrador culpa o governo pela condição de vida dos caboclos? Por quê?
4. A descrição do caboclo feita por Lobato contém uma condenação da mestiçagem de raças. Explique essa afirmação.

Vocabulário de apoio

apaiolar: armazenar
aparar: estender objeto para segurar algo
biboca: habitação humilde, pequena
bosquímano: nome dado pelos europeus a alguns povos que habitam a África meridional
cuia: recipiente usado para beber
cumeeira: parte elevada do telhado
esbeiçado: de bordas gastas
espipada: furada
gamela: vasilha de madeira ou barro
gretar: rachar
mantimento: conjunto de alimentos
munheca: pulso, mão
nesga: pedaço
parelho: conjunto de calça e paletó masculino
peri: planta que fornece fibra
pica-pau: espingarda de carregar pela boca
pichorra: pequeno jarro de barro com bico
pilão: objeto usado para esmagar ou triturar alimentos
polvarinho: frasco de levar pólvora
samburá: cesto feito de cipó ou taquara
seteira: fresta na parede
tipiti: cesto

❯ Lima Barreto: um projeto de Brasil

As narrativas de Lima Barreto (1881-1922) têm muito de crônica, gênero que escrevia como jornalista. Dela vieram as **cenas cotidianas** e a **linguagem fluente e objetiva**, distante do artificialismo da época. O autor incorporava construções típicas da **linguagem oral**. Talvez por isso suas obras tenham desagradado à crítica e ao público de seu tempo. Devido à pouca popularidade do autor, parte das obras só foi publicada em livro postumamente.

Lima Barreto usou observações pessoais para compor os variados tipos que povoam seus contos e romances: suburbanos, políticos, burocratas, artistas, militares, entre muitos outros que conheceu trabalhando em uma repartição pública e em jornais. Frequentemente, o autor mostrou a burocracia do Brasil da Primeira República, como neste trecho de *Triste fim de Policarpo Quaresma*, em que se revelam algumas práticas dos funcionários carreiristas.

> Dona Quinota retirou-se. Este Genelício era o seu namorado. Parente ainda de Caldas, tinha-se como certo o seu casamento na família. A sua candidatura era favorecida por todos. Dona Maricota e o marido enchiam-no de festas. Empregado do Tesouro, já no meio da carreira, moço de menos de trinta anos, ameaçava ter um grande futuro. Não havia ninguém mais bajulador e submisso do que ele. Nenhum pudor, nenhuma vergonha! Enchia os chefes e os superiores de todo incenso que podia. Quando saía, remancheava, lavava três ou quatro vezes as mãos, até poder apanhar o diretor na porta. Acompanhava-o, conversava com ele sobre o serviço, dava pareceres e opiniões, criticava este ou aquele colega, e deixava-o no bonde, se o homem ia para casa. Quando entrava um ministro, fazia-se escolher como intérprete dos companheiros e deitava um discurso; nos aniversários de nascimento, era um soneto que começava sempre por — "Salve" — e acabava também por — "Salve! Três vezes Salve!".
> O modelo era sempre o mesmo; ele só mudava o nome do ministro e punha a data.
> No dia seguinte, os jornais falavam do seu nome, e publicavam o soneto.
> Em quatro anos, tinha tido duas promoções e agora trabalhava para ser aproveitado no Tribunal de Contas, a se fundar, num posto acima.
> LIMA BARRETO, A. H. de. *Triste fim de Policarpo Quaresma*. São Paulo: Ateliê Editorial, 2001. p. 53-54.

Genelício é uma das muitas personagens usadas pelo autor para denunciar a projeção social obtida sem mérito, uma crítica que estendeu, em outras obras, aos diplomados e pseudoartistas.

Em seu diagnóstico da sociedade, Lima Barreto criou um verdadeiro símbolo nacional, o protagonista Policarpo Quaresma. A personagem previa um Brasil acolhedor e farto, alçado ao posto de maior nação do mundo, e, com o intuito de despertar a consciência dos demais para esse potencial, empreendeu inúmeros esforços: na área cultural, procurou mostrar o valor da cultura indígena; na agricultura, testou métodos para alcançar maior produtividade; e, na política, voluntariou-se para conter a Revolta da Armada (rebelião da Marinha contra o presidente Floriano Peixoto). A insistência, porém, levou-o a sucessivas frustrações e ao triste fim de que fala o título.

Apesar de denunciar preconceitos sociais e culturais de sua época, Lima Barreto criticava a ascensão profissional feminina. Neste postal feito a partir de fotografia de Miguel Otero de 1902, moças aprendem datilografia, capacitando-se para o mercado de trabalho.

Vocabulário de apoio

incenso: bajulação, homenagem
remanchear/remanchar: demorar-se, fazer algo muito lentamente

■ Margens do texto

Transcreva e explique o período do trecho que explicita o posicionamento do narrador diante daquilo que narra.

■ Repertório

A questão racial na ficção de Lima Barreto

Lima Barreto concebia a literatura como um instrumento de participação política, empenhada no registro da realidade dos oprimidos. Essa era, inclusive, sua própria condição, já que enfrentava dificuldades financeiras e o preconceito racial. Tais elementos apareciam projetados em várias de suas obras e chegavam a originar o argumento central. Em *Recordações do Escrivão Isaías Caminha*, por exemplo, o protagonista negro tem dificuldades para obter um emprego e enfrenta a miséria e a humilhação, embora se sobressaía intelectualmente. Encontra trabalho apenas na redação de um jornal, em que observa relações de subserviência e falsa tolerância e de onde sai por se sentir excluído, ainda que tenha alcançado certo prestígio.

Sua leitura

Em *Triste fim de Policarpo Quaresma*, o protagonista resolve dedicar-se à agricultura para provar a viabilidade do Brasil e seu potencial de crescimento. Leia o trecho do capítulo "No 'Sossego'" e responda às questões.

Planejou a sua vida agrícola com a exatidão e meticulosidade que punha em todos os seus projetos. Encarou-a por todas as faces, pesou as vantagens e ônus; e muito contente ficou em vê-la monetariamente atraente, não por ambição de fazer fortuna, mas por haver nisso mais uma demonstração das excelências do Brasil.

E foi obedecendo a essa ordem de ideias que comprou aquele sítio, cujo nome — "Sossego" — cabia tão bem à nova vida que adotara, após a tempestade que o sacudira durante quase um ano. Não ficava longe do Rio e ele o escolhera assim mesmo maltratado, abandonado, para melhor demonstrar a força e o poder da tenacidade, do carinho, no trabalho agrícola. Esperava grandes colheitas de frutas, de grãos, de legumes; e do seu exemplo, nasceriam mil outros cultivadores, estando em breve a grande capital cercada de um verdadeiro celeiro, virente e abundante a dispensar os argentinos e europeus.

[...]

Ele foi contente. Como era tão simples viver na nossa terra! Quatro contos de réis por ano, tirados da terra, facilmente, docemente, alegremente! Oh! terra abençoada! Como é que toda a gente queria ser empregado público, apodrecer numa banca, sofrer na sua independência e no seu orgulho? Como é que se preferia viver em casas apertadas, sem ar, sem luz, respirar um ambiente epidêmico, sustentar-se de maus alimentos, quando se podia tão facilmente obter uma vida feliz, farta, livre, alegre e saudável?

E era agora que ele chegava a essa conclusão, depois de ter sofrido a miséria da cidade e o emasculamento da repartição pública, durante tanto tempo! Chegara tarde, mas não a ponto de que não pudesse antes da morte travar conhecimento com a doce vida campestre e a feracidade das terras brasileiras. Então pensou que foram vãos aqueles seus desejos de reformas capitais nas instituições e costumes: o que era principal à grandeza da pátria estremecida era uma forte base agrícola, um culto pelo seu solo ubérrimo, para alicerçar fortemente todos os outros destinos que ela tinha de preencher.

LIMA BARRETO, A. H. de. *Triste fim de Policarpo Quaresma*. São Paulo: Ateliê Editorial, 2001. p. 82-83.

Vocabulário de apoio

emasculamento: falta de inteligência, fraqueza
feracidade: fertilidade
meticulosidade: qualidade de quem é meticuloso, cuida dos detalhes
ônus: obrigação, algo de difícil cumprimento
tenacidade: persistência
ubérrimo: muito fértil, muito abundante
virente: próspero

Repertório

Quaresma: na linhagem de Dom Quixote

Policarpo Quaresma é considerado um Dom Quixote brasileiro, pois, como a personagem de Miguel de Cervantes (1547-1616), vive um mundo ideal, incompatível com a realidade que o circunda. Quixote e Policarpo são ridicularizados por seu idealismo, mas, paradoxalmente, aparecem como superiores àqueles que se deixam limitar pelas contingências do dia a dia. Ainda assim, o fim de ambos é o melancólico recobrar da razão e a percepção da vida desperdiçada.

DALÍ, Salvador. *Dom Quixote e os moinhos de vento*, 1945. Aquarela sobre papel, 28,5 cm × 32 cm (ilustração para edição de *Dom Quixote de La Mancha*). Fundación Gala-Salvador Dalí, Figueres, Espanha.

A pintura de Dalí (1904-1989) retrata o episódio em que Dom Quixote, enlouquecido, confunde um moinho de vento com um gigante e luta contra ele. A expressão "lutar contra moinhos de vento" incorporou-se à língua com o significado de "combater inimigos imaginários".

Sobre o texto

1. Que função Policarpo Quaresma atribui a si mesmo na efetivação de sua utopia?

2. Que componente do nacionalismo de Policarpo Quaresma se evidencia em seu desejo de dispensar "argentinos e europeus" da produção agrícola brasileira?

3. O discurso indireto livre, em que a "fala" interior da personagem aparece misturada ao discurso do narrador, está presente em várias sequências do trecho. Transcreva um exemplo e explique o efeito geral obtido por esse recurso.

4. Com base no trecho lido, analise o valor simbólico da agricultura na utopia de Policarpo Quaresma.

Augusto dos Anjos: um poeta singular

Augusto dos Anjos (1884-1914) é um caso singular: do Parnasianismo, tirou o gosto pelo soneto; do Simbolismo, o tema da angústia existencial; de ambos, o cuidado com a forma. Valeu-se, ainda, do cientificismo naturalista, do qual extraiu seu inusitado vocabulário e a visão materialista. A **influência de estéticas do século XIX** aproximou-o dos demais autores pré-modernistas, mas a **ausência de referências ao Brasil de sua época** diferenciou-o deles.

Os poemas de Augusto dos Anjos tematizam a dor de existir e a inevitabilidade da morte. Não se trata, porém, de uma poesia espiritualista, que reflete sobre o destino da alma. Pelo contrário, fixa-se na matéria e na decomposição do corpo. O eu lírico afirma a incondicional podridão para a qual se dirigem todos os seres humanos, destino que desqualifica a existência. Seguindo o pensamento do filósofo alemão Schopenhauer, de grande repercussão no período, Augusto dos Anjos via a **dor como a essência do mundo** e os momentos de prazer apenas como sua suspensão temporária.

Para expressar sua visão negativa, o eu lírico desestabiliza a própria poesia, recorrendo a termos e a imagens incomuns no campo poético, como se lê em "Psicologia de um vencido".

Psicologia de um vencido

Eu, filho do carbono e do amoníaco,
Monstro de escuridão e rutilância,
Sofro, desde a epigênese da infância,
A influência má dos signos do zodíaco.

Profundissimamente hipocondríaco,
Este ambiente me causa repugnância...
Sobe-me à boca uma ânsia análoga à ânsia
Que se escapa da boca de um cardíaco.

Já o verme — este operário das ruínas —
Que o sangue podre das carnificinas
Come, e à vida em geral declara guerra,

Anda a espreitar meus olhos para roê-los,
E há de deixar-me apenas os cabelos,
Na frialdade inorgânica da terra!

ANJOS, Augusto dos. *Melhores poemas*. 3. ed. São Paulo: Global, 2001. p. 51.

Vocabulário de apoio

análogo: semelhante
carnificina: massacre, matança
epigênese: teoria do desenvolvimento dos seres por transformações graduais
espreitar: espiar, observar de lugar oculto
frialdade: frieza
hipocondríaco: indivíduo que se preocupa excessivamente com a própria saúde
rutilância: cintilância, brilho

Margens do texto

1. Transcreva os termos científicos presentes no poema.
2. A abordagem da morte é dura, rude. Comprove com exemplos.

O soneto descreve as ações do eu e do verme. O eu somatiza o drama existencial, enquanto o verme arquiteta silenciosamente a sua destruição final. O vocabulário científico, tomado principalmente à química, e as imagens repulsivas reforçam a natureza perecível e finita do ser humano.

Para explicar o procedimento poético de Augusto dos Anjos, o crítico Anatol Rosenfeld (1912-1973) usou a expressão **exogamia linguística**, que significa a introdução de um elemento estranho no fluxo histórico de uma língua. No caso da poesia pré-modernista, o elemento estranho não eram os estrangeirismos, mas sim o vocabulário científico, os coloquialismos e os termos relacionados à deterioração do corpo, que, ao lado de palavras consideradas comuns em poemas, resultaram em uma combinação insólita e provocativa, que dessacralizou o poema e lhe deu um novo vigor.

A opção por introduzir elementos estranhos no discurso poético fez de Augusto dos Anjos um poeta bastante moderno para a época, alinhado com algumas das inovações da literatura europeia, sobretudo a alemã. No entanto, sua poesia era muito chocante para a crítica e o público e, no princípio, muitos o consideraram desequilibrado.

Fone de ouvido

Ninguém, Arnaldo Antunes
BMG, 1995

Arnaldo Antunes musicou o soneto "Budismo moderno", de Augusto dos Anjos, de modo inusitado: misturou sons estridentes, como ruídos de serrote, com outros harmoniosos. Assim, retomou a tendência do poeta de mesclar estilos. A canção está no álbum *Ninguém*. É possível ouvir um pequeno trecho no *site* do cantor e compositor: <http://www.arnaldoantunes.com.br/new/sec_discografia_todas.php?page=5>. Acesso em: 21 fev. 2015.

Sua leitura

Augusto dos Anjos escreveu três sonetos em memória do pai. Leia dois deles, transcritos a seguir, para responder às questões.

II

A meu Pai morto

Madrugada de Treze de Janeiro,
Rezo, sonhando, o ofício da agonia.
Meu Pai nessa hora junto a mim morria
Sem um gemido, assim como um cordeiro!

E eu nem lhe ouvi o alento derradeiro!
Quando acordei, cuidei que ele dormia,
E disse à minha Mãe que me dizia:
"Acorda-o"! deixa-o, Mãe, dormir primeiro!

E saí para ver a Natureza!
Em tudo o mesmo abismo de beleza,
Nem uma névoa no estrelado véu...

Mas pareceu-me, entre as estrelas flóreas,
Como Elias, num carro azul de glórias,
Ver a alma de meu Pai subindo ao Céu!

III

Podre meu Pai! A Morte o olhar lhe vidra.
Em seus lábios que os meus lábios osculam
Microrganismos fúnebres pululam
Numa fermentação gorda de cidra.

Duras leis as que os homens e a hórrida hidra
A uma só lei biológica vinculam,
E a marcha das moléculas regulam,
Com a invariabilidade da clepsidra!...

Podre meu Pai! E a mão que enchi de beijos
Roída toda de bichos, como os queijos
Sobre a mesa de orgíacos festins!...

Amo meu Pai na atômica desordem
Entre as bocas necrófagas que o mordem
E a terra infecta que lhe cobre os rins!

ANJOS, Augusto dos. Sonetos. In: *Melhores poemas*. 3. ed. São Paulo: Global, 2001. p. 133-134.

Vocabulário de apoio

alento: respiração
cidra: tipo de laranja
clepsidra: relógio de água
cuidar: pensar, cogitar
Elias: um dos profetas do Antigo Testamento; segundo o texto bíblico, subiu ao céu num carro de fogo, em vez de morrer
festim: pequena festa
flóreo: viçoso, belo
hidra: animal invertebrado de menos de 1 cm, que vive na água doce, fixado em folhas e gravetos
hórrido: horrendo
infecto: repugnante, pestilento
necrófago: aquele que se alimenta da carne de animais mortos
orgíaco: com características de orgia (excesso de bebida, euforia, desregramento e libertinagem)
oscular: beijar
pulular: brotar, surgir em abundância
vidrar: fazer perder o brilho, embaçar

Sobre os textos

1. No primeiro soneto, o falecimento do pai põe em evidência a insignificância do ser humano na ordem do mundo.
   a) De que modo os versos dos dois quartetos evidenciam essa insignificância?
   b) Como o primeiro terceto confirma a pequenez humana perante a natureza? Explique.

2. O segundo soneto apresenta outra visão da morte.
   a) Que recurso o poeta emprega para afirmar a inevitabilidade da morte?
   b) Que sentidos podem ser atribuídos ao adjetivo *duras*, no início do segundo quarteto?
   c) Explique como o segundo soneto se contrapõe à visão da morte presente no primeiro.

3. O segundo soneto exemplifica as principais características do estilo de Augusto dos Anjos.
   a) O poeta costuma associar um tema sério a referências vulgares, cotidianas. Como se constrói essa mistura de estilos nesse soneto?
   b) A frase "Podre meu Pai!" relembra outra mais comum ao contexto. Qual?
   c) Augusto dos Anjos faz um cruzamento entre as linguagens da literatura e das ciências naturais. Que termos comprovam a penetração da linguagem científica no poema?
   d) Que reação, nesse caso específico, a mistura de estilos provoca no leitor? É possível imaginar que a leitura feita pelo leitor da época de Augusto dos Anjos seja diferente daquela feita por um leitor atual? Justifique.

O que você pensa disto?

Os autores pré-modernistas empenharam-se na compreensão da realidade nacional e deram voz a grupos sociais que não contavam com a assistência do Estado. Muitos artistas têm mostrado preocupação semelhante. É o caso do artista plástico contemporâneo Vik Muniz (1961-), que alertou para a situação das crianças moradoras de rua nas obras da série *Ulterior*. O tom cinza do menino, contrastante com a colorida moldura de lixo, sugere a invisibilidade desse grupo social.

- Imagine-se como artista contemporâneo. Que grupo marginalizado você destacaria? Por quê?

MUNIZ, Vik. *Emerson* (série *Ulterior*, imagens de lixo), 1998. Sem acervo.

Ferramenta de leitura

A questão das raças na literatura pré-modernista

Renato Ortiz, em fotografia de 2008. Sociólogo e professor, também é autor de importantes obras da sociologia contemporânea, entre as quais *Cultura brasileira e identidade nacional*.

Renato Ortiz (1947-), neste artigo, comenta o incômodo do leitor de hoje diante das teorias explicativas do Brasil elaboradas no final do século XIX e no início do século XX. A interpretação da nação pelo fator racial parecia nascer de um injustificável preconceito, e não de uma abordagem científica.

Tais teorias chegaram ao Brasil no período realista-naturalista, mas se mantiveram em vigor no Pré-Modernismo, embasando o pensamento de muitos de nossos autores, como revelaram os textos estudados ao longo da unidade. Leia um trecho desse artigo de Renato Ortiz, em que ele explica o uso das teorias científicas pelos intelectuais do período.

> [...] Na verdade, o evolucionismo se propunha a encontrar um nexo entre as diferentes sociedades humanas ao longo da história; aceitando como postulado que o "simples" (povos primitivos) evolui naturalmente para o mais "complexo" (sociedades ocidentais), procurava-se estabelecer as leis que presidiriam o progresso das civilizações. [...] A "superioridade" da civilização europeia torna-se assim decorrente das leis naturais que orientariam a história dos povos. A "importação" de uma teoria dessa natureza não deixa de colocar problemas para os intelectuais brasileiros. Como pensar a realidade de uma nação emergente no interior desse quadro? Aceitar as teorias evolucionistas implicava analisar-se a evolução brasileira sob as luzes das interpretações de uma história natural da humanidade; o estágio civilizatório do país se encontrava assim de imediato definido como "inferior" em relação à etapa alcançada pelos países europeus. Torna-se necessário, por isso, explicar o "atraso" brasileiro e apontar para um futuro próximo, ou remoto, a possibilidade de o Brasil se constituir enquanto povo, isto é, como nação. O dilema dos intelectuais desta época é compreender a defasagem entre teoria e realidade, o que se consubstancia na construção de uma identidade nacional. [...] Se o evolucionismo torna possível a compreensão mais geral das sociedades humanas, é necessário porém completá-lo com outros argumentos que possibilitem o entendimento da especificidade social. O pensamento brasileiro da época vai encontrar tais argumentos em duas noções particulares: o meio e a raça.
>
> ORTIZ, Renato. Memória coletiva e sincretismo científico: as teorias raciais do século XIX. In: *Cultura brasileira e identidade nacional*. São Paulo: Brasiliense, 1985. p. 14-17.

Vocabulário de apoio
- **consubstanciar**: resumir, unir
- **postulado**: ponto de partida, premissa; fato admitido sem necessidade de demonstração
- **remoto**: distante

No trecho, Ortiz aponta que os estudos sobre a sociedade brasileira no início do século XX tomaram a **raça** e o **meio** como seus principais elementos teóricos. Isso aconteceu pela necessidade de encontrar critérios que permitissem interpretar as especificidades brasileiras. As teorias evolucionistas ofereciam conceitos que ajudavam a compreender o atraso do Brasil em relação às nações europeias. Todavia, essas teorias não eram suficientes. Assim, para estudar o "caráter nacional", os intelectuais apegaram-se ao determinismo do meio e da raça, que, na Europa, teve menor repercussão. O resultado foi o destaque da problemática étnica em todos os esforços de compreensão e construção da identidade nacional.

O estudioso considera que diferentes grupos sociais construíram, em momentos históricos variados, uma pluralidade de identidades que formaram a "identidade brasileira". Essa noção de identidade é fundamental para garantir a sensação de pertencimento a uma unidade nacional e, por isso, é construída por símbolos eleitos pelos sujeitos sociais de cada momento histórico.

O próximo texto foi transcrito do romance *Canaã*, de Graça Aranha. Nele, os imigrantes Lentz e Milkau, estabelecidos em uma colônia alemã no Espírito Santo, discutem a relação do europeu com o Brasil e seu povo. Leia o trecho, tendo em vista o comentário de Renato Ortiz sobre a ideologia do período pré-modernista, e responda às questões.

Milkau — Um dos erros dos intérpretes da História está no preconceito aristocrático com que concebem a ideia de raça. Ninguém, porém, até hoje soube definir a raça e ainda menos como se distinguem umas das outras; fazem-se sobre isso jogos de palavras, mas que são como esses desenhos de nuvens que ali vemos no alto, aparições fantásticas do nada... E, depois, qual é a raça privilegiada para que só ela seja o teatro e o agente da civilização? Houve um tempo na História em que o semita brilhava na Babilônia e no Egito, o hindu nas margens sagradas do Ganges, e eles eram a civilização toda; o resto do mundo era a nebulosa de que se não cogitava. E, no entanto, é junto ao Sena e ao Tâmisa que a cultura se esgota hoje numa volúpia farta e alquebrada. O que eu vejo neste vasto panorama da História, para que me volto ansioso e interrogante, é a civilização deslocando-se sem interrupção, indo de grupo a grupo, através de todas as raças, numa fatal apresentação gradual de grandes trechos da terra, à sua luz e calor... Uns vão se iluminando, enquanto outros descem às trevas...

Lentz — Até agora não vejo probabilidade da raça negra atingir a civilização dos brancos. Jamais a África...

Milkau — O tempo da África chegará. As raças civilizam-se pela fusão; é no encontro das raças adiantadas com as raças virgens, selvagens, que está o repouso conservador, o milagre do rejuvenescimento da civilização. O papel dos povos superiores é o instintivo impulso do desdobramento da cultura, transfundindo de corpo a corpo o produto dessa fusão que, passada a treva da gestação, leva mais longe o capital acumulado nas infinitas gerações. Foi assim que a Gália se tornou França e a Germânia, Alemanha.

Lentz — Não acredito que da fusão com espécies radicalmente incapazes resulte uma raça sobre que se possa desenvolver a civilização. Será sempre uma cultura inferior, civilização de mulatos, eternos escravos em revoltas e quedas. Enquanto não se eliminar a raça que é o produto de tal fusão, a civilização será sempre um misterioso artifício, todos os minutos rotos pelo sensualismo, pela bestialidade e pelo servilismo inato do negro. O problema social para o progresso de uma região como o Brasil está na substituição de uma raça híbrida, como a dos mulatos, por europeus. A imigração não é simplesmente para o futuro da região do País um caso de simples estética, é antes de tudo uma questão complexa, que interessa o futuro humano.

Graça Aranha, J. P. da. *Canaã*. Rio de Janeiro: Edições de Ouro, s.d. p. 43-44.

Vocabulário de apoio

alquebrado: abatido, prostrado
Babilônia: cidade-Estado da Antiguidade, localizada na região da Mesopotâmia
cogitar: pensar sobre algo, considerar
Ganges: rio ao norte da Índia e de Bangladesh
hindu: indiano
nebulosa: nuvem de matéria interestelar; algo difícil de entender
roto: estragado, destruído
semita: judeu
Sena: rio do norte da França
Tâmisa: rio do sul da Inglaterra
transfundir: fazer passar de um para outro, espalhar
volúpia: luxúria, prazer sexual

Sobre os textos

1. Observe a argumentação que as personagens constroem no trecho lido.
   a) Com que argumento Milkau rebate a tese de que existe uma raça superior?
   b) Milkau emprega a expressão "raças adiantadas" em vez de "raças superiores", e "raças virgens" e "selvagens" no lugar de "raças inferiores". Justifique as escolhas, tendo em vista o pensamento científico do período.

2. A argumentação de Lentz considera a mestiçagem na formação do povo brasileiro.
   a) Existe possibilidade de conciliação entre as ideias de Lentz e de Milkau? Por quê?
   b) Como deve ser entendida a afirmação de Lentz de que a imigração interessa ao "futuro humano", e não apenas ao "futuro da região do País"?

3. Responda às questões a seguir levando em conta o trecho lido do artigo do sociólogo Renato Ortiz.
   a) Como o romance *Canaã* dialoga com as questões de seu tempo?
   b) É correto afirmar que Lentz simboliza o pensamento dos intelectuais descritos por Ortiz? Por quê?

A política de incentivo à imigração do governo imperial atraiu muitos alemães para o Espírito Santo no século XIX. Eles se dedicaram à lavoura de subsistência e ao plantio de café, pelo qual prosperaram, formando cidades importantes na região. Graça Aranha trabalhou como juiz de direito na cidade de Porto do Cachoeiro e lá recolheu material para escrever *Canaã*. Fotografia de 1875.

Entre textos

Com exceção de Augusto dos Anjos, os autores pré-modernistas propuseram uma literatura socialmente engajada, voltada para os problemas concretos do país. Desejavam estudar as reais condições de vida do povo brasileiro, denunciar suas carências e contribuir para que grupos mais vulneráveis fossem reconhecidos pela elite e atendidos por políticas públicas. Lutavam, portanto, contra uma visão de Brasil progressista que ocultava seus contrastes.

A preocupação em problematizar a realidade tem percorrido as literaturas brasileira e estrangeira ao longo dos tempos. Veja duas aproximações possíveis nos textos transcritos a seguir.

TEXTO 1

Guardador

[...] Dera, nesse tempo, para morar ou se esconder no oco do tronco da árvore, figueira velha, das poucas ancestrais, resistente às devastações que a praça vem sofrendo.

Tenta a vida naquelas calçadas.

Pisando quase de lado, vai tropicando, um pedaço de flanela balanga no punho, seu boné descorado lembra restos de Carnaval. E assim sai do oco e baixa na praça.

Só no domingo, pela missa da manhã, oito fregueses dão a partida sem lhe pagar. Final da missa, aflito ali, não sabe se corre para a direita ou para a esquerda, três motoristas lhe escapam a um só tempo.

Flagrado na escapada, um despachou paternal, tirando o carro do ponto morto:

— Chefe, hoje estou sem trocado.

Disse na próxima lhe dava a forra.

Chefe, meus distintos, é o marido daquela senhora. Sim. Daquela santa mulher que vocês deixaram em casa. Isso aí — o marido da ilustríssima. Passeiam e mariolam de lá para cá num bem-bom de vida. Chefe, chefe... Que é que vocês estão pensando? Mais amor e menos confiança.

Mas um guardador de carros encena bastante de mágico, paciente, lépido ou resignado. Pensa duas vezes, três vezes. E fala manso. Por isso, Jacarandá procura um botequim e vai entornando, goela abaixo, com a lentidão necessária à matutação. Chefe... O quê? Estão pensando que paralelepípedo é pão de ló? [...]

ANTÔNIO, João. Guardador. In: MORICONI, Ítalo (Org.). *Os cem melhores contos brasileiros do século*. Rio de Janeiro: Objetiva, 2001. p. 385-386.

Como nas demais narrativas de João Antônio (1937-1996), o conto "Guardador", de 1992, revela preocupação com as figuras anônimas das cidades. Admirador confesso de Lima Barreto (1881-1922), o autor entendia que a literatura deveria desmascarar a estrutura social, revelando a exclusão dos pobres e o descaso dos governantes. Em "Guardador", João Antônio escolheu a figura de um flanelinha alcoólico e morador de rua para representar aqueles que sobrevivem na informalidade, aproveitando as oportunidades criadas pela rotina da cidade, referência já vista na crônica "Pequenas profissões", de João do Rio (p. 365). O conto de João Antônio evidencia um paradoxo: o indivíduo excluído pela sociedade não se anula; demarca um território e se faz visível diante daqueles que preferem ignorá-lo.

Vocabulário de apoio

balangar: balançar
descorado: desbotado
lépido: jovial, ágil, radiante
mariolar: viver como malandro; vadiar
matutação: ato de matutar, refletir, meditar
resignado: conformado, que não se revolta

A maioria dos moradores de rua passou a viver assim devido a desemprego, consumo de álcool ou drogas e brigas familiares. Muitos deles exercem algum tipo de atividade remunerada, atuando, por exemplo, como catadores de materiais recicláveis ou guardadores de carros. Vários, porém, vivem exclusivamente de esmolas. Algumas ações, principalmente de organizações não governamentais (ONGs), procuram atenuar os problemas dessa população com a oferta de alimentos e agasalhos; contudo, ainda não há uma política pública de inclusão eficiente, e os moradores de rua permanecem vulneráveis, sendo alvo, inclusive, de agressões e assassinatos. Na fotografia, moradores de rua na praça da Sé, São Paulo (SP), em 2010.

TEXTO 2

Morte e vida severina

[...]
— Essa cova em que estás,
com palmos medida,
é a conta menor
que tiraste em vida.
— É de bom tamanho,
nem largo nem fundo,
é a parte que te cabe
deste latifúndio.
— Não é cova grande,
é cova medida,
é a terra que querias
ver dividida.

— É uma cova grande
para teu pouco defunto,
mas estarás mais ancho
que estavas no mundo.
— É uma cova grande
para teu defunto parco,
porém mais que no mundo
te sentirás largo.
— É uma cova grande
para tua carne pouca,
mas a terra dada
não se abre a boca.
[...]

Melo Neto, João Cabral de. *Morte e vida severina e outros poemas em voz alta.* 15. ed. Rio de Janeiro: José Olympio, 1981. p. 87-88.

> Morte e vida severina é um poema dramático escrito por João Cabral de Melo Neto (1920-1999), na década de 1950. Conta a peregrinação de um migrante nordestino que foge da seca e da morte vista por todo o sertão: o protagonista Severino é uma representação de todos os retirantes.
>
> No trecho ao lado, Severino ouve homens que enterram um trabalhador rural. Suas falas evidenciam o tema da reforma agrária – a terra que o morto queria ver dividida – e os padecimentos da vida do sertanejo, representados pela ideia de que a cova é maior do que o espaço ocupado por ele em vida.

Vocabulário de apoio

ancho: espaçoso
parco: minguado

TEXTO 3

Curso superior

O meu medo é entrar na faculdade e tirar zero eu que nunca fui bom de matemática fraco no inglês eu que nunca gostei de química geografia e português o que é que eu faço agora hein mãe não sei.

O meu medo é o preconceito e o professor ficar me perguntando o tempo inteiro por que eu não passei por que eu não passei por que eu não passei por que fiquei olhando aquela loira gostosa o que é que eu faço se ela me der bola hein mãe não sei.

O meu medo é a loira gostosa ficar grávida e eu não sei como a senhora vai receber a loira gostosa lá em casa se a senhora disse um dia que eu devia olhar bem para a minha cara antes de chegar aqui com uma namorada hein mãe não sei.

O meu medo também é do pai da loira gostosa e da mãe da loira gostosa e do irmão da loira gostosa no dia em que a loira gostosa me apresentar para a família como o homem da sua vida será que é verdade será que isso é felicidade hein mãe não sei.

O meu medo é a situação piorar e eu não conseguir arranjar emprego nem de faxineiro nem de porteiro nem de ajudante de pedreiro e o pessoal dizer que o governo já fez o que pôde já pôde o que fez já deu a sua cota de participação hein mãe não sei.

O meu medo é que mesmo com diploma debaixo do braço andando por aí desiludido e desempregado o policial me olhe de cara feia e eu acabe fazendo uma burrice sei lá uma besteira será que vou ter direito a uma cela especial hein mãe não sei.

Freire, Marcelino. *Contos negreiros.* Rio de Janeiro: Record, 2005. p. 97.

> As narrativas de Marcelino Freire (1967-) costumam provocar o leitor pela linguagem próxima da oralidade e pelos temas. No conto "Curso superior", de 2005, o narrador aborda a atual discussão sobre o sistema de cotas para afrodescendentes nas universidades públicas de uma maneira original: um jovem afrodescendente considera seu futuro, temendo que o diploma não diminua o preconceito contra ele e que seu ingresso na faculdade apenas reforce a sensação de impotência e fracasso que a sociedade lhe impõe.

Vestibular

(Unifesp) Leia o trecho de *Triste fim de Policarpo Quaresma*, de Lima Barreto, para responder à questão 1:

> Durante os lazeres burocráticos, estudou, mas estudou a Pátria, nas suas riquezas naturais, na sua história, na sua geografia, na sua literatura e na sua política. Quaresma sabia as espécies de minerais, vegetais e animais que o Brasil continha; sabia o valor do ouro, dos diamantes exportados por Minas, as guerras holandesas, as batalhas do Paraguai, as nascentes e o curso de todos os rios.
> [...]
> Havia um ano a esta parte que se dedicava ao tupi-guarani. Todas as manhãs, antes que a "Aurora com seus dedos rosados abrisse caminho ao louro Febo", ele se atracava até ao almoço com o Montoya, "Arte y diccionario de la lengua guarani ó más bien tupi", e estudava o jargão caboclo com afinco e paixão. Na repartição, os pequenos empregados, amanuenses e escreventes, tendo notícia desse seu estudo do idioma tupiniquim, deram não se sabe por que em chamá-lo — Ubirajara. Certa vez, o escrevente Azevedo, ao assinar o ponto, distraído, sem reparar quem lhe estava às costas, disse em tom chocarreiro: "Você já viu que hoje o Ubirajara está tardando?"
> Quaresma era considerado no Arsenal: a sua idade, a sua ilustração, a modéstia e honestidade do seu viver impunham-no ao respeito de todos. Sentindo que a alcunha lhe era dirigida, não perdeu a dignidade, não prorrompeu em doestos e insultos. Endireitou-se, consertou o seu "pince-nez", levantou o dedo indicador no ar e respondeu:
> — Senhor Azevedo, não seja leviano. Não queira levar ao ridículo aqueles que trabalham em silêncio, para a grandeza e a emancipação da Pátria.
> **Vocabulário**: amanuenses: escreventes; doestos: injúrias.

1. Examine a frase: "Havia um ano a esta parte que se dedicava ao tupi-guarani."

a) No conjunto da obra, que relação há entre o nacionalismo e o estudo de tupi-guarani?

b) Quanto ao sentido, explique o emprego da forma verbal "dedicava" e justifique sua resposta com uma expressão presente no texto.

2. **(Fatec-SP)** Assinale a alternativa **incorreta**.

a) Nos primeiros vinte anos deste século, a produção literária brasileira é marcada por diversidades, abrangendo, ao mesmo tempo, obras que questionam a realidade social e obras voltadas para os lugares-comuns herdados de autores anteriores.

b) Pode-se afirmar que um dos traços modernos de Euclides da Cunha é o compromisso com os problemas de seu tempo.

c) A importância da obra de Lima Barreto situa-se no plano do conteúdo, a partir do qual se revela seu caráter polêmico; a linguagem descuidada, porém, revela pouca consciência estética, em virtude de sua formação literária precária.

d) O estilo parnasiano permanece influenciando autores e caracterizando boa parte da obra poética escrita durante o período pré-modernista.

e) Graça Aranha faz parte do conjunto mais significativo de escritores do Pré-Modernismo. Nos anos anteriores à Semana de Arte Moderna, Graça Aranha interveio a favor da renovação artística a que se propunham os escritores modernistas.

3. **(Uesc-BA)**

> [...] Considerei-me feliz no lugar de contínuo da redação do *O Globo*. Tinha atravessado um grande braço de mar, agarrara-me a um ilhéu e não tinha coragem de nadar de novo para a terra firme que barrava o horizonte a algumas centenas de metros. Os mariscos bastavam-me e os insetos já se me tinham feito grossa a pele...
> De tal maneira é forte o poder de nos iludirmos, que um ano depois cheguei a ter até orgulho da minha posição. Senti-me muito mais que um contínuo qualquer, mesmo mais que um contínuo de ministro. As conversas da redação tinham-me dado a convicção de que o doutor Loberant era o homem mais poderoso do Brasil; fazia e desfazia ministros, demitia diretores, julgava juízes e o presidente. Logo ao amanhecer, lia o seu jornal, para saber se tal ou qual ato seu tinha tido o *placet* desejado do doutor Ricardo.
> BARRETO, Lima. *Recordações do escrivão Isaías Caminha*. 3. ed. São Paulo: Ática, 1994. p. 99.

O texto, articulado com a obra, permite considerar correta a alternativa:

a) Isaías Caminha revela-se um ser humano desprovido de qualquer vaidade.

b) O narrador utiliza, no seu relato, uma linguagem essencialmente objetiva e precisa.

c) O narrador atribui tão somente aos outros a não realização de seus projetos de vida.

d) O narrador reconhece, na narrativa, a atuação da imprensa de seu tempo como marcada pela ética e pelo compromisso com o social.

e) Isaías, através do relato de sua trajetória de vida, mostra o ambiente social como discriminador de pessoas pobres e de negros e mulatos.

Manifestações do moderno

UNIDADE 14

Nesta pintura do catalão Joan Miró (1893-1983), os elementos remetem a um universo de sonhos e alucinações. O arlequim toca tristemente uma guitarra, transformando-se no próprio instrumento. Seus olhos, no rosto redondo, sugerem melancolia. À sua volta, veem-se insetos, objetos antropomorfizados e elementos estilizados. A obra surrealista rompe deliberadamente com uma representação fiel e mimética da realidade.

O Surrealismo faz parte das vanguardas europeias, uma série de tendências artísticas com novas propostas que fundamentaram toda a arte do século XX. Elas foram decorrentes do progresso técnico e científico que marcou o fim do século XIX e o início do século XX e propiciou novas formas de ver o mundo. As teorias de Einstein, Freud, Bergson, bem como a Primeira Guerra Mundial, abalaram certezas e criaram grande inquietação intelectual.

Nesta unidade

38 As vanguardas europeias – diálogos do moderno

39 O Modernismo em Portugal – novidades artísticas e ecos do passado

Miró, Joan. *O carnaval do arlequim* (detalhe), 1924-1925. Óleo sobre tela, 66 cm × 90,5 cm. Albright Knox Art Gallery, Buffalo, EUA.

CAPÍTULO 38

As vanguardas europeias – diálogos do moderno

O que você vai estudar
- Os novos rumos da arte.
- A ruptura com a tradição literária.

O termo *vanguarda* remete a tudo o que é pioneiro e inovador. Na arte, corresponde àquilo que anuncia novos padrões estéticos. O período das vanguardas estendeu-se dos últimos anos do século XIX até a década de 1920 e pode ser caracterizado como um verdadeiro laboratório de concepções artísticas. Entre os vários movimentos do período, destacam-se o Cubismo, o Futurismo, o Expressionismo, o Dadaísmo e o Surrealismo. Você os estudará neste capítulo.

Sua leitura

A seguir, são apresentadas duas obras: um quadro do pintor espanhol Pablo Picasso (1881-1973) e as estrofes iniciais do poema "Ode triunfal", de Álvaro de Campos, um dos heterônimos do poeta português Fernando Pessoa (1888-1935). A primeira é um exemplo de arte cubista, e a segunda, de arte futurista.

As senhoritas de Avignon

Vale saber

Heterônimo é uma espécie de personalidade poética, criada por um autor, com estilo de escrita e características pessoais diferentes das suas, como se fosse de fato outro autor. No próximo capítulo você conhecerá alguns dos principais heterônimos de Fernando Pessoa.

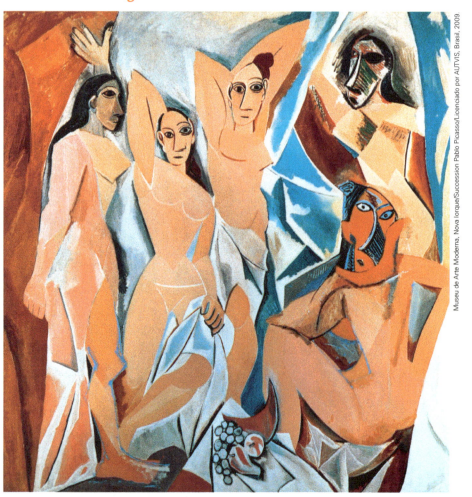

Picasso, Pablo. *As senhoritas de Avignon*, 1907. Óleo sobre tela, 243,9 cm × 233,7 cm. Museu de Arte Moderna, Nova York, EUA.

Picasso provocou reações de horror quando tornou público o quadro *As senhoritas de Avignon*, retrato de prostitutas nuas pintado com técnicas inusitadas para a época. A tela representava o espírito vanguardista e hoje é considerada uma das pinturas fundadoras da arte moderna.

382

Ode triunfal

À dolorosa luz das grandes lâmpadas elétricas da fábrica
Tenho febre e escrevo.
Escrevo rangendo os dentes, fera para a beleza disto,
Para a beleza disto totalmente desconhecida dos antigos.

Ó rodas, ó engrenagens, *r-r-r-r-r-r* eterno!
Forte espasmo retido dos maquinismos em fúria!
Em fúria fora e dentro de mim,
Por todos os meus nervos dissecados fora,
Por todas as papilas fora de tudo com que eu sinto!
Tenho os lábios secos, ó grandes ruídos modernos,
De vos ouvir demasiadamente de perto,
E arde-me a cabeça de vos querer cantar com um excesso
De expressão de todas as minhas sensações,
Com um excesso contemporâneo de vós, ó máquinas!

[...]

Ah, poder exprimir-me todo como um motor se exprime!
Ser completo como uma máquina!
Poder ir na vida triunfante como um automóvel último-modelo!
Poder ao menos penetrar-me fisicamente de tudo isto,
Rasgar-me todo, abrir-me completamente, tornar-me passento
A todos os perfumes de óleos e calores e carvões
Desta flora estupenda, negra, artificial e insaciável!

Fraternidade com todas as dinâmicas!
Promíscua fúria de ser parte-agente
Do rodar férreo e cosmopolita
Dos comboios estrênuos,
Da faina transportadora-de-cargas dos navios,
Do giro lúbrico e lento dos guindastes,
Do tumulto disciplinado das fábricas,
E do quase-silêncio ciciante e monótono das correias de transmissão!

CAMPOS, Álvaro de. In: PESSOA, Fernando. *Obra poética*. Rio de Janeiro: Nova Aguilar, 1986. p. 240.

Vocabulário de apoio

ciciante: sussurrante
comboio: conjunto de vagões ferroviários, trem
cosmopolita: próprio dos grandes centros urbanos
dissecado: secionado, cortado
espasmo: contração involuntária de um músculo
estrênuo: destemido, corajoso
estupendo: maravilhoso
faina: trabalho árduo, em geral executado por tripulação de navio
lúbrico: lascivo, sensual
papila: pequena saliência encontrada em órgãos do corpo
passento: material que absorve líquidos facilmente

Vale saber

Frases exclamativas são aquelas que traduzem emoções e sentimentos do enunciador de forma enfática e expressiva. O poema de Álvaro de Campos apresenta diversas frases desse tipo, que o eu lírico emprega para expressar entusiasmo, como o verso "Ah, poder exprimir-me todo como um motor se exprime!".

Sobre os textos

1. O quadro *As senhoritas de Avignon* é considerado o marco inicial do Cubismo, estética que se vale da fragmentação e de figuras geométricas para representar os objetos de vários ângulos simultaneamente.
   a) Descreva a forma como as mulheres foram retratadas nessa obra.
   b) O que isso pode dizer sobre a relação entre arte e realidade?

2. De que modo a multiplicidade de perspectivas da pintura cubista afeta a recepção da obra pelo espectador?

3. O Futurismo tem um olhar dirigido para o novo. O poema acima manifesta, em tom exaltado, ideias defendidas por esse movimento.
   a) Cite duas passagens que mostram esse tom. Ele se relaciona a quê?
   b) Considere sua resposta ao item anterior. Que princípios do Futurismo podemos inferir do poema?

4. O eu lírico do poema afirma seu desejo de se fundir com as máquinas, adquirindo seus atributos. De que maneira a própria composição do poema realiza essa aspiração?

❯ O contexto de produção

As condições históricas do início do século XX agravaram o clima de **instabilidade política** entre as potências mundiais. Esse contexto propiciou o surgimento de diversos movimentos vanguardistas com **propostas autônomas**. Cada vanguarda considerava sua forma de fazer arte a mais adequada à sua época.

❯ O contexto histórico

No início do século XX, acentuaram-se as disputas políticas entre as nações europeias. Rivalidades locais e a concorrência por matérias-primas e mercados consumidores em outros continentes levaram à Primeira Guerra Mundial (1914-1918), que vitimou quase 20 milhões de pessoas.

Nesse período, duas nações ganharam destaque. Os Estados Unidos firmaram-se como a nova potência político-econômica, com influência de alcance mundial e participação decisiva na guerra. Já a Rússia, após a revolução de 1917, inspirada na doutrina marxista, anexou países vizinhos e formou a poderosa União das Repúblicas Socialistas Soviéticas (URSS).

DIX, Otto. *A guerra* (detalhe), 1929-1932. Óleo sobre tela, 204 cm × 204 cm. Galeria Neue Meister, Dresden, Alemanha.

O pintor Otto Dix (1891-1969) combateu como soldado durante a Primeira Guerra Mundial. Nessa pintura expressionista, o cenário devastador confere à luta um caráter apocalíptico, de final dos tempos.

❯ O contexto cultural

Desde o final do século XIX, a arte vinha sendo renovada por experiências estéticas surpreendentes e desconcertantes, que promoviam alterações significativas nos padrões então vigentes.

Em 1907, surgiu o **Cubismo**, cuja proposta de ruptura radical com os conceitos de proporção e perspectiva exigia um público participativo, comprometido com a tarefa de reconstrução dos sentidos das imagens.

Dois anos depois, o **Futurismo** valeu-se de uma arte agressiva para provocar o público. Os artistas rejeitavam o passado, propunham a destruição violenta das tradições e tinham fascínio pelas novas tecnologias.

O **Expressionismo**, fundado em 1910, retratou o declínio do mundo burguês, assumindo uma função politicamente combativa. Representava a realidade de modo deformado, revelando uma leitura trágica da vida social.

O **Dadaísmo**, criado em 1916, usou a falta de significado (*nonsense*) como crítica radical à sociedade, ou seja, esse movimento fundamentava-se no *nonsense* para a criação artística. Propunha a abolição da lógica e das relações com o real e negava a premeditação no processo de criação da composição artística. Defendia a espontaneidade, o imediatismo e o caos. Os dadaístas consideravam a arte uma manifestação hipócrita em tempos de guerra.

A última vanguarda, o **Surrealismo**, surgiu após o final da Primeira Guerra, em 1924. Originado do Dadaísmo, também defendia uma arte não subordinada à lógica. Estimulado pela psicanálise, voltou-se para os estudos do inconsciente, incorporou elementos do sonho, da loucura e dos impulsos sexuais. Os surrealistas valorizaram a arte primitiva e procuraram libertar o indivíduo dos limites da vida prática.

Repertório

O Futurismo: exaltação da máquina

O Futurismo anunciou-se ao público europeu por meio de um manifesto escrito por seu líder, Filippo Tommaso Marinetti (1876-1944), publicado no jornal francês *Le Figaro*, em 1909. O quarto princípio do manifesto diz:

> Nós declaramos que o esplendor do mundo se enriqueceu com uma beleza nova: a beleza da velocidade. Um automóvel de corrida com seu cofre adornado de grossos tubos como serpentes de fôlego explosivo... um automóvel rugidor, que parece correr sobre a metralha, é mais bonito que a Vitória de Samotrácia.

MARINETTI, F. T. O futurismo. In: TELES, Gilberto Mendonça. *Vanguarda europeia e modernismo brasileiro*: apresentação dos principais poemas, manifestos, prefácios e conferências vanguardistas, de 1857 a 1972. Rio de Janeiro: Vozes, 1997. p. 91.

BALLA, Giacomo. *A velocidade de um automóvel*, 1913. Óleo sobre cartão, 60 cm × 98 cm. Galeria de Arte Moderna, Milão, Itália.

Um dos fundadores do movimento futurista, Giacomo Balla (1871-1958) abordou nessa pintura o tema da velocidade.

Vale saber

Segundo Sigmund Freud, criador da psicanálise, a vida psíquica dos indivíduos sofreria forte influência de conteúdos mentais não percebidos por eles. Esses conteúdos fariam parte do **inconsciente** e apareceriam em sonhos mediante mecanismos de disfarce.

> O contexto literário

Na literatura, também houve uma ruptura radical com os movimentos convencionais precedentes, já anunciada nos mesmos manifestos que apresentaram as novas técnicas de pintura. A convivência de escritores e pintores propiciou uma interpenetração desses dois campos artísticos.

A literatura das vanguardas

A arte das vanguardas caracterizava-se pelo confronto com as estéticas tradicionais. Como na pintura, as inovações literárias também recusaram a organização lógica. O texto cubista, por exemplo, era marcado por uma sucessão de fragmentos, como revela este trecho do poema "Zona", do escritor francês Guillaume Apollinaire (1880-1918), em que o eu lírico confessa seu encantamento pela paisagem moderna.

> [...]
> Esta manhã vi uma rua cujo nome esqueci
> Limpa e nova parecia o clarim do sol
> Diretores operários e belas estenodatilógrafas
> A percorrem quatro vezes por dia de segunda a sábado
> De manhã três vezes ouve-se a sirene e seu gemido
> E ao meio-dia o sino raivoso num ladrido
>
> As placas os anúncios com seus gritos
> Inscrições nos muros tabuletas ruidosos periquitos
> Sou sensível à graça desta rua industrial
> Entre uma avenida e uma rua da França
> [...]
>
> APOLLINAIRE, Guillaume. In: FRIEDRICH, Hugo. *Estrutura da lírica moderna* (da metade do século XIX a meados do século XX). Trad. Dora F. da Silva. 2. ed. São Paulo: Duas Cidades, 1991. p. 217.

A desestruturação do poema, com **elipses** (supressão de termos), **concisão** e **ausência de sinais de pontuação**, caracterizou a literatura das vanguardas. Os escritores deixavam de oferecer ao leitor elementos lógicos para apoiar a reconstrução dos sentidos, reforçando esse procedimento com imagens em **livre associação**. No Surrealismo, por exemplo, a **espontaneidade** total, herdada do Dadaísmo, fazia do texto o resultado do fluxo do mundo interior, traduzido em conjuntos de imagens ilógicas, que lembravam os sonhos. Mesmo as imagens expressionistas, que tinham maior contato com a realidade por denunciar problemas sociais, não apresentavam uma lógica explícita.

Geralmente organizados pelo líder de cada grupo, os manifestos das vanguardas circulavam em jornais e revistas, desencadeando discussões. Antes de serem entendidos pela sociedade, muitos vanguardistas foram chamados de "incompetentes" e "vândalos", e suas obras rotuladas de "repulsivas" e "sórdidas" por não corresponderem às expectativas do público.

O papel da tradição

No final do século XIX, o Simbolismo e o Decadentismo já haviam dado uma resposta artística ao impacto das transformações científicas e tecnológicas do período, questionando a herança cultural do Realismo-Naturalismo e o sentimentalismo dos românticos. As **evocações oníricas** haviam sido um importante recurso de expressão daquelas estéticas. Assim, esses autores do final do século, bem como seus grandes inspiradores, sobretudo Baudelaire (1821-1867), contribuíram para a renovação da literatura.

Coube às vanguardas **radicalizar as experiências formais** ao romper com a sintaxe e a coerência, ao rejeitar as regras de versificação tradicionais e ao abandonar o princípio de que a arte deveria imitar a realidade objetiva.

Vocabulário de apoio

clarim: espécie de corneta (no texto, em sentido figurado)
estenodatilógrafo: profissional que transcreve rapidamente textos falados
ladrido: latido, ruído estridente

Vale saber

A ausência de sinais de pontuação, principalmente de vírgulas, contribui para o efeito de simultaneidade produzido no poema ao lado.

DUCHAMP, Marcel. *Noiva despida por seus celibatários – O grande vidro*, 1915-1923. Óleo, verniz, folha de chumbo, arame de chumbo e pó em dois painéis de vidro, 277,5 cm × 175,9 cm. Museu de Arte da Filadélfia, EUA.

Essa montagem surrealista de Duchamp (1887-1968) divide-se em duas partes: a metade superior representa "o domínio da noiva" e a inferior, "o aparato celibatário". O escritor surrealista André Breton (1896-1966) descreveu-a como "uma interpretação mecânica e cínica do fenômeno do amor".

Uma leitura

O poeta austríaco Georg Trakl (1887-1914) é considerado um dos grandes representantes da poesia expressionista. Leia o poema "Aos emudecidos", transcrito a seguir, bem como alguns comentários relevantes sobre o texto. Depois, responda às questões propostas para ampliar a análise do poema.

1. A arte expressionista deforma o mundo exterior para representar o estado de espírito do eu lírico ou das personagens. Como isso é expresso na paisagem descrita nos três primeiros versos?

Vocabulário de apoio

flagelo: chicote, açoite
fronte: rosto
pestilência: doença contagiosa, peste
pétreo: duro, desumano
purpúreo: de cor vermelho-escura
silente: silencioso, calado

O poema cria uma antítese entre luz e escuridão. Na primeira estrofe, afirma-se que a luz elimina a escuridão; na última, que a humanidade se entoca em uma caverna escura. A primeira imagem remete à eletricidade como elemento do mundo moderno; a última mostra o resultado sombrio do mesmo processo de modernização, simbolizado por uma sociedade que volta à condição primitiva.

Aos emudecidos

Oh a loucura da grande Cidade, quando à
                              [noite
junto ao muro negro aleijadas árvores se
                       [erguem boquiabertas,
e por uma máscara de prata o Espírito do Mal
                               [se ri;
a luz com flagelo magnético a pétrea noite
                             [expulsa.
Oh, o submerso dobrar dos sinos pelo
                            [anoitecer.

Prostituta, que em convulsões de gelo pares
                       [uma criança morta.
A ira de Deus chicoteia a fronte do homem
                           [possesso,
purpúrea pestilência, fome, verdes olhos
                              [quebra.
Oh, o horrendo riso do ouro.

Mas quieta na caverna escura uma
            [humanidade mais silente sangra,
forja no duro metal a redentora cabeça.

TRAKL, Georg. In: SENA, Jorge de. *Poesia do século XX* – de Thomas Hardy a C. V. Cattaneo. Trad. Jorge de Sena. Coimbra: Fora do Texto, 1994.

O engajamento social da arte expressionista pode ser observado no texto já a partir de seu título, o qual dedica o poema aos oprimidos.

Cada verso forma uma imagem fragmentada que ajuda a compor o sentido geral do texto, sem que haja elementos associando uma imagem a outra. O resultado é um retrato complexo e demonizado da cidade, que o leitor reconhece sem se apoiar no significado de cada uma das imagens.

2. Esse verso identifica metaforicamente o responsável pelo angustiante quadro descrito. Explique a imagem construída nele.

Na obra do artista alemão George Grosz (1893-1959), as representações da cidade ganharam um teor de violência e pessimismo devido à guerra. Em *Explosão*, de 1917, o pintor representa um bombardeio. O predomínio de cores avermelhadas contrastando com o preto sugere uma cena noturna iluminada por explosões e pelos incêndios nos edifícios. A imagem é vista simultaneamente de mais de um ângulo de visão, como nas pinturas cubistas: enquanto alguns prédios são representados como se vistos de cima, outros são retratados de lado ou de frente. Na parte superior, aparecem nuvens de fumaça, e a grande fragmentação de formas quase abstratas e de cores por toda a composição pode ser interpretada como os estilhaços das explosões.

GROSZ, George. *Explosão*, 1917. Óleo sobre madeira, 47,8 cm × 68,2 cm. Museu de Arte Moderna, Nova York, EUA.

Ler as Vanguardas europeias

Vários escritores brasileiros foram influenciados pelas vanguardas europeias. Por exemplo, algumas características cubistas estão presentes na estrutura do inovador romance *Memórias sentimentais de João Miramar*, que o escritor modernista Oswald de Andrade (1890-1954) publicou em 1924. Leia um de seus episódios.

8. Fraque do ateu

Saí de D. Matilde porque marmanjo não podia continuar na classe com meninas.

Matricularam-me na escola modelo das tiras de quadros nas paredes alvas escadarias e um cheiro de limpeza.

Professora magrinha e recreio alegre começou a aula da tarde um bigode de arame espetado no grande professor Seu Carvalho.

No silêncio tique-taque da sala de jantar informei mamãe que não havia Deus porque Deus era a natureza.

Nunca mais vi o Seu Carvalho que foi para o Inferno.

ANDRADE, Oswald de. *Memórias sentimentais de João Miramar*. São Paulo: Globo, 1993. p. 47.

Vocabulário de apoio

ateu: pessoa que não crê em Deus
fraque: traje masculino usado em cerimônias, com casaco curto na parte da frente e abas longas atrás
marmanjo: menino robusto, crescido

GRIS, Juan. *Homem no café*, 1912. Óleo sobre tela, 127,6 cm × 88,3 cm. Museu de Arte da Filadélfia, EUA.

Nessa pintura, a representação fragmentada do rosto, do casaco e da cartola do homem expressa o objetivo cubista de superar as possibilidades da visão normal. Oswald de Andrade também fez uso da fragmentação na composição de *Memórias sentimentais de João Miramar*.

Sobre o texto

1. Que situação da vida do narrador-protagonista João Miramar é retratada nesse episódio?
2. Algumas lembranças da personagem são visuais, têm a forma de imagens. Além da visão, que outros sentidos ajudam a evocar essas lembranças? Comprove com passagens do texto.
3. Ao dizer à mãe que "não havia Deus porque Deus era a natureza", João Miramar provavelmente reproduzia a fala ouvida de um adulto, um comportamento típico de crianças.
   a) Quem, provavelmente, formulou o pensamento repetido pelo garoto? Justifique.
   b) O que esse pensamento indica sobre a crença religiosa da personagem que o formulou? Relacione sua resposta ao título do episódio.
4. O último parágrafo faz uso da metáfora para contar o que houve com o professor Carvalho.
   a) O que deve ter acontecido realmente com ele?
   b) Que provável razão levou João Miramar a dizer que o professor "foi para o Inferno"?
5. O episódio lido apresenta algumas características sintáticas que, à maneira do Cubismo, criam uma realidade fragmentada, com lacunas. Cite algumas dessas características.

O que você pensa disto?

A obra *Fonte*, do francês Marcel Duchamp (1887-1968), é composta de um urinol (vaso próprio para urinar) em posição invertida. Trata-se de um *readymade*, técnica que consiste em apresentar objetos de uso cotidiano, com pouca ou nenhuma interferência, como obras de arte. Com essa técnica, Duchamp queria provocar o espectador e questionar a validade da arte tradicional.

Os grafites também provocam discussões. Para alguns, os desenhos pintados nas paredes são uma forma de vandalismo; para outros, trata-se de arte urbana.

- O que você sabe sobre o grafite? Você acha que ele pode ser considerado uma forma de arte? Por quê?

O maior trecho remanescente do Muro de Berlim, que dividia a Alemanha Oriental (comunista) da Ocidental (capitalista), hoje é uma galeria de arte, a East Side Gallery. O trecho de 1,3 km é coberto de grafites de artistas de vários países. Fotografia de 2011.

DUCHAMP, Marcel. *Fonte*, 1917. Porcelana, 36 cm × 48 cm × 61 cm. Museu de Israel, Jerusalém.

CAPÍTULO 39
O Modernismo em Portugal – novidades artísticas e ecos do passado

O que você vai estudar

- A introdução das vanguardas em Portugal.
- A importância das revistas *Orpheu* e *Presença*.
- Fernando Pessoa e seus heterônimos.
- A literatura de Mário de Sá-Carneiro e José Régio.

Amadeo de Souza-Cardoso (1887-1918) é um dos principais representantes da pintura moderna portuguesa. Sua obra, voltada à ruptura com a arte convencional, revela influências de quase todos os movimentos vanguardistas, principalmente do Cubismo, do Futurismo e do Expressionismo. Apesar disso, o pintor nunca seguiu exclusivamente uma das vanguardas, preferindo utilizar o conceito de cada uma como parte de sua pesquisa estética pessoal. No quadro ao lado predomina a influência cubista, pela presença de elementos geométricos, pelo uso de fragmentos e pela ruptura com os conceitos de proporção e perspectiva, além do emprego de letras e números.

Souza-Cardoso, Amadeo de. Título desconhecido (Brut 300 TSF), 1917. Óleo sobre tela, 86 cm × 66 cm. Centro de Arte Moderna da Fundação Calouste Gulbenkian, Lisboa, Portugal.

> O contexto de produção

O Modernismo iniciou-se em Portugal na segunda década do século XX, em um período de fortes tensões. Após a Proclamação da República, em 1910, as disputas políticas internas e as críticas aos governantes continuaram, tanto em razão do agravamento dos problemas sociais quanto em decorrência dos efeitos da Primeira Guerra Mundial. Em 1926, um golpe militar apoiado pela burguesia levou ao poder um governo de direita. Sete anos depois, iniciou-se o **Estado Novo**, uma ditadura sob o comando de António de Oliveira Salazar (1889-1970). Esse regime autoritário persistiu até a **Revolução dos Cravos**, em 1974.

Os anos iniciais da República foram marcados por forte nacionalismo, chegando a aproximar-se do fascismo italiano e do nazismo alemão. Na produção cultural, tal nacionalismo resultou no **Saudosismo** – doutrina liderada pelo escritor Teixeira de Pascoais, que pretendia restaurar nos portugueses o ânimo da época das Grandes Navegações. O movimento não focava a nostalgia do passado, mas sim a esperança de fundação de uma civilização diferente, nova, que realizasse o que era devido ao povo português.

Os artistas que formaram a **primeira geração modernista portuguesa** derivaram da doutrina saudosista. Na revista *Orpheu*, criaram a base de uma produção artística renovadora, atualizada com as inovações técnicas das vanguardas europeias e com seu espírito de contestação. Sucederam-se, então, a revista *Presença* e a **segunda geração modernista**. As duas gerações modernistas de Portugal são o objeto de estudo deste capítulo.

> ## *Orpheu* e *Presença*: duas revistas, duas gerações

O grupo que publicou a revista de literatura *Orpheu* formou-se em 1913, dois anos antes de seu lançamento, e incluía nomes como Luís de Montalvor, Fernando Pessoa, Mário de Sá-Carneiro, Almada Negreiros e o brasileiro Ronald de Carvalho. A publicação teve apenas dois números, mas provocou escândalo, foi atacada pela imprensa conservadora e contribuiu para a afirmação das novidades estéticas francesas em Portugal.

As primeiras obras modernistas não tinham uma concepção estética bem definida. Algumas ainda refletiam a influência saudosista e usavam recursos de estéticas anteriores, como o Simbolismo. Outras, porém, mostravam a evolução para o Modernismo, termo que abrangia a influência das tendências vanguardistas europeias. O objetivo dos modernistas era construir uma **poesia inusitada**, muitas vezes **agressiva**, capaz de abalar a cultura portuguesa instituída até então. Almada Negreiros (1893-1970) evidenciou esse confronto no texto a seguir, em que ridiculariza Júlio Dantas (1876-1962), representante da literatura conservadora que depreciava a revista *Orpheu*.

Frontispício da edição inaugural da revista *Orpheu*, lançada em 1915.

Manifesto AntiDantas
BASTA PUM BASTA
UMA GERAÇÃO, QUE CONSENTE DEIXAR-SE REPRESENTAR POR UM DANTAS, É UMA GERAÇÃO QUE NUNCA O FOI! É UM COIO D'INDIGENTES, D'INDIGNOS E DE CEGOS! É UMA RESMA DE CHARLATÃES E DE VENDIDOS, E SÓ PODE PARIR ABAIXO DE ZERO!
ABAIXO A GERAÇÃO!
[...]
O DANTAS SABERÁ GRAMÁTICA, SABERÁ SINTAXE, SABERÁ MEDICINA, SABERÁ FAZER CEIAS PRA CARDEAIS, SABERÁ TUDO MENOS ESCREVER QUE É A ÚNICA COISA QUE ELE FAZ!
O DANTAS PESCA TANTO DE POESIA QUE ATÉ FAZ SONETOS COM LIGAS DE DUQUESAS!
O DANTAS É UM HABILIDOSO!
[...]
MORRA O DANTAS, MORRA! 👉 PIM!
[...]

ALMADA NEGREIROS, José Sobral de. Basta pum basta. In: RÊGO, Manuela. *Almada*: o escritor – o ilustrador. Lisboa: Instituto da Biblioteca Nacional do Livro, 1993. p. 86.

Vocabulário de apoio

charlatão: trapaceiro, impostor
coio: covil, esconderijo de malfeitores
resma: conjunto, grupo

Nesse manifesto, Almada Negreiros desqualifica o autor Júlio Dantas, apontando-o como um obstáculo à renovação e à divulgação da literatura portuguesa. A crítica, mordaz e irônica, buscava atingir ainda aqueles que tinham as mesmas convicções de Dantas. O caráter modernista do texto também se manifesta visualmente, nas letras maiúsculas e nas imagens dentro dos versos.

Os princípios de **renovação** e contestação da revista *Orpheu* foram reafirmados pela revista *Presença*, que foi lançada em 1927 e teve 54 números. Nela, estudantes de Coimbra, como José Régio, Branquinho da Fonseca e Miguel Torga, defendiam uma literatura mais introspectiva, sincera e original, sem preocupações com questões sociais.

Como na primeira geração, suas propostas envolviam **pesquisa estética** e tematizavam a **crise do indivíduo** moderno diante da ausência de certezas absolutas. As obras mostravam o desejo de contribuir para a superação da cultura burguesa, sem envolver propostas de intervenção social e sem se relacionar ao contexto específico de Portugal.

Concentraremos os estudos sobre esse momento da literatura portuguesa na produção de Fernando Pessoa, passando pela contribuição de Mário de Sá-Carneiro e José Régio.

ALMADA NEGREIROS, José Sobral de. *Autorretrato num grupo*, 1925. Óleo sobre tela, 130 cm × 197 cm. Centro de Arte Moderna da Fundação Calouste Gulbenkian, Lisboa, Portugal.

O escritor Almada Negreiros (1893-1970) também foi um talentoso artista plástico e é considerado um grande representante da arte moderna portuguesa. Nesse painel, realizado para o café A Brasileira, de Lisboa, o artista distorceu os corpos e rostos das figuras retratadas, rompendo com a concepção de arte que imita a realidade.

389

❯ Os eus de Fernando Pessoa

Fernando Pessoa (1888-1935) foi um grande criador de personalidades poéticas. Além de escrever em seu nome, criou mais de setenta heterônimos – autores com características poéticas e pessoais distintas. Alguns foram apenas esboçados; outros, como Bernardo Soares e Alexandre Search, foram desenvolvidos parcialmente. Já os heterônimos Alberto Caeiro, Ricardo Reis e Álvaro de Campos são os mais completos, com biografia (o que inclui datas de nascimento e morte imaginadas por Pessoa), traços físicos, profissão, ideologia e estilo próprios.

❯ Alberto Caeiro: o mestre

A poesia de **Alberto Caeiro** (1887 ou 1889-1936) ensina que o verdadeiro entendimento do mundo é alcançado por meio dos sentidos humanos em contato direto com as coisas, sem o intermédio do pensamento. Nas palavras dele: "Pensar uma flor é vê-la e cheirá-la/ E comer um fruto é saber-lhe o sentido".

Essa **rejeição das abstrações** para compreender o mundo pode ser vista no poema "XX", de *O guardador de rebanhos*, em que o eu lírico compara o rio Tejo, o mais importante de Portugal, ao rio de sua aldeia.

Monumento aos Descobrimentos às margens do rio Tejo, em Lisboa, Portugal. Fotografia de 2012.

XX

O Tejo é mais belo que o rio que corre pela minha aldeia,
Mas o Tejo não é mais belo que o rio que corre pela minha aldeia
Porque o Tejo não é o rio que corre pela minha aldeia.

O Tejo tem grandes navios
E navega nele ainda,
Para aqueles que veem em tudo o que lá não está,
A memória das naus.

O Tejo desce de Espanha
E o Tejo entra no mar em Portugal.
Toda a gente sabe isso.
Mas poucos sabem qual é o rio da minha aldeia
E para onde ele vai
E donde ele vem.
E por isso, porque pertence a menos gente,
É mais livre e maior o rio da minha aldeia.

Pelo Tejo vai-se para o Mundo.
Para além do Tejo há a América
E a fortuna daqueles que a encontram.
Ninguém nunca pensou no que há para além
Do rio da minha aldeia.

O rio da minha aldeia não faz pensar em nada.
Quem está ao pé dele está só ao pé dele.

PESSOA, Fernando. *Obra poética*. Rio de Janeiro: Nova Aguilar, 1986. p.149-150.

■ **Margens do texto**

Segundo o eu lírico, o rio Tejo está associado às ambições do povo português, tanto do passado quanto de então. Como isso aparece no poema?

A comparação revela a visão de mundo de Caeiro: o rio da aldeia é "mais livre e maior" porque não representa valores da sociedade atribuídos a ele; oferece apenas o que lhe é próprio. O Tejo, no entanto, é aprisionado pelas projeções daqueles "que veem em tudo o que lá não está".

No conjunto da obra de Alberto Caeiro, essa busca por objetividade resulta na vivência do presente de maneira espontânea, sem idealizações e sem o apoio de teorias científicas e filosóficas. Também proporciona uma visão não espiritualizada da vida: Caeiro rejeita a existência de um Deus inacessível aos sentidos, preferindo vê-lo espelhado na natureza.

Apesar da intenção de registrar apenas o que se pode ver e sentir concretamente, a obra de Caeiro é bastante **intelectualizada**, **abstrata** e **filosófica**. Vários poemas discutem o ato de pensar e o conhecimento. Essa contradição enriquece a obra.

> Ricardo Reis e Álvaro de Campos: os discípulos

Por sua postura perante as coisas do mundo, Alberto Caeiro foi considerado um mestre pelo próprio Fernando Pessoa e pelos demais heterônimos. **Ricardo Reis** (1887-1936) buscou a mesma **simplicidade** e **espontaneidade** e, para isso, recorreu ao Arcadismo, estética que valorizava a vida campestre. A obra de Ricardo Reis também revela a consciência da passagem do tempo e da inevitabilidade da morte, como demonstra este poema.

Não tenhas nada nas mãos
Nem uma memória na alma,

Que quando te puserem
Nas mãos o óbolo último,

Ao abrirem-te as mãos
Nada te cairá.

Que trono te querem dar
Que Átropos to não tire?

Que louros que não fanem
Nos arbítrios de Minos?

Que horas que te não tornem
Da estatura da sombra

Que serás quando fores
Na noite e ao fim da estrada.

Colhe as flores mas larga-as,
Das mãos mal as olhaste.

Senta-te ao sol. Abdica
E sê rei de ti próprio.

PESSOA, Fernando. *Obra poética*. Rio de Janeiro: Nova Aguilar, 1986. p. 192.

Vocabulário de apoio

Átropos: uma das três moiras – divindades gregas que decidiam o destino dos seres humanos –, responsável por cortar o fio da vida
fanar: cortar, reduzir o tamanho
louro: glória, triunfo
Minos: rei da ilha de Creta que, após a morte, desceu ao mundo subterrâneo e se tornou um dos juízes dos mortos
óbolo: moeda que, na tradição grega, era enterrada com o morto para que este pudesse pagar a travessia de sua alma pelos quatro rios infernais

O texto aconselha o desapego, afirmando que nenhum bem material ou fama resistem ao tempo. Assim, o ser humano deve aproveitar o que é prazeroso sem excessos e sem se prender às coisas. A **tradição árcade** é retomada também na forma do poema: vocabulário erudito e construções sintáticas rebuscadas, marcadas por inversões.

O heterônimo **Álvaro de Campos** (1890-1935) coloca-se em posição oposta: é um **indivíduo cosmopolita** e que vive seu tempo. Essa influência da modernidade provém, em parte, do Futurismo, que carrega um entusiasmo pelas **máquinas** e **multidões**, bem como expressa sensações cheias de energia, conforme exemplifica o poema "Ode triunfal" (página 383).

A tendência eufórica, contudo, é apenas uma das expressões do poeta. Há também a descrença no mundo moderno e a crítica às relações humanas deterioradas. Nessa vertente, surgem o vazio da vida e o sujeito amargurado, como sugerem as estrofes iniciais do poema a seguir, de 1923.

Lisbon revisited

Não: Não quero nada,
Já disse que não quero nada.

Não me venham com conclusões!
A única conclusão é morrer.

Não me tragam estéticas!
Não me falem em moral!
Tirem-me daqui a metafísica!
Não me apregoem sistemas completos, não me enfileirem conquistas
Das ciências (das ciências, Deus meu, das ciências!) –
Das ciências, das artes, da civilização moderna!

Que mal fiz eu aos deuses todos?

Se têm a verdade, guardem-na!
[...]

PESSOA, Fernando. *Obra poética*. Rio de Janeiro: Nova Aguilar, 1986. p. 290-291.

Repertório

Paganismo e cristianismo em Ricardo Reis

A retomada do Arcadismo traz para a poesia de Ricardo Reis referências aos deuses greco-romanos, que evocam uma atitude voltada para o prazer. Em passagens mais melancólicas de seus poemas, aparece também o cristianismo. Não há, portanto, uma defesa da exclusividade cristã nos poemas, mas a presença de diferentes religiões e deuses.

MICHELANGELO. *Baco*, 1496-1497. Mármore, 203 cm (alt). Museo Nazionale del Bargello, Florença, Itália.

Dionísio, conhecido como Baco pelos romanos, era o deus do vinho e do prazer na mitologia grega.

> Fernando Pessoa

Os **poemas líricos** com assinatura do próprio Fernando Pessoa estão reunidos em *Cancioneiro* e apresentam reflexões sobre a vida e a arte. Neles, nota-se a retomada da tradição lírica portuguesa em duas tendências – o **sensacionismo** e o **interseccionismo**. O sensacionismo sustentava que toda experiência consciente era composta de sensações, que poderiam ser representadas no poema com estruturas produzidas em uma elaboração intelectual. O interseccionismo envolvia o cruzamento do mundo interior com o exterior pela invocação dessas sensações, como exemplificam os versos iniciais de "Chuva oblíqua".

Chuva oblíqua

I

Atravessa esta paisagem o meu sonho dum porto infinito
E a cor das flores é transparente de as velas de grandes navios
Que largam do cais arrastando nas águas por sombra
Os vultos ao sol daquelas árvores antigas...

O porto que sonho é sombrio e pálido
E esta paisagem é cheia de sol deste lado...
Mas no meu espírito o sol deste dia é porto sombrio
E os navios que saem do porto são estas árvores ao sol...
[...]

PESSOA, Fernando. *Obra poética*. Rio de Janeiro: Nova Aguilar, 1986. p. 47.

ALMADA NEGREIROS, José Sobral de. *Retrato de Fernando Pessoa*, 1954. Óleo sobre tela, 200 cm × 200 cm. Museu da Cidade, Lisboa, Portugal.

Fernando Pessoa representado por seu contemporâneo Almada Negreiros. Na mesa, vê-se o número 2 da revista *Orpheu*.

O poema não é uma confissão imediata de um estado de espírito, mas sim uma elaboração das emoções. A paisagem é apresentada por fragmentos que remetem ao cenário exterior – um lugar ensolarado composto de árvores e flores –, mesclado às sensações do poeta – representadas pelo porto sombrio. Pela simultaneidade, ambos formam um ambiente único, melancólico, em que exterior e interior são indissociáveis.

Alguns **poemas metalinguísticos** de Fernando Pessoa examinam o processo da criação poética, com foco recorrente na questão da sinceridade.

Isto

Dizem que finjo ou minto
Tudo que escrevo. Não.
Eu simplesmente sinto
Com a imaginação.
Não uso o coração.

Tudo o que sonho ou passo,
O que me falha ou finda,
É como que um terraço
Sobre outra coisa ainda.
Essa coisa é que é linda.

Por isso escrevo em meio
Do que não está ao pé,
Livre do meu enleio,
Sério do que não é.
Sentir? Sinta quem lê!

PESSOA, Fernando. *Obra poética*. Rio de Janeiro: Nova Aguilar, 1986. p. 99.

Vocabulário de apoio

enleio: envolvimento, embaraço, encanto
findar: acabar, chegar ao fim

Em "Isto", o eu lírico afirma que os sentimentos expressos em um poema não são sentidos pelo coração, mas sim pela imaginação. O poeta seria capaz de experimentar, pela atividade intelectual, estados de alma que não viveu de fato. Essa experiência lhe permitiria desprender-se de suas particularidades, do que ele sonha ou vive naquele momento, ultrapassando a aparência das coisas em busca do que se oculta sob o "terraço" – aquilo que é lindo e verdadeiro.

Além da poesia lírica, Fernando Pessoa dedicou-se também à **épica**, compondo a obra *Mensagem*. O livro foi publicado pouco antes de sua morte, embora ele tivesse começado a escrevê-lo em 1913, ainda na juventude. Associada ao **movimento saudosista**, a obra rememora a formação de Portugal, as Grandes Navegações e a ambição por um poderoso império português. Para tanto, ela retoma o poema clássico português *Os Lusíadas*, de Camões, que é a narrativa-símbolo dessa aventura. Entretanto, *Mensagem* é uma obra irônica. Ao exaltar Portugal, o poeta evidencia o comportamento desmedido e louco de seus heróis, principalmente de seu grande mito, o rei dom Sebastião.

Inovadora, a obra *Mensagem* foge da estrutura rigorosa do poema épico, constituindo-se por fragmentos em que as personagens históricas ou o próprio eu lírico cantam a melancolia e a saudade.

Sua leitura

Nesta seção, você lerá quatro poemas: o primeiro, do heterônimo Alberto Caeiro, faz parte de *Poemas inconjuntos*; o segundo é do heterônimo Álvaro de Campos; os dois últimos são de *Mensagem*, de Fernando Pessoa.

Texto 1

Se, depois de eu morrer, quiserem escrever a minha biografia,
Não há nada mais simples.
Tem só duas datas — a da minha nascença e a da minha morte.
Entre uma e outra cousa todos os dias são meus.

Sou fácil de definir.
Vi como um danado.
Amei as cousas sem sentimentalidade nenhuma.
Nunca tive um desejo que não pudesse realizar, porque nunca ceguei.
Mesmo ouvir nunca foi para mim senão um acompanhamento de ver.
Compreendi que as cousas são reais e todas diferentes umas das outras;
Compreendi isto com os olhos, nunca com o pensamento.
Compreender isto com o pensamento seria achá-las todas iguais.

Um dia deu-me o sono como a qualquer criança.
Fechei os olhos e dormi.
Além disso, fui o único poeta da Natureza.

PESSOA, Fernando. *Obra poética*. Rio de Janeiro: Nova Aguilar, 1986. p. 171.

Sobre o texto

1. Os poemas de Alberto Caeiro são marcados pela busca em compreender o mundo pelos sentidos, e não pelo intelecto.
   a) Aponte uma passagem do poema que evidencia essa ideia.
   b) Considerando tal modo de perceber o mundo, explique o oitavo verso.
2. A partir do sexto verso, há uma mudança nas formas verbais do poema.
   a) Qual é essa mudança?
   b) Essa alteração das formas verbais remete a uma nova situação em que se encontra o eu lírico. Explique.
3. Em sua opinião, por que é "fácil" para o eu lírico antecipar sua biografia?
4. Por que o eu lírico se compara a uma criança?
5. Caeiro é o mestre das personalidades poéticas de Fernando Pessoa. Reflita sobre isso lendo uma estrofe de "Tabacaria", de Álvaro de Campos.

Repertório

Multiplicação e despersonalização

A multiplicação interior permitiu a Fernando Pessoa enxergar o mundo pelos olhos de vários eus líricos. Isso foi um procedimento literariamente rico, mas psicologicamente perigoso, porque aproximou o poeta da despersonalização. Em uma carta em que explica para um amigo a origem de seus heterônimos, Pessoa chama a atenção para a sensação que teve após a criação de Caeiro:

Desculpe-me o absurdo da frase: aparecera em mim o meu mestre. Foi essa a sensação imediata que tive. E tanto assim que, escritos que foram esses trinta e tantos poemas, imediatamente peguei noutro papel e escrevi, a fio, também, os seis poemas que constituem a *Chuva oblíqua*, de Fernando Pessoa. Imediatamente e totalmente... Foi o regresso de Fernando Pessoa Alberto Caeiro a Fernando Pessoa ele só. Ou, melhor, foi a reação de Fernando Pessoa contra a sua inexistência como Alberto Caeiro.

PESSOA, Fernando. A gênese dos heterônimos. In: *Quando fui outro*. Rio de Janeiro: Objetiva, 2006. p. 181-182.

[...]
(Come chocolates, pequena;
Come chocolates!
Olha que não há mais metafísica no mundo senão chocolates.
Olha que as religiões todas não ensinam mais que a confeitaria.
Come, pequena suja, come!
Pudesse eu comer chocolates com a mesma verdade com que comes!
Mas eu penso e, ao tirar o papel de prata, que é de folha de estanho,
Deito tudo para o chão, como tenho deitado a vida.)

PESSOA, Fernando. Tabacaria. In: *Obra poética*. Rio de Janeiro: Nova Aguilar, 1986. p. 298.

a) Com base nesse trecho, é possível dizer que Álvaro de Campos segue os ensinamentos de Alberto Caeiro? Por quê?
b) Releia os três últimos versos. Explique o que eles dizem sobre o modo como o eu lírico encara a maneira de se experimentar o mundo.

Texto 2

Poema em linha reta

Nunca conheci quem tivesse levado porrada.
Todos os meus conhecidos têm sido campeões em tudo.

E eu, tantas vezes reles, tantas vezes porco, tantas vezes vil,
Eu tantas vezes irrespondivelmente parasita,
Indesculpavelmente sujo,
Eu, que tantas vezes não tenho tido paciência para tomar banho,
Eu, que tantas vezes tenho sido ridículo, absurdo,
Que tenho enrolado os pés publicamente nos tapetes das etiquetas,
Que tenho sido grotesco, mesquinho, submisso e arrogante,
Que tenho sofrido enxovalhos e calado,
Que quando não tenho calado, tenho sido mais ridículo ainda;
Eu, que tenho sido cômico às criadas de hotel,
Eu, que tenho sentido o piscar de olhos dos moços de fretes,
Eu, que tenho feito vergonhas financeiras, pedido emprestado sem pagar,
Eu, que, quando a hora do soco surgiu, me tenho agachado
Para fora da possibilidade do soco;
Eu, que tenho sofrido a angústia das pequenas coisas ridículas,
Eu verifico que não tenho par nisto tudo neste mundo.

Toda a gente que eu conheço e que fala comigo
Nunca teve um ato ridículo, nunca sofreu um enxovalho,
Nunca foi senão príncipe — todos eles príncipes — na vida...

Quem me dera ouvir de alguém a voz humana,
Que confessasse não um pecado, mas uma infâmia;
Que contasse, não uma violência, mas uma cobardia!
Não, são todos o Ideal, se os oiço e me falam.
Quem há neste largo mundo que me confesse que uma vez foi vil?
[...]

PESSOA, Fernando. *Obra poética*. Rio de Janeiro: Nova Fronteira, 1986. p. 352-353.

Vocabulário de apoio

cobardia: covardia
enxovalho: injúria, insulto
infâmia: descrédito, desonra
moço de fretes: carregador
oiço: ouço, do verbo *ouvir*
reles: ordinário, desprezível
vil: indigno, desprezível

Fone de ouvido

Fernando Pessoa por Paulo Autran

Na voz do prestigiado ator brasileiro Paulo Autran (1922-2007), destacam-se as diversas inflexões da poesia de Pessoa, do tom mais doce ao mais irônico. Destaques para "Poema em linha reta" e "Ode triunfal", de Álvaro de Campos.

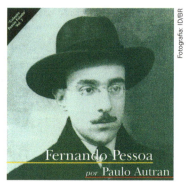

Fernando Pessoa por Paulo Autran. Rio de Janeiro: Luz da Cidade, 2005. Coleção Poesia Falada, v. 7. 1 CD.

Sobre o texto

1. Releia a segunda estrofe, em que o eu lírico se caracteriza em oposição a seus conhecidos.
   a) A estrofe constitui-se por um único e longo período. Qual verso contém a oração principal?
   b) Que estrutura se repete nos demais versos?
   c) Que efeito o eu lírico obtém com essa repetição?

2. Os conhecidos do eu lírico são "campeões em tudo".
   a) Transcreva as palavras que, ao longo do trecho, identificam e caracterizam essas figuras.
   b) Os conhecidos confessam pecados e violências, mas não infâmias e cobardias. O que diferencia essas duas categorias de ações?
   c) Explique a diferença entre a maneira como as pessoas tratam os "príncipes" e o eu lírico.

3. Releia:

   > Não, são todos o Ideal, se os oiço e me falam.

   a) De que forma o eu lírico fica conhecendo a suposta superioridade de seus conhecidos?
   b) Encontre no trecho outras passagens com o mesmo sentido.
   c) Com base em suas respostas anteriores, explique o que realmente diferencia o eu lírico dos demais.

Texto 3

D. Sebastião, Rei de Portugal

Louco, sim, louco, porque quis grandeza
Qual a Sorte a não dá.
Não coube em mim minha certeza;
Por isso onde o areal está
Ficou meu ser que houve, não o que ha.

Minha loucura, outros que me a tomem
Com o que nella ia.
Sem a loucura que é o homem
Mais que a besta sadia,
Cadáver addiado que procria?

PESSOA, Fernando. *Obra poética*. Rio de Janeiro: Nova Fronteira, 1986. p. 9-10.

Texto 4

Mar portuguez

Ó mar salgado, quanto do teu sal
São lágrimas de Portugal!
Por te cruzarmos, quantas mães choraram,
Quantos filhos em vão rezaram!
Quantas noivas ficaram por casar
Para que fosses nosso, ó mar!

Valeu a pena? Tudo vale a pena
Se a alma não é pequena.
Quem quere passar além do Bojador
Tem que passar além da dor.
Deus ao mar o perigo e o abysmo deu,
Mas nelle é que espelhou o céu.

PESSOA, Fernando. *Obra poética*. Rio de Janeiro: Nova Fronteira, 1986. p. 16.

Vocabulário de apoio

Bojador: cabo (ponta de continente que avança mar adentro), localizado na costa da África, que oferecia muita dificuldade aos antigos navegadores devido às ondas altas e aos recifes pontiagudos
Sorte: destino

Sobre os textos

1. O mito sebastianista está expresso nos versos 4 e 5 de "D. Sebastião, Rei de Portugal".
   a) Além de remeter à região da África em que o exército português foi derrotado, o "areal" tem um sentido figurado e se relaciona à existência de dom Sebastião. Explique.
   b) Que diferença existe entre o "ser que houve" e o ser "que ha"?

2. *Mensagem* tem como tema o sonho português de formar um grande império. Nesse sentido, dom Sebastião é uma metonímia dessa aspiração, pois representa a aventura nacional.
   a) Como se explica, no início de "D. Sebastião, Rei de Portugal", o heroísmo desmedido do rei?
   b) O que o eu lírico aconselha a seus compatriotas para manter seu projeto grandioso?

3. "D. Sebastião, Rei de Portugal" é um texto lírico dentro da estrutura épica de *Mensagem*.
   a) O que faz desse poema um texto lírico?
   b) Que aspecto da poesia épica está presente no texto?

4. Os versos iniciais de "Mar portuguez" aparecem em geral fora de seu contexto original.
   a) No caso desse poema, o que significa uma "alma pequena"?
   b) Com base no poema, explique o valor concreto do mar para os portugueses.

5. *Mensagem* dialoga com o contexto cultural de sua época. Mostre influências do movimento saudosista em "D. Sebastião, Rei de Portugal" e "Mar portuguez".

Repertório

Os poemas desta página pertencem a "Brasão", primeira parte de *Mensagem*, e a "Mar portuguez", segunda parte da obra. O primeiro refere-se ao rei dom Sebastião, que, almejando transformar Portugal em um império grandioso, realizou um ataque contra os mouros em uma região de areal no norte da África. Todos os portugueses foram mortos. Portugal passou, então, ao domínio espanhol. O episódio originou o sebastianismo – crença dos portugueses no retorno de dom Sebastião, que reconduziria Portugal a seu destino grandioso.

Versão do brasão de armas de Portugal, de 1911.
A obra *Mensagem* é dividida em três partes: "Brasão", "Mar portuguez" e "O encoberto". Na primeira, Fernando Pessoa vale-se do escudo das armas de Portugal para organizar os poemas: cada um dos castelos amarelos é associado a uma personagem importante no processo de formação do Estado nacional português, e cada uma das quinas azuis, a uma personagem do período expansionista. A quinta quina refere-se a dom Sebastião. Fernando Pessoa não se baseou exatamente nessa versão do escudo, mas a disposição dos castelos e das quinas é a mesma.

Vale saber

Metonímia é a figura de linguagem que consiste na substituição de um termo por outro, quando este mantém um sentido contíguo com aquele que substitui (geralmente, a parte pelo todo).

❯ Sá-Carneiro e José Régio: a carência do absoluto

Enquanto Fernando Pessoa manteve-se quase sempre afastado do público e da crítica, **Mário de Sá-Carneiro** (1890-1916), um dos organizadores da revista *Orpheu* e amigo de Pessoa, tornou-se conhecido como um dos principais inovadores da literatura portuguesa.

O poeta **revolucionou** os **conceitos estéticos** vigentes em Portugal, manipulando com liberdade a gramática e o léxico em sua escrita. Valeu-se do sensacionismo, do interseccionismo e das vanguardas europeias, apresentando traços cubistas e futuristas. Também resgatou tendências do século XIX, como as sinestesias e o comportamento decadentista, mórbido e entediado.

Nos poemas de Mário de Sá-Carneiro, sempre introspectivos, há um eu lírico incapaz de lidar com a crise da modernidade, desesperado por não encontrar a verdade absoluta e por estar cercado de relativismos. O tom angustiado e autodestrutivo dos versos revela a impossibilidade de lidar com a discordância entre seus impulsos pessoais e as condutas da sociedade.

O teor trágico dessa poesia influenciou o poeta **José Régio** (1901-1969), um dos principais nomes do **Presencismo**, como ficou conhecida a segunda fase do Modernismo português (nome derivado de *Presença*, a revista inaugural dessa fase). A poesia de Régio, também introspectiva e dramática, reforçou, com mais firmeza e obstinação, a visão do ser humano moderno carente do absoluto e incompatível com a sociedade.

No poema "Cântico negro", o eu lírico reage agressivamente ao chamado de outros indivíduos, que querem lhe indicar o caminho a seguir.

Sétima arte

O Quinto Império: ontem como hoje (Portugal/França, 2004)
Direção de Manoel de Oliveira
Dirigido por um cineasta português, o filme é baseado na peça *El-Rei Sebastião*, de José Régio. Além de poeta e dramaturgo, José Régio foi crítico literário, romancista e contista.

Capa do DVD *O Quinto Império*.

Cântico negro

[...]
Ide! tendes estradas,
Tendes jardins, tendes canteiros,
Tendes pátrias, tendes tetos,
E tendes regras, e tratados, e filósofos, e sábios.
Eu tenho a minha Loucura!
Levanto-a, como um facho, a arder na noite escura,
E sinto espuma, e sangue, e cânticos nos lábios...

Deus e o Diabo é que me guiam, mais ninguém.
Todos tiveram pai, todos tiveram mãe.
Mas eu, que nunca principio nem acabo,
Nasci do amor que há entre Deus e o Diabo.

Ah, que ninguém me dê piedosas intenções!
Ninguém me peça definições!
Ninguém me diga: "vem por aqui"!
A minha vida é um vendaval que se soltou.
É uma onda que se alevantou.
É um átomo a mais que se animou...
Não sei por onde vou,
Não sei para onde vou,
Sei que não vou por aí!

Régio, José. In: Moisés, Massaud. *A literatura portuguesa através dos textos*. 17. ed. São Paulo: Cultrix, 1988. p. 434.

Vocabulário de apoio

animar: conferir movimento, dar vida
facho: material inflamável utilizado para iluminação, tocha

■ Margens do texto

Esse poema apresenta semelhanças com o poema "Lisbon revisited", de Álvaro de Campos, estudado neste capítulo (p. 391). Quais são os pontos em comum entre eles?

Rompendo com a sociedade conservadora, o eu lírico declara sua "Loucura" e seu individualismo, representantes da independência moral e intelectual. Deus e o Diabo, figuras tidas como opostas, aparecem como metáfora do conflito interno do eu lírico e justificativa para seu comportamento.

Leia o poema "Quase", de Mário de Sá-Carneiro, e responda às questões.

Sua leitura

Quase

Um pouco mais de sol — eu era brasa,
Um pouco mais de azul — eu era além.
Para atingir, faltou-me um golpe de asa...
Se ao menos eu permanecesse aquém...

Assombro ou paz? Em vão... Tudo esvaído
Num baixo mar enganador de espuma;
E o grande sonho despertado em bruma,
O grande sonho — ó dor — quase vivido...

Quase o amor, quase o triunfo e a chama,
Quase o princípio e o fim — quase a expansão...
Mas na minh'alma tudo se derrama...
Entanto nada foi só ilusão!

De tudo houve um começo... e tudo errou...
— Ai a dor de ser-quase, dor sem fim... —
Eu falhei-me entre os mais, falhei em mim,
Asa que se elançou mas não voou...,

Momentos de alma que desbaratei...
Templos aonde nunca pus um altar...
Rios que perdi sem os levar ao mar...
Ânsias que foram mas que não fixei...

Se me vagueio, encontro só indícios...
Ogivas para o sol — vejo-as cerradas;
E mãos de herói, sem fé, acobardadas,
Puseram grades sobre os precipícios...

Num ímpeto difuso de quebranto,
Tudo encetei e nada possuí...
Hoje, de mim, só resta o desencanto
Das coisas que beijei mas não vivi...

....
....

Um pouco mais de sol — e fora brasa,
Um pouco mais de azul — e fora além.
Para atingir, faltou-me um golpe de asa...
Se ao menos eu permanecesse aquém...

SÁ-CARNEIRO, Mário de. In: MOISÉS, Massaud. *A literatura portuguesa através dos textos*. 17. ed. São Paulo: Cultrix, 1988. p. 412-413.

Vocabulário de apoio

acobardado: acovardado
bruma: névoa, neblina
desbaratar: desperdiçar
difuso: espalhado, disseminado
elançar: erguer
encetar: principiar
esvaído: desaparecido
ogiva: janela em estilo gótico
quebranto: estado de torpor, cansaço
vaguear: percorrer, perambular

Sobre o texto

1. A primeira estrofe revela um sujeito que buscou a idealidade, isto é, o plano espiritual.
   a) Que palavras sugerem essa idealidade na primeira estrofe? Explique.
   b) A imagem do mar, na segunda estrofe, representa a frustração dessa busca. Que sentidos são enfatizados pelos adjetivos *baixo* e *enganador*?
   c) As duas primeiras estrofes revelam a diferença entre o plano ideal e o real. Por meio de que imagens essa diferença é evidenciada?

2. O poema "Quase" demonstra a exploração do próprio eu, em um movimento autodestrutivo.
   a) Que leitura de si o eu lírico apresenta no verso "Num ímpeto difuso de quebranto"?
   b) Aponte outros versos que indicam um movimento autodestrutivo.

3. A última estrofe repete a primeira, com uma mudança no tempo do verbo *ser*. Explique a diferença de sentido obtida.

O que você pensa disto?

O uso de heterônimos é uma das características mais marcantes da poesia de Pessoa. Ao produzir poemas com características de autores distintos, compôs uma obra multifacetada e, ao mesmo tempo, coerente em cada uma de suas vertentes.

Atualmente, a internet possibilita a criação de identidades fictícias, representando uma (ou mais de uma) personagem, como os heterônimos. Isso é comum em salas de bate-papo e em *sites* de relacionamentos. Nesses casos, viver uma personagem, libertando-se momentaneamente de alguns aspectos da própria identidade, pode estimular a imaginação e contribuir para novas reflexões. No entanto, dependendo da forma como isso é conduzido e das condições psicológicas de cada um, essa situação pode representar a perda de limites entre a realidade e a ficção.

- O que você pensa sobre a profusão de identidades na internet? Que vantagens e problemas a possibilidade do anonimato no meio virtual é capaz de gerar?
- Construa a identidade de um poeta dos tempos atuais. Como seria sua personalidade? Sobre o que ele escreveria e que linguagem usaria?

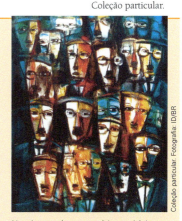

MORAIS, Lívio de. *Fernando Pessoa – heterônimos*, 1997. Óleo sobre tela, 104 cm × 95 cm. Coleção particular.

Na pintura do moçambicano Lívio de Morais (1945-), Fernando Pessoa se multiplica em inúmeros duplos, uma alusão a seus heterônimos.

Ferramenta de leitura

A obscuridade da lírica moderna

O crítico alemão Hugo Friedrich. Fotografia s. d.

Estrutura da lírica moderna, obra de 1956 do estudioso Hugo Friedrich (1904-1978), inicia-se com um comentário sobre a relação entre o leitor e as obras. O autor chama de "dissonância" a distância entre o encantamento que os textos provocam e a dificuldade de compreensão que oferecem. Leia um trecho em que ele descreve essa relação e mostra-a como uma característica da poesia moderna.

> [...]
> A princípio, não se poderá aconselhar outra coisa a quem tem boa vontade do que procurar acostumar seus olhos à obscuridade que envolve a lírica moderna. Por toda a parte observamos nela a tendência de manter-se afastada o tanto quanto possível da mediação de conteúdos inequívocos. A poesia quer ser, ao contrário, uma criação autossuficiente, pluriforme na significação, consistindo em um entrelaçamento de tensões de forças absolutas, as quais agem sugestivamente em estratos pré-racionais, mas também deslocam em vibrações as zonas de mistério dos conceitos.
>
> Essa tensão dissonante da poesia moderna exprime-se ainda em outro aspecto. Assim, traços de origem arcaica, mística e oculta contrastam com uma aguda intelectualidade, a simplicidade da exposição com a complexidade daquilo que é expresso, o arredondamento linguístico com a inextricabilidade do conteúdo, a precisão com a *absurdidade*, a tenuidade do motivo com o mais impetuoso movimento estilístico. São, em parte, tensões formais e querem, frequentemente, ser entendidas somente como tais. Entretanto, elas aparecem também nos conteúdos.
>
> FRIEDRICH, Hugo. *Estrutura da lírica moderna* (da metade do século XIX a meados do século XX). 2. ed. Trad. Marise M. Curioni e Dora F. da Silva. São Paulo: Duas Cidades, 1991. p. 15-16.

Vocabulário de apoio

estrato: camada
inextricabilidade: qualidade do que não se pode desembaraçar, elucidar
tenuidade: qualidade do que é tênue, frágil

Segundo Friedrich, a liberdade pretendida pela nova poesia pressupõe a criação de sentidos a partir de tensões formais. Por exemplo, o uso de uma linguagem bastante simples para expressar um conteúdo complexo deve ser entendido como um elemento estruturador do sentido do poema, ou seja, a contradição resultante desse procedimento deve ser considerada na interpretação desse texto. O poeta é um operador da língua e realiza experimentos que geram combinações inusitadas, criadoras de sentido. Em outras palavras, a linguagem poética não é um mero instrumento para a comunicação de um significado previamente definido; ela cria o significado.

Pode-se perceber, portanto, que a lírica moderna resulta de um processo intelectual, como evidenciou Fernando Pessoa em seu poema "Isto", estudado na página 392. Ela não nasce da expressão de sentimentos, mas de operações linguísticas sofisticadas. A percepção de que suas interpretações não podem chegar a uma conclusão deixa o leitor bastante desconcertado.

A seguir estão transcritos os primeiros versos de *Terra estéril* (*The waste land*), publicado pelo poeta T. S. Eliot em 1922. O poema começou a ser escrito durante a Primeira Guerra Mundial e costuma ser associado ao clima de desilusão do período. No fragmento, você observará duas características da obra de T. S. Eliot: a **polifonia** (combinação, em um mesmo texto, de várias vozes) e a **fragmentação**. Leia o poema e responda às questões.

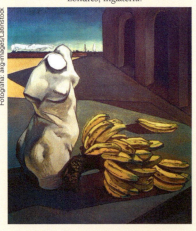

DE CHIRICO, Giorgio. *A incerteza do poeta*, 1913. Óleo sobre tela, 106 cm × 94 cm. Galeria Tate, Londres, Inglaterra.

A obscuridade da lírica moderna estende-se também às artes plásticas da modernidade, que costumam ter referências nem sempre compreensíveis em um primeiro contato. Um exemplo é esta pintura de Giorgio De Chirico: alguns elementos remetem à cultura clássica (o torso de Afrodite e a construção), enquanto o trem que passa ao fundo, quase imperceptível, e o cacho de bananas remetem ao que é contemporâneo, imediato. Para completar, o título é *A incerteza do poeta*. Integrar coerentemente todas essas referências não é uma tarefa simples.

O enterro dos mortos

Abril é o mais cruel dos meses, gerando
Lilases na terra morta, misturando
Memória e desejo, despertando
Raízes tórpidas com chuva de primavera.
O inverno mantém-nos aquecidos, cobrindo
A terra de neve entorpecida, nutrindo
Uma pequena vida com tubérculos ressequidos.
O verão surpreendeu-nos sobre o Starnbergersee
Com uma chuvarada; paramos na colunata,
E prosseguimos à luz do sol até o Hofgarten,
E bebemos café e conversamos uma hora.
"Bin gar keine Russin, stamm'aus Litauen, echt deutsch".
E quando éramos crianças, estando em casa do arquiduque,
Meu primo, ele me levou em seu trenó,
E eu tive medo. Ele disse, Marie,
Marie, segura firme. E lá fomos.
Nas montanhas você sente-se livre.
Eu leio quase a noite inteira, e no inverno viajo para o sul.

Que raízes se agarram, que ramos vicejam
Neste entulho de pedras? Filho do homem,
Não podes dizê-lo nem adivinhar, pois o que sabes
É somente um punhado de imagens quebradas, onde bate o sol,
E a árvore seca não dá refúgio, nem o grilo, trégua,
Nem a pedra seca ruído de água. Somente
Há sombra sob esta rocha vermelha
(Vem abrigar-te à sombra desta rocha vermelha),
E eu te mostrarei algo diverso de tua
Sombra, seguindo-te ao amanhecer
Ou de tua sombra, correndo de tarde ao teu encontro;
Eu te mostrarei o medo num punhado de pó.
[...]

ELIOT, T. S. Terra estéril. In: FRIEDRICH, Hugo. *Estrutura da lírica moderna* (da metade do século XIX a meados do século XX). 2. ed. Trad. Marise M. Curione; Dora F. da Silva. São Paulo: Duas Cidades, 1991. p. 273.

Sobre o texto

1. No hemisfério Norte, o mês de abril corresponde ao início da primavera.
   a) Pensando nisso, o que causa estranhamento logo no primeiro verso?
   b) Por que a imagem do inverno, explorada a partir do quinto verso, também causa estranhamento?
2. Do oitavo verso até o final da estrofe, nota-se uma alteração radical no modo de expressar as ideias. Quais são as mudanças na linguagem que ocorrem nesse trecho?
3. Considerando as imagens, as descrições da natureza e a forma de expressão, qual é a principal diferença entre a primeira e a segunda estrofes?
4. Para muitos críticos, *Terra estéril* apresenta o clima de desencanto do período pós-guerra. O fragmento acima possibilita essa leitura? Por quê?
5. O poema exemplifica o efeito de dissonância típico da lírica moderna, descrito por Hugo Friedrich. Como o leitor se sente diante desse efeito? Quais elementos presentes no poema causam essa sensação?

Vocabulário de apoio

arquiduque: título de nobreza superior ao de duque
colunata: conjunto de colunas que servem de apoio a um teto plano
entorpecido: sem energia
Hofgarten: parque público de Munique, na Alemanha
Starnbergersee: grande lago ao sul de Munique
tórpido: enfraquecido, sem vigor
vicejar: fortalecer

Repertório

T. S. Eliot

Além de poeta, T. S. Eliot (1888-1965), estadunidense naturalizado inglês, foi dramaturgo e crítico literário. Suas criações literárias mais importantes são *Terra estéril* e *Quatro quartetos*, que reúne quatro poemas longos publicados isoladamente entre 1935 e 1943, durante a Segunda Guerra Mundial. O conjunto não tem um tema específico, mas nota-se um elemento comum: a reflexão sobre a passagem do tempo. Em 1948, T. S. Eliot recebeu o Prêmio Nobel de Literatura.

T. S. Eliot e Valerie Eliot, sua segunda esposa. Valerie afirmava que, antes de ser esposa de Eliot, primeiro o conheceu por meio da leitura de seus poemas. Fotografia de 1961.

Entre textos

Esta unidade abordou o diálogo dos artistas com a modernidade, iniciando-se com o poema futurista "Ode triunfal". O Futurismo propunha a destruição do passado e exaltava a velocidade e a tecnologia. Como o automóvel era o ícone da ideia de progresso tecnológico, foi cultuado pelo Futurismo e por outras vanguardas. A seguir, conheça dois textos – um de João do Rio e o outro de Friedrich Dürrenmatt – que também falam da relação entre o ser humano e as máquinas.

TEXTO 1

A era do Automóvel

E, subitamente, é a era do Automóvel. O monstro transformador irrompeu, bufando, por entre os descombros da cidade velha, e como nas mágicas e na natureza, aspérrima educadora, tudo transformou com aparências novas e novas aspirações. [...]

[...] A transfiguração se fez como nas férias fulgurantes, ao tan-tã de Satanás. Ruas arrasaram-se, avenidas surgiram, os impostos aduaneiros caíram, e triunfal e desabrido o automóvel entrou, arrastando desvairadamente uma catadupa de automóveis. Agora, nós vivemos positivamente nos momentos do automóvel, em que o *chauffeur* é rei, é soberano, é tirano.

Vivemos inteiramente presos ao Automóvel. O Automóvel ritmiza a vida vertiginosa, a ânsia das velocidades, o desvario de chegar ao fim, os nossos sentimentos de moral, de estética, de prazer, de economia, de amor.

[...]

A chimera montável dos idealistas não é outra senão o Automóvel. Nele, toda a quentura dos seus cilindros, a trepidação da sua máquina transfundem-se na pessoa. Não é possível ter vontade de parar, não é possível deixar de desejar. A noção de mundo é inteiramente outra. Vê-se tudo fantasticamente em grande. Graças ao automóvel, a paisagem morreu – a paisagem, as árvores, as cascatas, os trechos bonitos da natureza. Passamos como um raio, de óculos esfumados por causa da poeira. Não vemos as árvores. São as árvores que olham para nós com inveja. Assim o Automóvel acabou com aquela modesta felicidade nossa de bater palmas aos trechos de floresta e mostrar ao estrangeiro *la naturaleza*. Não temos mais *la naturaleza*, o Corcovado, o Pão de Açúcar, as grandes árvores, porque não as vemos. A natureza recolhe-se humilhada. Em compensação temos palácios, altos palácios nascidos do fumo de gasolina dos primeiros automóveis e a febre do grande devora-nos. Febre insopitável e benfazeja! Não se lhe pode resistir. [...]

[...] O Automóvel fez-nos ter uma apudorada pena do passado. Agora é correr para frente. Morre-se depressa para ser esquecido d'ali a momentos; come-se rapidamente sem pensar no que se come; arranja-se a vida depressa, escreve-se, ama-se, goza-se como um raio; pensa-se sem pensar, no amanhã que se pode alcançar agora. Por isso o Automóvel é o grande tentador. Não há quem lhe resista. Desde o Dinheiro ao Amor. [...]

JOÃO DO RIO. In: GOMES, Renato Cordeiro (Org.). *João do Rio*. Rio de Janeiro: Agir, 2005. p. 57-60.

Vocabulário de apoio

apudorado: cheio de pudor
aspérrimo: muito áspero, rude
benfazejo: que faz bem, benéfico
catadupa: jorro, grande quantidade
chauffeur: motorista, chofer (empréstimo linguístico do francês)
chimera: monstro mitológico com cabeça de leão, corpo de cabra e cauda de serpente, quimera
desabrido: malcriado, insolente
descombro: escombro
fumo: fumaça
insopitável: incontrolável
transfundir: tornar-se parte de

Automóvel na avenida Central, na cidade do Rio de Janeiro, c. 1905. Ícone da ideia de progresso tecnológico, o automóvel foi cultuado por algumas vanguardas – sobretudo o Futurismo.

O cronista João do Rio (1881-1921) foi um dos primeiros a registrar a modernização da cidade do Rio de Janeiro na passagem do século XIX para o século XX. Ele se empenhou em mostrar que o progresso não chegava a todas as classes sociais nem alterava a mentalidade preconceituosa da elite. Em "A era do Automóvel", crônica escrita em 1911, o autor mostra que as inovações dos transportes envolviam mudanças nos hábitos sociais e na forma de ver o mundo. Em tom irônico, associa o automóvel ao dinheiro e à sensação de poder, sugerindo que esse meio de transporte, metonímia do progresso, é um privilégio de poucos. A crônica deixa entrever também a crítica ao cosmopolitismo, tema frequente na obra de João do Rio, para quem a importação dos costumes e gostos europeus resulta na perda da identidade nacional.

400

TEXTO 2

A pane

Um acidente, sem gravidade até, mas em todo caso uma pane: Alfredo Traps, para chamá-lo pelo nome, que trabalhava no setor têxtil, quarenta e cinco anos, longe de ser gordo, de aparência agradável, modos satisfatórios, embora deixando notar um certo adestramento, deixando transparecer algo de primitivo, de mascate, este nosso contemporâneo acabara de se deslocar com seu Studebaker por uma das grandes estradas do país e já esperava chegar em uma hora ao local onde residia, numa cidade maior, quando o automóvel falhou. Simplesmente não andou mais. Lá ficou, impotente, com a máquina vermelha parada ao sopé de um pequeno morro, em torno do qual seguia a estrada ondulando. Ao norte formaram-se cúmulos-nimbos, e a oeste o sol seguia alto, quase no meio da tarde.

Traps fumou um cigarro e fez então o necessário. O mecânico que enfim rebocou o Studebaker declarou não poder reparar a avaria antes da manhã seguinte, defeito na transmissão de gasolina. Se dizia mesmo a verdade, não era possível descobrir, nem aconselhável tentar; fica-se à mercê de mecânicos como outrora se ficava nas mãos dos salteadores ou, antes ainda, dos deuses locais e entidades maléficas. Sem ânimo para percorrer o caminho de meia hora até a estação mais próxima e empreender a viagem de volta para casa, um tanto complicada embora curta, de voltar para a esposa, seus quatro filhos, todos meninos, Traps decidiu pernoitar. Eram seis da tarde, fazia muito calor, o dia mais longo do ano se aproximando, o povoado em cuja margem ficava a oficina, simpático, espalhado contra morros cobertos pela mata, com uma pequena elevação e sua igreja, casa paroquial, e um velhíssimo carvalho provido de anéis de ferro e estacas de apoio, tudo decente e benfeito, até mesmo os montes de esterco em frente às casas dos camponeses cuidadosamente empilhados e bem arrumados. Também havia uma fabriquinha pelas redondezas e vários botequins e estalagens rurais que Traps já ouvira diversas vezes elogiarem; mas todos os quartos estavam reservados, um congresso dos Proprietários de Pequenos Animais de Criação exigira para si todas as camas, e o caixeiro-viajante foi encaminhado a uma mansão onde diziam que vez por outra recebiam pessoas. Traps hesitou. Ainda era possível voltar para casa de trem. Mas a esperança de viver alguma aventura o atraiu: às vezes havia garotas nos povoados, como recentemente em Grossbiestringen, que os caixeiros-viajantes do ramo têxtil sabiam apreciar. Refeito, ele tomou, afinal, o caminho que levava à mansão. Da igreja vinha o badalar dos sinos. Vacas trotavam em direção a ele, mugiam. A casa de campo, assobradada, ficava em meio a um jardim bem amplo, as paredes eram de um branco ofuscante, telhado plano, persianas verdes, cobertas até a metade por arbustos, faias e pinheiros; em direção à rua, flores, sobretudo rosas, um homenzinho de idade avançada com avental de couro amarrado, provavelmente o dono da casa executando pequenos trabalhos de jardinagem.

Traps apresentou-se e pediu alojamento.

— Qual sua profissão? — perguntou o velho, que chegara à cerca, fumando um Brissago e pouca coisa mais alto que o portão do jardim.

— Trabalho no ramo têxtil.

O velho examinou Traps atentamente, olhando por cima dos óculos sem aro à maneira de hipermetrope.

[...]

DÜRRENMATT, Friedrich. *A pane – o túnel – o cão*. Trad. Marcelo Rondinelli. São Paulo: Códex, 2003. p. 21-22.

Assistindo ao início do império do automóvel, os futuristas exaltavam-no sem reservas. Algumas décadas mais tarde, o escritor suíço Friedrich Dürrenmatt (1921-1990) tematizou no conto "A pane", escrito em 1955, algo que os futuristas ignoravam: as máquinas falham e os proprietários ficam à mercê dos mecânicos, em quem não sabem se podem confiar. No conto, a pane no automóvel leva o protagonista a pernoitar fora de casa e a viver uma estranha aventura. O leitor percebe que a pane não é só do automóvel, mas também do estilo de vida do protagonista.

Vocabulário de apoio

avaria: dano, estrago
cúmulo-nimbo: nuvem escura e carregada que indica tempestade
faia: árvore ornamental, de flores ovais ou elípticas, típica da Europa
hipermetrope: pessoa que tem um defeito na visão cujo sintoma é a dificuldade de enxergar de perto
Studebaker: marca de carro de origem estadunidense

Vestibular e Enem

(Enem) Texto para a questão 1.

> No programa do balé Parade, apresentado em 18 de maio de 1917, foi empregada publicamente, pela primeira vez, a palavra *sur-réalisme*. Pablo Picasso desenhou o cenário e a indumentária, cujo efeito foi tão surpreendente que se sobrepôs à coreografia. A música de Erik Satie era uma mistura de *jazz*, música popular e sons reais tais como tiros de pistola, combinados com as imagens do balé de Charlie Chaplin, caubóis e vilões, mágica chinesa e *Ragtime*. Os tempos não eram propícios para receber a nova mensagem cênica demasiado provocativa devido ao repicar da máquina de escrever, aos zumbidos de sirene e dínamo e aos rumores de aeroplano previstos por Cocteau para a partitura de Satie. Já a ação coreográfica confirmava a tendência marcadamente teatral da gestualidade cênica, dada pela justaposição, colagem de ações isoladas seguindo um estímulo musical.
>
> SILVA, S. M. O surrealismo e a dança. GUINSBURG, J.; LEIRNER (Org.). *O surrealismo*. São Paulo: Perspectiva, 2008. Adaptado.

1. As manifestações corporais na história das artes da cena muitas vezes demonstram as condições cotidianas de um determinado grupo social, como se pode observar na descrição acima do balé Parade, o qual reflete:
   a) a falta de diversidade cultural na sua proposta estética.
   b) a alienação dos artistas em relação às tensões da Segunda Guerra Mundial.
   c) uma disputa cênica entre as linguagens das artes visuais, do figurino e da música.
   d) inovações tecnológicas nas partes cênicas, musicais, coreográficas e de figurino.
   e) uma narrativa com encadeamentos claramente lógicos e lineares.

2. **(Unicamp-SP)** Referindo-se à expansão marítima dos séculos XV e XVI, o poeta português Fernando Pessoa escreveu, em 1922, no poema "Padrão":

   > E ao imenso e possível oceano
   > Ensinam estas Quinas, que aqui vês,
   > Que o mar com fim será grego ou romano:
   > O mar sem fim é português.
   >
   > PESSOA, Fernando. *Mensagem*: poemas esotéricos. Madri: ALLCA XX, 1997. p. 49.

   Nestes versos identificamos uma comparação entre dois processos históricos. É válido afirmar que o poema compara:

   a) o sistema de colonização da Idade Moderna aos sistemas de colonização da Antiguidade Clássica: a navegação oceânica tornou possível aos portugueses o tráfico de escravos para suas colônias, enquanto gregos e romanos utilizavam servos presos à terra.
   b) o alcance da expansão marítima portuguesa da Idade Moderna aos processos de colonização da Antiguidade Clássica: enquanto o domínio grego e romano se limitava ao mar Mediterrâneo, o domínio português expandiu-se pelos oceanos Atlântico e Índico.
   c) a localização geográfica das possessões coloniais dos impérios antigos e modernos: as cidades-estado gregas e depois o Império Romano se limitaram a expandir seus domínios pela Europa, ao passo que Portugal fundou colônias na costa do norte da África.
   d) a duração dos impérios antigos e modernos: enquanto o domínio de gregos e romanos sobre os mares teve um fim com as guerras do Peloponeso e Púnicas, respectivamente, Portugal figurou como a maior potência marítima até a independência de suas colônias.

3. **(Uepa)** Ricardo Reis é um heterônimo de Fernando Pessoa que poetiza as relações do homem com a natureza. Assinale os versos em que ele, numa reação à concepção utilitarista da vida – segundo a qual tudo deve ter um resultado prático –, eleva o pensamento aos temas mais complexos da existência, buscando um gozo que ultrapassa os limites do corpo.

   a) *Não quieto nem inquieto, meu ser calmo*
      Quero erguer alto acima de onde os homens
      Têm prazer ou dores.

   b) *Anjos ou deuses, sempre nós tivemos,*
      A visão perturbada de que acima
      De nós e compelindo-nos
      Agem outras presenças.

   c) *Só os deuses socorrem*
      Com seu exemplo aqueles
      Que nada mais pretendem
      Que ir no rio das coisas.

   d) *Cada um cumpre o destino que lhe cumpre,*
      E deseja o destino que deseja;
      Nem cumpre o que deseja,
      Nem deseja o que cumpre.

   e) *Dia após dia a mesma vida é a mesma.*
      O que decorre, Lídia,
      No que nós somos como em que não somos
      Igualmente decorre.

402

O Modernismo no Brasil: primeira fase

UNIDADE 15

No início do século XX, alguns artistas brasileiros procuraram renovar a literatura e as demais artes, desenvolvendo um nacionalismo mais crítico, como o das obras pré-modernistas. No entanto, a arte acadêmica mantinha-se em vigor e evidenciava a permanência de uma mentalidade conservadora. Valorizava-se, no país, uma arte de elite, formulada segundo padrões rígidos de construção, que excluía as contribuições da cultura popular.

Como na Europa, o Modernismo brasileiro foi um movimento de ruptura com a tradição. Os modernistas defendiam a difusão das técnicas das vanguardas, que permitiriam à arte brasileira acertar o passo em relação ao que era produzido no continente europeu. Ao mesmo tempo, procuravam vincular essas técnicas à cultura nacional, o que serviria de base para a pesquisa e a criação de uma arte inovadora e crítica. Nesta unidade, você estudará a primeira fase do Modernismo no Brasil, que contou com a participação de escritores como Mário de Andrade e Manuel Bandeira.

Nesta unidade

- **40** A primeira fase do Modernismo – autonomia artística
- **41** Mário, Oswald e Raul Bopp: ousadia literária
- **42** Manuel Bandeira e Alcântara Machado: o cotidiano em verso e prosa

Esta tela aproxima técnicas das vanguardas europeias a elementos nacionais. As formas simples criam um efeito de primitivismo e ingenuidade.

AMARAL, Tarsila do. *A Cuca* (detalhe), 1924. Óleo sobre tela, 73 cm × 100 cm. Museu de Grénoble, França.

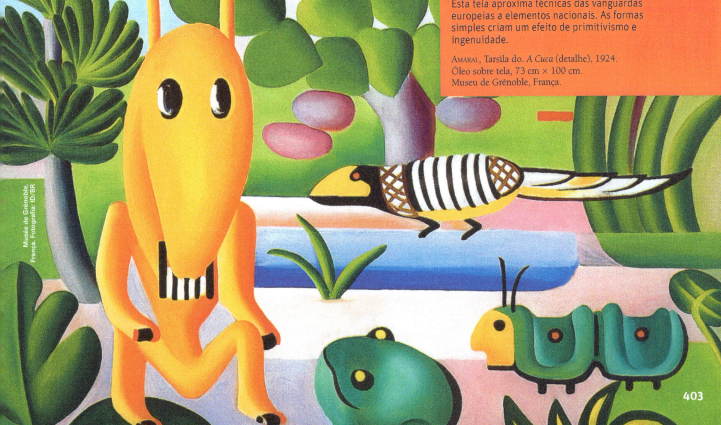

CAPÍTULO 40

A primeira fase do Modernismo – autonomia artística

O que você vai estudar

- Os antecedentes da Semana de Arte Moderna.
- A relação entre a burguesia e o Modernismo.
- As renovações estéticas do Modernismo.
- As vanguardas nacionais.

A partir da década de 1910, publicações, exposições e conferências começaram a evidenciar significativas alterações na maneira como os artistas brasileiros compreendiam a arte. Entre 1917 e 1921, as conquistas foram tantas que o escritor Mário de Andrade (1893-1945) referiu-se ao período como "heroico". Ele mesmo publicou, nessa época, o livro *Há uma gota de sangue em cada poema*; Oswald de Andrade (1890-1954), a primeira versão de *Memórias sentimentais de João Miramar*; e Manuel Bandeira (1886-1968), *Cinza das horas* e *Carnaval*, entre muitos outros exemplos. Ao mesmo tempo, artigos publicados em jornais discutiam as novas tendências literárias e criticavam o academismo que ainda dominava a literatura oficial.

Paralelamente, aconteceram exposições que marcaram uma guinada nas artes plásticas. Em 1913, Lasar Segall (1891-1957) expôs quadros impressionistas e expressionistas em Campinas; quatro anos depois, a jovem Anita Malfatti (1889-1964) trouxe a público obras pintadas segundo as estéticas cubista e expressionista; em 1921, Di Cavalcanti (1897-1976) inaugurou a exposição "Fantasmas da Meia-Noite". Esses e outros artistas igualmente inovadores despertaram a atenção para os novos rumos da arte, apresentando ao público brasileiro a linguagem vanguardista europeia.

Contudo, foi a partir da Semana de Arte Moderna, em 1922, que o Modernismo, que teve início na cidade de São Paulo (SP), ganhou bases mais sólidas e se espalhou pelo país. O evento aproximou os artistas, criando um diálogo bastante intenso entre os escritores, mas também deles com artistas plásticos, músicos e arquitetos. Em um contexto de produção aquecido, surgiram obras que permitiram ao Brasil rever seus modelos de composição artística para recolocar a importância da cultura popular e repensar valores morais.

Na primeira fase do Modernismo, a literatura brasileira começou a ganhar autonomia em relação à produção literária estrangeira, deixando de importar acriticamente modelos estéticos criados nas grandes capitais culturais do mundo.

Sua leitura

A seguir, estão reproduzidas duas obras modernistas: o poema "Descobrimento", de Mário de Andrade, e a tela *Samba*, de Di Cavalcanti. Ambos fizeram parte do grupo que idealizou a Semana de Arte Moderna e são expoentes do movimento.

Vocabulário de apoio

abancado: sentado à mesa
de supetão: de repente
"fazer uma pele com a borracha do dia": referência ao trabalho dos seringueiros
friúme: frieza

Descobrimento

Abancado à escrivaninha em São Paulo
Na minha casa da rua Lopes Chaves
De supetão senti um friúme por dentro.
Fiquei trêmulo, muito comovido
Com o livro palerma olhando pra mim.

Não vê que me lembrei lá no Norte, meu Deus! muito longe de mim,
Na escuridão ativa da noite que caiu,
Um homem pálido, magro de cabelo escorrendo nos olhos,
Depois de fazer uma pele com a borracha do dia,
Faz pouco se deitou, está dormindo.

Esse homem é brasileiro que nem eu...

ANDRADE, Mário de. *Poesias completas*. Belo Horizonte: Itatiaia; São Paulo: Edusp, 1987. p. 203.

Samba

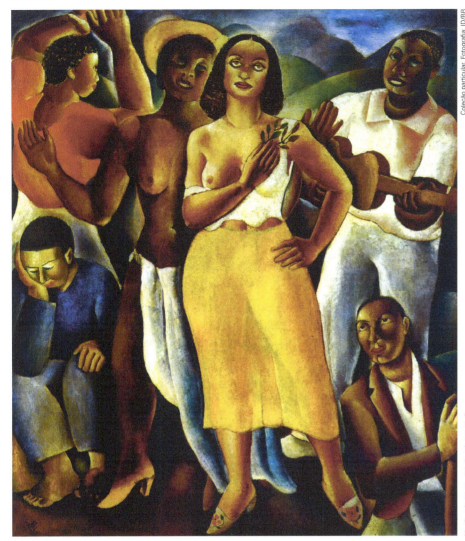

A obra do carioca Di Cavalcanti retrata cenas da cultura popular. Embora tenha estudado em Paris e travado contato com mestres do Cubismo e do Expressionismo, Di Cavalcanti preferiu desenvolver uma pintura com temática nacional, fazendo do conhecimento teórico das vanguardas um dos elementos de sua busca por soluções plásticas inovadoras.

Di Cavalcanti. *Samba*, 1925. Óleo sobre tela, 177 cm × 154 cm. Coleção particular.

Sobre os textos

1. Em *Samba*, Di Cavalcanti retrata uma manifestação cultural muito comum no Brasil. Observe os elementos que compõem a cena.
   a) Em que cenário as personagens estão? O que pode justificar essa escolha do artista?
   b) Observe as personagens masculinas em cena. Todas elas têm o mesmo envolvimento com a música? Justifique.

2. Cada personagem tem um tom de pele distinto, ainda que sejam todos próximos. Qual informação sobre o Brasil Di Cavalcanti transmite por meio desse recurso?

3. No poema "Descobrimento", o eu lírico descreve um "descobrimento" relacionado a ele mesmo e a outra figura que descreve. Explique qual foi esse descobrimento, fazendo referência à distância espacial e à diferença social entre ambos.

4. Com a interjeição "meu Deus!", no sexto verso, o eu lírico expressa espanto, surpresa.
   a) O que o surpreendeu?
   b) Que estado de espírito acompanhou essa surpresa? Que expressões mostram isso?

5. Como você classificaria o registro de linguagem empregado por Mário de Andrade: formal ou informal? Comprove com um trecho do texto.

6. Que interesse em comum Di Cavalcanti e Mário de Andrade revelam por meio dessas obras?

405

❯ O contexto de produção

Os primeiros governos republicanos preservaram os interesses das **oligarquias rurais**, traduzidos na chamada "**política do café com leite**". O modelo agroexportador que sustentava essa situação tinha como base a produção do café, graças à qual a elite paulistana enriqueceu e pôde gerar recursos que investiu na industrialização.

❯ O contexto histórico

O surto industrial paulistano provocou o surgimento de novos segmentos sociais. A necessidade de técnicos na indústria e profissionais de boa formação na administração pública permitiu a ascensão de indivíduos que não descendiam da elite. Houve, igualmente, transformações nas camadas mais pobres, já que os migrantes nordestinos expulsos pela crise da cultura canavieira somaram-se à pequena classe média e aos afrodescendentes marginalizados. Contudo, foi o aumento do número de **imigrantes europeus** que alterou definitivamente a estrutura social. Politizados e com experiência sindical, difundiram **ideias anarquistas e socialistas** e iniciaram a luta por melhores condições de trabalho, que resultou na primeira greve geral, em 1917. Paralelamente, cresciam tensões políticas de âmbito nacional: em 1922, foi fundado o Partido Comunista Brasileiro e iniciou-se o movimento tenentista, que exigia maior representatividade política.

À frente das transformações estava a **nova burguesia industrial**, interessada em reforçar para o país inteiro a imagem de São Paulo como um estado potente e moderno, a fim de legitimar sua liderança. Assim, favoreceu a introdução da arte modernista, capaz de oferecer a São Paulo o posto de vanguarda artística e intelectual. O **projeto modernista** não defendia transformações sociais, nem pisava a arena política em que se radicalizam as lutas. Limitava-se a desacomodar alguns princípios morais mais conservadores e a representar um mundo cosmopolita e em industrialização, ideal que coincidia com as aspirações burguesas.

MALFATTI, Anita. *A estudante russa*, c. 1915. Óleo sobre tela, 76 cm × 61 cm. Coleção de Artes Visuais do Instituto de Estudos Brasileiros da Universidade de São Paulo (IEB/USP), São Paulo.

Tendo estudado arte na Alemanha, Anita Malfatti incorporou às suas obras a influência expressionista. Nascida ela mesma em família de imigrantes, retrata nessa tela uma das nacionalidades que compuseram o fluxo imigratório europeu em direção ao Brasil no início do século XX. A presença de europeus aumentou a politização dos trabalhadores de São Paulo nesse período.

❯ O contexto cultural

A **Semana de Arte Moderna** foi, sem dúvida, o evento cultural mais relevante para a primeira fase modernista. Essa mostra de artes realizou-se entre 13 e 17 de fevereiro de 1922, ano do centenário da Independência, no Teatro Municipal de São Paulo, com artistas do estado e também do Rio de Janeiro. Contou com uma exposição de 100 obras, aberta ao público, e sessões literário-musicais noturnas, para as quais se cobravam ingressos. A exposição, no saguão do teatro, causou escândalo; conta-se que bilhetes com insultos eram colocados junto às obras todas as noites.

Essa mesma tensão entre artistas e público marcou as sessões noturnas. As leituras de trechos de obras modernistas, principalmente de "Os sapos", de Manuel Bandeira, provocaram vaias e xingamentos. O tumulto se estendeu a um dos intervalos, quando Mário de Andrade, na escadaria do teatro, discursou sobre as obras do saguão.

Embora as noites tivessem contado com apresentações mais serenas, como as conferências de Graça Aranha e Menotti del Picchia e os recitais dos pianistas Villa-Lobos e Guiomar Novaes, esse **clima de afronta** marcou a memória da Semana. Afinal, era o que representava melhor o ânimo contestador dos modernistas.

Inaugurado no quarto centenário de fundação de São Paulo (1954), o *Monumento às bandeiras*, de Victor Brecheret (1893- -1955) começou a ser executado em 1923. A obra sugere o espírito arrojado dos paulistas ao representar o esforço dos bandeirantes para desbravar o interior do Brasil. A elite paulistana preocupava-se em assumir a vanguarda intelectual para justificar sua liderança política. Fotografia de 2007.

406

Desdobramentos da Semana: revistas e manifestos

Em sua época, a mostra não obteve grande repercussão, ficando restrita aos ambientes frequentados pelos intelectuais, distantes do grande público. Na imprensa local, além de artigos com as propostas da arte modernista assinados pelos próprios organizadores do evento, foram publicadas apenas algumas críticas. A história, porém, atribuiu grande importância à Semana, porque ela propiciou a aglutinação de **tendências renovadoras** e estimulou o **aprofundamento do debate** sobre a arte moderna no país.

Ao longo da década, os artistas que participaram do evento e aqueles que foram influenciados por ele formaram grupos e publicaram textos que ajudaram a definir as bases estéticas do Modernismo. O primeiro deles organizou-se já em 1922, para a publicação da revista *Klaxon*, que explicitava as divergências estéticas e ideológicas entre os artistas modernistas da primeira fase, trazia inovações gráficas e incluía anúncios publicitários.

Dois anos depois, surgiu o *Manifesto da poesia Pau-Brasil*, escrito por Oswald de Andrade, que defendia uma poesia construída sem preconceitos linguísticos e com a raiz primitivista das culturas indígena e africana. Propunha a **expressão da temática brasileira** por meio de técnicas das vanguardas europeias.

A essa proposta se contrapôs, no mesmo ano, o *Manifesto do Verde-amarelismo*, que acusava o nacionalismo de Oswald de afrancesamento e partia para um **nacionalismo extremado**, com valorização da língua e da cultura dos indígenas brasileiros.

Essa discussão ideológica teve, ainda, mais uma etapa: o *Manifesto antropófago*, de 1928. Apresentando uma filosofia mais clara do que a contida no *Pau-Brasil*, pressupunha a devoração ritual dos valores europeus. Em outras palavras, o artista brasileiro deveria digerir a arte europeia e reaproveitar o que lhe interessasse, de modo a **superar a dependência cultural**.

Além dessas publicações, apareceram, no período, outras igualmente relevantes, que expuseram os estágios da arte modernista nos vários pontos do país, como a revista *Estética*, publicada no Rio de Janeiro, a *Madrugada*, de Porto Alegre, e *A revista*, de Belo Horizonte, esta organizada por nomes que viriam a ter grande relevo, como Carlos Drummond de Andrade (1902-1987) e Pedro Nava (1903-1984). Das publicações do período que contribuíram para a renovação cultural, costuma-se destacar também a revista *Festa*, iniciada em 1927, que se caracterizou por uma orientação moderna sem radicalismos.

BELMONTE. *A semana de arte moderna*. Revista *D. Quixote*, Rio de Janeiro, s. d.

Nessa charge publicada na revista *D. Quixote*, os modernistas carregam cartazes ofensivos a artistas consagrados. O chargista Belmonte (1897-1947) apresenta o grupo como ridiculamente pretensioso.

Vale saber

O Modernismo promoveu uma importante discussão sobre o português brasileiro, recusando-se a aceitar a norma-padrão como a única referência para a literatura.

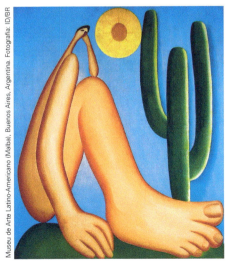

Abaporu significa, em tupi antigo, "o homem que come". Na tela, a alteração dos volumes convencionais e o uso de cores fortes criam uma atmosfera mágica, como se observa em lendas indígenas e africanas, base da cultura popular brasileira. A obra inspirou Oswald de Andrade a criar o movimento antropofágico.

AMARAL, Tarsila do. *Abaporu*, 1928.
Óleo sobre tela, 85 cm × 73 cm.
Museu de Arte Latino-Americano (Malba), Buenos Aires, Argentina.

> O contexto literário

Ao explicar a Semana de Arte Moderna, Di Cavalcanti disse desejar "escândalos literários e artísticos de meter os estribos na barriga da burguesiazinha paulistana". Tal discurso faz supor que não havia relação entre o grupo modernista e a burguesia. No entanto, boa parte da crítica mostra que isso não é verdade. Sem recursos financeiros, os modernistas buscavam na associação com a elite as condições necessárias à sua produção intelectual.

O sistema literário da primeira fase modernista

A maior parte dos artistas da primeira fase do Modernismo provinha da classe média e, para sobreviver, exercia outras funções, como o jornalismo, pois não tinha vendas expressivas e nem sempre conseguia editoras que publicassem suas obras.

Entende-se, assim, por que foram importantes os **salões artístico-literários burgueses** patrocinados por Paulo Prado, Freitas Valle e Olívia Guedes Penteado, entre outros. Eles favoreciam a troca de ideias entre figuras de destaque na sociedade e jovens talentosos e possibilitavam seu acesso a material – obras, livros, revistas, etc. – importado da Europa.

Nem todos os burgueses, porém, foram capazes de apreciar a proposta modernista. Para o restrito público com acesso à cultura letrada era difícil, em geral, compreender formas estéticas distintas dos modelos conhecidos e valorizados. Muitos tinham um gosto ainda conservador e aceitavam apenas parte do projeto. Geralmente, adquiriam obras que não desafiavam os padrões de gosto já estabelecidos. Essa tendência à manutenção da ordem, que preservava critérios de distinção de classe, constituía o perfil da burguesia média paulistana, que se tornou alvo das críticas modernistas.

O poema a seguir, de Guilherme de Almeida, publicado no livro *Meu*, em 1925, exemplifica uma forma de compor que se distancia da tradição. Deve-se lembrar que grande parte da inovação modernista originava-se da pesquisa de **formas de expressão inéditas**, que incorporavam diversas **experiências vanguardistas**.

> **Maxixe**
>
> O chocalho dos sapos coaxa
> como um caracaxá rachado. Tudo mexe.
> Um vento frouxo enlaga uma nuvem baixa
> fofa. E desce com ela, desce.
> E não a deixa e puxa-a como uma faixa
> e espicha-se e enrolam-se. E o feixe rola
> e rebola como uma bola
> na luz roxa
> da tarde oca
>
> boba
>
> chocha.
>
> ALMEIDA, Guilherme de. Maxixe. Disponível em: <http://www.jornaldepoesia.jor.br/gu1.html#maxixe>. Acesso em: 14 mar. 2015.

No poema acima, a sensualidade do maxixe, uma dança estigmatizada no início do século XX, é expressa, entre outros recursos, pela imagem do vento flertando com a nuvem, pela sonoridade e pela estrutura dos versos, que se alongam ou encurtam em associação com os movimentos sugeridos. Os versos finais, separados da estrofe principal, podem representar a solidão e a apatia daquele que apenas assiste à dança do casal. Os modernistas procuraram integrar forma e conteúdo e, para isso, abriram mão de recursos consagrados, como a métrica tradicional e os esquemas de rima fixos.

Passaporte digital

Tarsila do Amaral

No *site* oficial de Tarsila do Amaral (1886-1973), é possível conhecer as obras e a biografia dessa artista plástica brasileira que, depois de estudar na Europa, se integrou ao movimento modernista no Brasil, juntamente com Anita Malfatti, Oswald de Andrade, Mário de Andrade e Menotti del Picchia. Disponível em: <http://www.tarsiladoamaral.com.br>. Acesso em: 14 mar. 2015.

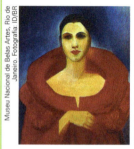

AMARAL, Tarsila do. *Manteau Rouge*, 1923. Óleo sobre tela, 73 cm × 60 cm. Museu Nacional de Belas Artes, Rio de Janeiro.

Vocabulário de apoio

caracaxá: chocalho para crianças
enlagar: alargar
maxixe: dança urbana de salão brasileira, com marcada influência de ritmos afro-brasileiros, surgida no final do século XIX

Repertório

A contribuição do Pensionato Artístico

O Rio de Janeiro contou, desde o século XIX, com um curso superior de artes. Para compensar a inexistência de um em São Paulo, os órgãos públicos criaram o Pensionato Artístico de São Paulo. Apesar da orientação acadêmica da instituição, as bolsas de aperfeiçoamento na Europa concedidas aos estudantes facilitaram o contato de alguns deles com as inovações vanguardistas. Entre os artistas beneficiados, podem ser citados Anita Malfatti e Victor Brecheret, cujas obras contribuíram para a introdução do Modernismo no Brasil.

O papel da tradição

Se, por um lado, as técnicas dos escritores modernistas se distanciaram da tradição, por outro, os estudiosos do período assinalaram que os modernistas não a esqueceram, mas recuperaram conteúdos tradicionais com um olhar crítico. A junção de elementos modernos e cultura nativa foi uma das principais propostas da primeira fase modernista. Com esse propósito, os modernistas repensaram a história política e cultural do país, geralmente de uma **perspectiva irreverente**. Foram vários os exemplos de paródia (reelaboração satírica de uma obra literária) e de poemas-piada, como este, de Oswald de Andrade.

> **Relicário**
>
> No baile da Corte
> Foi o Conde d'Eu quem disse
> Pra Dona Benvinda
> Que farinha de Suruí
> Pinga de Parati
> Fumo de Baependi
> É comê bebê pitá e caí
>
> ANDRADE, Oswald de. *Pau-Brasil*. 5. ed. São Paulo: Globo, 1991. p. 88.

O humor de "Relicário" desconstrói a imagem de sofisticação vinculada à aristocracia. No poema, o nobre de nome francês (conde d'Eu) exalta produtos do dia a dia e rima nomes de cidades de origem tupi. As delícias simples do Brasil são o assunto no baile da Corte.

Ao valorizar temas do cotidiano e a linguagem comum dos brasileiros, os autores da primeira fase modernista afastaram-se radicalmente da sofisticação dos parnasianos e dos simbolistas. Nesse sentido, aproximaram-se dos românticos, que também se insurgiram contra modelos rígidos e elitistas de elaboração artística. De fato, os modernistas dedicaram-se a reler o Romantismo e validaram sua intenção de criar uma identidade nacional. Contudo, rejeitaram a tendência a criar mitos nativos idealizados, preferindo **definir o brasileiro** como o resultado **ainda inconcluso** da mistura dos componentes locais com os da cultura estrangeira, como fez Mário de Andrade em *Macunaíma*.

> [...] Então Macunaíma enxergou numa lapa bem no meio do rio uma cova cheia d'água. E a cova era que nem a marca dum pé gigante. Abicaram. O herói depois de muitos gritos por causa do frio da água entrou na cova e se lavou inteirinho. Mas a água era encantada porque aquele buraco na lapa era marca do pezão do Sumé, do tempo em que andava pregando o evangelho de Jesus pra indiada brasileira. Quando o herói saiu do banho estava branco loiro e de olhos azuizinhos, água lavara o pretume dele. E ninguém não seria capaz mais de indicar nele um filho da tribo retinta dos Tapanhumas.
>
> ANDRADE, Mário de. *Macunaíma*: o herói sem nenhum caráter. Rio de Janeiro: Agir, 2008. p. 49-50.

Macunaíma nasceu negro, apesar de ser indígena, e tornou-se branco ao mergulhar em uma poça mágica, significativamente formada pela pegada de um catequizador. Por meio do "herói de nossa gente" (é assim que o narrador qualifica Macunaíma), evidencia-se a sedução provocada pela Europa, que aparece como um elemento a ser seriamente considerado em qualquer análise da índole brasileira.

Nota-se, portanto, que os modernistas procuraram realizar uma reflexão sobre a cultura nacional, abarcando tanto a tradição literária quanto questões de ordem sociológica. Com isso, contribuíram para a afirmação de uma **consciência crítica** e a **fixação da identidade nacional**, propósitos que haviam sido lançados pelos pré-modernistas.

SEGALL, Lasar. *Menino com lagartixa*, 1924. Óleo sobre tela, 98 cm × 61 cm. Museu Lasar Segall, São Paulo.

Lasar Segall era um artista lituano naturalizado brasileiro. A partir de sua mudança para o Brasil, nos anos 1920, sua pintura, de tendência expressionista, incorporou elementos da paisagem brasileira, como figuras de negros, plantas tropicais, marinheiros, prostitutas e favelas. Notam-se também em suas obras cores mais vibrantes e alegres. Essas características, somadas ao descompromisso com a pintura que pretende retratar fielmente a realidade, fazem com que Lasar Segall seja considerado um dos introdutores do Modernismo no Brasil.

Vocabulário de apoio

abicar: aproximar-se
lapa: grande pedra ou laje que ressalta de um rochedo
Sumé: entidade mitológica indígena

■ **Margens do texto**

Macunaíma estava se deslocando do norte do país para São Paulo quando passou por essa transformação. Como ela pode ser interpretada?

Uma leitura

No livro *Toda a América*, de Ronald de Carvalho (1893-1935), publicado em 1925, o leitor empreende uma viagem por várias partes do continente americano e pode observar sua heterogeneidade cultural. Já no primeiro poema do livro, o tema da identidade é apresentado. Leia o poema e os comentários e responda às questões.

O tom de advertência, sugerido no título, é reforçado pelo vocativo que abre todas as estrofes. O poema opõe a identidade americana à do europeu.

Advertência

EUROPEU!
Nos tabuleiros de xadrez da tua aldeia,
na tua casa de madeira, pequenina, coberta de hera,
na tua casa de pinhões e beirais, vigiada por filas de cercas paralelas, com
        [trepadeiras moles balançando e florindo;
na tua sala de jantar, junto do fogão de azulejos, cheirando a resina
        [de pinheiro e faia;
na tua sala de jantar, em que os teus avós leram a Bíblia e discutiram
        [casamentos, colheitas e enterros,
entre as tuas arcas bojudas e pretas, com lãs felpudas e linhos encardidos,
        [colares, gravuras, papéis graves e moedas roubadas ao inútil maravilhoso;
diante do teu riacho, mais antigo que as Cruzadas, desse teu riacho serviçal,
        [que engorda trutas e carpas;

[...]

Europeu!
Filho da obediência, da economia e do bom senso,
tu não sabes o que é ser Americano!

Ah! Os tumultos do nosso sangue temperado em saltos e disparadas sobre
        [pampas, savanas, planaltos, caatingas onde estouram boiadas tontas,
        [onde estouram batuques de cascos, tropel de patas, torvelinho de chifres!
Alegria virgem das voltas que o laço dá na coxilha verde,
alegria virgem de rios-mares, enxurradas, planícies cósmicas, picos
        [e grimpas, terras livres, ares livres, florestas sem lei!
Alegria de inventar, de descobrir, de correr!
Alegria de criar o caminho com a planta do pé!

Europeu!
Nessa maré de massas informes, onde as raças e as línguas se dissolvem,
o nosso espírito áspero e ingênuo flutua sobre as coisas,
sobre todas as coisas divinamente rudes, onde boia a luz selvagem
        [do dia Americano!

CARVALHO, Ronald de. *Toda a América*. Rio de Janeiro: Razão Cultural, 2001. p. 27-30.

A primeira fase dos artistas modernistas criticou amplamente a submissão do indivíduo americano à cultura europeia. Neste poema, a exaltação do universo físico e comportamental do americano em detrimento do europeu evidencia um posicionamento comum aos artistas do período.

1. Identifique, na estrofe a seguir, uma imagem que se oponha diretamente à imagem de um "riacho serviçal, que engorda trutas e carpas;". Justifique sua resposta.

Em conformidade com as inovações modernistas, o eu lírico opta por versos livres e estrofes irregulares. Nesse trecho, o ritmo rápido reforça a sugestão das imagens, evocativas de uma natureza indócil e rica.

A caracterização do europeu reforça o que foi dito sobre a paisagem do continente: predominam a organização e a previsibilidade, que se contrapõem à rusticidade, à irregularidade e à inventividade da cultura mestiça.

2. Explique a imagem desse verso. Como ela se relaciona com os dois versos anteriores?

Na última estrofe, o reconhecimento de certa rudeza existente na natureza e no espírito americanos resulta em valorização e aceitação de uma identidade.

Vocabulário de apoio

bojudo: que tem largura maior em sua parte central
coxilha: campo de grande extensão, com relevo ondulado, onde se pratica a pecuária
faia: árvore de madeira branca, originária da Europa
grimpa: a parte mais alta
torvelinho: redemoinho

Ronald de Carvalho é uma referência do Modernismo brasileiro e do português: foi um dos fundadores da revista *Orpheu*, que inaugurou o Modernismo em Portugal (1915), e destaque na Semana de Arte Moderna, em São Paulo (1922). Fotografia de 1921.

Ler o Modernismo da primeira fase

O poema a seguir foi publicado na obra *Pauliceia desvairada* (1922), de Mário de Andrade. Procure perceber as características de tema e estilo que o tornam um bom exemplo da literatura da primeira fase do Modernismo.

Ode ao burguês

Eu insulto o burguês! O burguês-níquel,
O burguês-burguês!
A digestão bem feita de São Paulo!
O homem-curva! o homem-nádegas!
O homem que sendo francês, brasileiro, italiano,
É sempre um cauteloso pouco-a-pouco!

Eu insulto as aristocracias cautelosas!
Os barões lampiões! os condes Joões! os duques zurros!
Que vivem dentro de muros sem pulos;
E gemem sangues de alguns mil réis fracos
Para dizerem que as filhas da senhora falam o francês
E tocam o *Printemps* com as unhas!

Eu insulto o burguês-funesto!
O indigesto feijão com toucinho, dono das tradições!
Fora os que algarismam os amanhãs!
Olha a vida dos nossos setembros!
Fará Sol? Choverá? Arlequinal!
Mas à chuva dos rosais
O êxtase fará sempre Sol!

Morte à gordura!
Morte às adiposidades cerebrais!
Morte ao burguês-mensal!

Ao burguês-cinema! Ao burguês-tílburi!
Padaria Suíça! Morte viva ao Adriano!
"— Ai, filha, que te darei pelos teus anos?
— Um colar... — Conto e quinhentos!!!
Mas nós morremos de fome!"

Come! Come-te a ti mesmo, oh! gelatina pasma!
Oh! *purée* de batatas morais!
Oh! cabelos nas ventas! oh! carecas!
Ódio aos temperamentos regulares!
Ódio aos relógios musculares! Morte e infâmia!
Ódio à soma! Ódio aos secos e molhados!
Ódio aos sem desfalecimentos nem arrependimentos,
Sempiternamente as mesmices convencionais!
De mãos nas costas! Marco eu o compasso! Eia!
Dois a dois! Primeira posição! Marcha!
Todos para a Central do meu rancor inebriante

Ódio e insulto! Ódio e raiva! Ódio e mais ódio!
Morte ao burguês de giolhos,
Cheirando religião e que não crê em Deus!
Ódio vermelho! Ódio fecundo! Ódio cíclico!
Ódio fundamento, sem perdão!

Fora! Fu! Fora o bom burguês!...

ANDRADE, Mário de. *Poesias completas*. Belo Horizonte: Itatiaia; São Paulo: Edusp, 1987. p. 88-89.

Sobre o texto

1. Sem se valer das palavras do texto, indique pelo menos três características que o eu lírico atribui ao burguês nas duas primeiras estrofes.
2. "Ode" é um poema que se caracteriza pelo tom alegre e entusiasmado. Tendo isso em vista, explique por que é irônica a definição desse poema como uma ode.
3. No final da quarta estrofe, reproduz-se uma suposta fala de burguês. Que característica específica desse tipo social está sendo apontada?
4. A vanguarda futurista defende, entre outros princípios, a valorização dos substantivos e a adoção de um ritmo excitado, delirante e agressivo. Explique como se empregam, em "Ode ao burguês", recursos típicos dessa vanguarda.

Vocabulário de apoio

adiposidade: gordura
arlequinal: próprio do arlequim
giolho: joelho
níquel: dinheiro
pasma: assustada
Printemps: do francês, "primavera"; no poema, título de composição para piano
réis: antigo valor de moedas brasileiras
sempiternamente: infinitamente
tílburi: carro de dois assentos puxado por animal
zurro: burro

O que você pensa disto?

O surgimento do Modernismo no Brasil coincidiu com o período em que São Paulo se tornou a cidade mais importante do país, graças ao seu desenvolvimento econômico. A elite paulistana procurou associar-se aos movimentos de renovação artística para mostrar uma mentalidade moderna e legitimar a liderança que assumia naquele momento.

- São Paulo ainda mantém a imagem de cidade moderna? Quais são os indícios de modernidade atualmente?

Autódromo de Interlagos, em São Paulo, onde ocorre o Grande Prêmio Brasil de Fórmula 1. Fotografia de 2011.

CAPÍTULO 41

Mário, Oswald e Raul Bopp: ousadia literária

O que você vai estudar

- A primeira fase do Modernismo: identidade nacional na literatura.
- Mário de Andrade: um intelectual plural.
- Oswald de Andrade: um libertador de versos.
- Raul Bopp: em busca das lendas.

A primeira fase do Modernismo caracterizou-se pela experimentação com a linguagem. A ampliação dos horizontes da linguagem artística, estimulada por influências europeias, acompanhou uma reflexão profunda sobre o ser brasileiro.

❯ Mário de Andrade: "Eu sou trezentos"

Mário de Andrade (1893-1945) é considerado um dos maiores responsáveis pelo espírito inquieto e inventivo que caracterizou a primeira fase do Modernismo. Poeta, romancista, crítico literário, musicólogo e folclorista, suas diferentes ocupações dão ideia da variedade de sua obra.

❯ Poesia

A poesia de Mário de Andrade representa os diversos caminhos pelos quais o Modernismo transitou. O "Prefácio interessantíssimo", que inicia o livro de poemas *Pauliceia desvairada* (1921), é uma espécie de manifesto. Nele, Mário busca situar sua poesia em relação a tendências estéticas tradicionais e a tendências de vanguarda. Entre as ideias que defende, estão o registro da **língua brasileira** próxima à fala do povo, o **verso livre** e a **escrita automática** (procedimento difundido pelos surrealistas, de escrever tudo o que vem à mente, sem freios nem correções).

Ao longo da obra de Mário de Andrade, confirma-se esse caráter complexo, aberto tanto ao presente quanto ao passado. Seu desejo de compreender diferentes dimensões da vida artística brasileira projeta-se em algumas passagens de sua poesia, como expressam os versos abaixo, que iniciam o poema "Eu sou trezentos...".

> Eu sou trezentos, sou trezentos-e-cinquenta,
> As sensações renascem de si mesmas sem repouso,
> Ôh espelhos, ôh Pireneus! ôh caiçaras!
> Si um deus morrer, irei no Piauí buscar outro!
> [...]
>
> ANDRADE, Mário de. Eu sou trezentos... In: *Poesias completas*. Belo Horizonte: Itatiaia; São Paulo: Edusp, 1987. p. 211.

Mário de Andrade foi várias vezes retratado por pintores com os quais compartilhou os ideais do Modernismo. Nesta tela pintada por Lasar Segall, a predominância da composição geométrica, ao fundo, é uma referência ao Cubismo, uma das vanguardas com as quais os modernistas dialogaram.

SEGALL, Lasar. *Retrato de Mário de Andrade*, 1927. Óleo sobre tela, 72 cm × 60 cm. Coleção de Artes Visuais do Instituto de Estudos Brasileiros da Universidade de São Paulo (IEB/USP), São Paulo.

No fragmento acima, o terceiro verso explicita a preocupação dos modernistas em integrar as tendências artísticas europeias (representadas pela referência às montanhas dos Pireneus, na fronteira entre França e Espanha) ao repertório cultural nacional (representado pela referência aos caiçaras e ao Piauí, no quarto verso). O espelhamento de uma tendência na outra não pressupõe, no entanto, uma subordinação do nacional ao estrangeiro.

Nesse poema, que abre o livro *Remate de males* (1930), é possível notar um efeito de "multiplicação" do eu lírico, como se ele tentasse dar conta de todo o conjunto de experiências que caracterizam a modernidade, de sensações que "renascem de si mesmas sem repouso", em um ritmo que sugere velocidade. Esse processo de expansão do eu, que incorpora referências externas à cultura brasileira a outras internas, compõe uma mistura até então inédita em nossa literatura.

> ## Prosa

No campo da prosa, três obras de Mário de Andrade se destacam: *Amar, verbo intransitivo* (1927), *Macunaíma: o herói sem nenhum caráter* (1928) e *Contos novos* (obra póstuma, publicada em 1946).

Macunaíma talvez seja seu título mais célebre. Classificada pelo autor como uma **rapsódia**, a obra faz jus a essa denominação, bem à moda do Modernismo brasileiro da primeira fase. A rapsódia é uma forma literária originária da Grécia Antiga, que incorpora várias narrativas poéticas orais pertencentes à tradição de um povo, como a *Ilíada* e a *Odisseia*.

A história criada por Mário de Andrade, repleta de peripécias e transformações que lembram a estrutura das narrativas mitológicas, gira em torno da luta de Macunaíma contra Venceslau Pietro Pietra, gigante transformado em mascate italiano, que havia roubado um amuleto mágico chamado muiraquitã. Ao longo da obra, Macunaíma vive metamorfoses: é indígena, é negro e é branco. Ao final, torna-se uma estrela da constelação da Ursa Maior. A narrativa mescla elementos dos mitos indígenas, o registro coloquial brasileiro e a paródia de gêneros cultuados pela elite conservadora, compondo uma imagem alegórica do Brasil, cuja representante emblemática é a personagem Macunaíma, o "herói da nossa gente".

AMARAL, Tarsila do. *O batizado de Macunaíma*, 1956. Óleo sobre tela, 132,5 cm × 250 cm. Coleção particular.

Nessa tela da pintora modernista Tarsila do Amaral, a temática indígena inspirada pela narrativa da personagem Macunaíma é representada com cores fortes e chapadas. Pelo aspecto geometrizante, percebe-se um diálogo dessa obra com tendências de vanguarda, como o Cubismo.

Amar, verbo intransitivo, por sua vez, apresenta, com a linguagem original que caracteriza a escrita de Mário de Andrade, um **retrato cruel** dos valores da burguesia paulista ascendente. A novela narra a relação entre Fräulein Elza, uma governanta alemã, e o jovem Carlos Alberto, filho de um rico industrial e fazendeiro. Preocupado em evitar que a iniciação sexual de Carlos ocorra em meio à prostituição e às drogas, seu pai contrata Elza, sob o pretexto de ela trabalhar como governanta e ensinar alemão para seus filhos. Sua real incumbência, no entanto, é seduzir Carlos Alberto.

Muitas das experiências de escrita em prosa observadas em *Amar, verbo intransitivo* – em especial a clara presença da reflexão psicológica no enredo – podem também ser vistas nos contos do autor. As narrativas organizadas no volume póstumo intitulado *Contos novos*, fruto de um **trabalho cuidadoso** realizado ao longo de vários anos – alguns textos levaram quase duas décadas até chegar à sua forma definitiva –, apresenta um salto no projeto modernista de Mário: sem perder a brasilidade, as narrativas se tornam mais universais e revelam uma aguçada percepção psicológica. É o caso do conto "O peru de Natal", em que o narrador convence a família a celebrar seu primeiro Natal depois da morte do pai. O narrador se debate contra o luto impregnado no ambiente, na tentativa de restabelecer a comunicação afetiva na família.

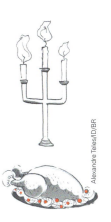

Principiou uma luta baixa entre o peru e o vulto do papai. Imaginei que gabar o peru era fortalecê-lo na luta, e, está claro, eu tomara decididamente o partido do peru. Mas os defuntos têm meios visguentos, muito hipócritas de vencer: nem bem gabei o peru que a imagem de papai cresceu vitoriosa, insuportavelmente obstruidora.

— Só falta seu pai...

Eu nem comia, nem podia mais gostar daquele peru perfeito, tanto que me interessava aquela luta entre os dois mortos. Cheguei a odiar papai. E nem sei que inspiração genial, de repente me tornou hipócrita e político. Naquele instante que hoje me parece decisivo da nossa família, tomei aparentemente o partido de meu pai. [...].

ANDRADE, Mário de. O peru de Natal. In: *Contos novos*. 14. ed. Belo Horizonte: Vila Rica, 1991. p. 78.

Vocabulário de apoio

gabar: enaltecer, vangloriar
visguento: pegajoso, grudento

Margens do texto

1. O narrador-personagem do conto concebe o jantar de Natal como um embate entre "dois mortos". Quem são eles?
2. Que acontecimento reforça a ausência do pai no jantar?

Sua leitura

Leia a seguir o início de *Macunaíma: o herói sem nenhum caráter* e responda às questões.

> No fundo do mato-virgem nasceu Macunaíma, herói da nossa gente. Era preto retinto e filho do medo da noite. Houve um momento em que o silêncio foi tão grande escutando o murmurejo do Uraricoera, que a índia tapanhumas pariu uma criança feia. Essa criança é que chamaram de Macunaíma.
>
> Já na meninice fez coisas de sarapantar. De primeiro passou mais de seis anos não falando. Si o incitavam a falar exclamava:
>
> — Ai! que preguiça!...
>
> e não dizia mais nada. Ficava no canto da maloca, trepado no jirau de paxiúba, espiando o trabalho dos outros e principalmente os dois manos que tinha, Maanape já velhinho e Jiguê na força do homem. O divertimento dele era decepar cabeça de saúva. Vivia deitado mas si punha os olhos em dinheiro, Macunaíma dandava pra ganhar vintém. E também espertava quando a família ia tomar banho no rio, todos juntos e nus. Passava o tempo do banho dando mergulho, e as mulheres soltavam gritos gozados por causa dos guaiamuns diz-que habitando a água-doce por lá. No mocambo si alguma cunhatã se aproximava dele pra fazer festinha, Macunaíma punha a mão nas graças dela, cunhatã se afastava. Nos machos guspia na cara. Porém respeitava os velhos e frequentava com aplicação a murua a poracê o torê o bacororô a cucuicogue, todas essas danças religiosas da tribo.
>
> Quando era pra dormir trepava no macuru pequeninho sempre se esquecendo de mijar. Como a rede da mãe estava por debaixo do berço, o herói mijava quente na velha, espantando os mosquitos bem. Então adormecia sonhando palavras-feias, imoralidades estrambólicas e dava patadas no ar.
>
> Nas conversas das mulheres no pino do dia o assunto era sempre as peraltagens do herói. As mulheres se riam, muito simpatizadas, falando que "espinho que pinica, de pequeno já traz ponta", e numa pajelança Rei Nagô fez um discurso e avisou que o herói era inteligente.
>
> Nem bem teve seis anos deram água num chocalho pra ele e Macunaíma principiou falando como todos. [...]
>
> ANDRADE, Mário de. *Macunaíma: o herói sem nenhum caráter*. Rio de Janeiro: Agir, 2008. p. 13-14.

Vocabulário de apoio

cunhatã: moça, menina
estrambólico: extravagante, esquisito
guaiamum: tipo de caranguejo
jirau de paxiúba: esteira suspensa feita de um tipo de palmeira
macuru: espécie de ave
mocambo: habitação humilde
pajelança: ritual realizado por um pajé com objetivo de cura ou magia
peraltagem: molecagem
retinto: de cor carregada, muito escura
sarapantar: assustar
saúva: espécie de formiga
Tapanhuma: etnia indígena
Uraricoera: rio no estado de Roraima

Sobre o texto

1. Um dos grandes destaques de *Macunaíma* é sua inventividade quanto ao uso da linguagem. Encontre no texto dois exemplos que confirmem essa afirmação. Justifique sua escolha.
2. Releia.

   > Porém respeitava os velhos e frequentava com aplicação a murua a poracê o torê o bacororô a cucuicogue, todas essas danças religiosas da tribo.

   Que aspecto esse trecho revela sobre a personalidade de Macunaíma?
3. Onde Macunaíma nasceu? É possível determinar onde fica esse lugar? Explique.
4. O narrador sugere que Macunaíma é, a um só tempo, peralta e inteligente. Quais atitudes de Macunaíma reforçam essa afirmação?
5. Uma das estratégias de escrita de *Macunaíma* foi o aproveitamento de recursos típicos da oralidade. Identifique no texto um dito popular e dê duas interpretações para ele, considerando o contexto.
6. Assim como no Romantismo, em *Macunaíma* a imagem do indígena está presente. Representado pelo próprio protagonista, o indígena na obra de Mário de Andrade apresenta características que o aproximam da tradição romântica ou que constituem uma ruptura em relação a ela? Explique.
7. No trecho lido, Macunaíma é chamado de "herói da nossa gente".
   a) Que características e ações do protagonista se opõem à ideia convencional de herói?
   b) Em sua opinião, o trecho confirma o título do livro, *Macunaíma: o herói sem nenhum caráter*? Justifique sua resposta com elementos do texto.

Oswald de Andrade: antropofagia literária

Escritor, ensaísta e dramaturgo, Oswald de Andrade (1890-1954) foi responsável por dois textos que ajudaram a delinear o Modernismo no Brasil: o *Manifesto Pau-Brasil* e o *Manifesto Antropófago*.

A **antropofagia** proposta por ele consistia na "devoração" ritualística do estrangeiro. Tratava-se, na verdade, de uma imagem para expressar um modo de fazer arte. Segundo essa proposta, a influência europeia não seria negada, mas sim assimilada para contribuir com a construção de uma linguagem original e renovada, em conjunto com os elementos provenientes da cultura brasileira.

AMARAL, Tarsila do. *Retrato de Oswald de Andrade*, 1922. Óleo sobre tela, 61 cm × 42 cm. Coleção particular.

Suas ideias sintetizaram uma maneira de responder ao problema que marcou profundamente a primeira fase do movimento modernista: a busca pela identidade nacional.

Em 1925, Oswald publicou *Pau-Brasil*, cujos poemas eram motivados pelo objetivo de **renovar a linguagem** e alinhar-se com as principais vanguardas artísticas europeias. Nos dizeres de Paulo Prado, intelectual ligado aos modernistas, "a poesia pau-brasil é, entre nós, o primeiro esforço organizado para a libertação do verso brasileiro". Esse caráter libertador é visível em todo o livro. Observe abaixo um exemplo.

O recruta

O noivo da moça
Foi para a guerra
E prometeu se morresse
Vir escutar ela tocar piano
Mas ficou para sempre no Paraguai

ANDRADE, Oswald de. *Pau-Brasil*. 5. ed. São Paulo: Globo, 1991. p. 86.

> **Margens do texto**
>
> Nesse poema, que faz referência à Guerra do Paraguai (1864-1870), o clima de promessa amorosa é subvertido no final, criando uma oposição com a visão romântica. O que o último verso sugere?

Alguns elementos da concepção moderna da linguagem poética chamam a atenção no poema: a forma sintética, a linguagem prosaica e a desmontagem cômica do tema amoroso. Apesar da concisão, o poema incorpora temas abrangentes, como a Guerra do Paraguai e o retrato da vida burguesa, sugerido pelo fato de a moça tocar piano.

A proposta de Oswald de Andrade de "limpar a poesia brasileira dos cipós do bacharelismo" constituiu uma grande renovação da linguagem literária. Ele foi um dos idealizadores, por exemplo, da **escrita telegráfica**, na qual a sintaxe tradicional é rompida para que as palavras possam estabelecer entre si uma relação livre e construtiva.

Oswald de Andrade soube, como poucos escritores, criar uma **poesia** ao mesmo tempo **sentimental e intelectual**, resultante da escolha de temas triviais, mas que surpreendem, como é o caso do fragmento de poema reproduzido na próxima página.

415

Leia este poema de Oswald de Andrade, em que o eu lírico declara sua intenção de fazer uma balada e ser um menestrel.

Balada do Esplanada

Ontem à noite
Eu procurei
Ver se aprendia
Como é que se fazia
Uma balada
Antes de ir
Pro meu hotel.
[...]

Pra m'inspirar
Abro a janela
Como um jornal
Vou fazer
A balada
Do Esplanada
E ficar sendo
O menestrel
De meu hotel

Mas não há poesia
Num hotel
Mesmo sendo
'Splanada
Ou Grand-Hotel

Há poesia
Na dor
Na flor
No beija-flor
No elevador

Vocabulário de apoio

menestrel: artista que, na Idade Média, recitava ou cantava poemas

ANDRADE, Oswald de. Primeiro caderno do aluno de poesia Oswald de Andrade. In: *Poesias reunidas*. 5. ed. Rio de Janeiro: Civilização Brasileira, 1971. p. 166.

Nesse poema, o eu lírico tenta buscar inspiração nos acontecimentos da vida comum, aquela que se vê do lado de fora da janela. Chama a atenção a ideia de que a poesia se encontra não somente em imagens tradicionais e desgastadas, como "flor", "dor" e "beija-flor", mas também em objetos da vida moderna, no caso o "elevador".

› Desconstrução da narrativa

Na prosa, Oswald de Andrade produziu dois livros fundamentais para o Modernismo: *Memórias sentimentais de João Miramar* (1924) e *Serafim Ponte Grande* (1933). Considerado o "marco zero" da prosa modernista, *Memórias sentimentais* constitui-se de episódios-fragmentos que constroem uma espécie de autobiografia de Oswald. Neles, observa-se uma mescla de gêneros, como poemas, citações, cartas e relatos de viagem.

Logo de início, o leitor é surpreendido com um prefácio de um certo Machado Penumbra, que depois aparecerá como personagem em vários episódios do livro. O prefácio lembra, pelo seu pedantismo, a "Carta pras Icamiabas", um dos capítulos de *Macunaíma*, de Mário de Andrade.

Leia um trecho de *Memórias sentimentais de João Miramar*.

> Torna-se lógico que o estilo dos escritores acompanhe a evolução emocional dos surtos humanos. Se no meu foro interior, um velho sentimentalismo racial vibra ainda nas doces cordas alexandrinas de Bilac e Vicente de Carvalho, não posso deixar de reconhecer o direito sagrado das inovações, mesmo quando elas ameaçam espedaçar nas suas mãos hercúleas o ouro argamassado pela idade parnasiana. VAE VICTIS!
>
> ANDRADE, Oswald. *Memórias sentimentais de João Miramar*. São Paulo: Globo, 2004. p. 70.

A **sátira** realizada por Oswald, nessa obra, visa principalmente a marcos intelectuais como Machado Penumbra, adeptos do linguajar empolado e pomposo que a literatura modernista criticava implacavelmente. É a eles que se refere a citação latina *vae victis*, que significa "ai dos vencidos".

Em *Serafim Ponte Grande*, tem-se uma paródia de outras modalidades de texto (a prosa sentimental, os escritos de viagem, a prosa reflexiva, etc.) e a desconstrução do próprio ato de narrar. O trecho a seguir é parte da narrativa de viagem que o protagonista do livro faz rumo à Europa.

Literaturas de bombordo

Na manhã seguinte, tendo-se-lhe dado alguns engulhos, ei-lo que deita carga ao mar. E sarando percebe a ausência de bibliotecas, pois o paquebot as não possui. Reclama de seu secretário José Ramos Góes Pinto Calçudo, na mescla prostituída da segunda-classe, um livro; e este dá-lhe um dicionário de bolso de sua lavra para não confundir nem esquecer as pessoas que conhece ou conheceu.

A

Adelina Cinira — Atriz que amei em silêncio.
Amélia — Minha ama de leite.
Amelinha — Filha da precedente.
Arnaldo Bicudo — Célebre pintor de letreiros.
Aguiar Nogueira (Dr.) — Médico gordo que me curou de recaída de gonorreia.
Adauta Bernardelli Schubert — Professora sistema Berlitz. Ia sempre passar os domingos e dias santos nua no mato, segundo os civilizados costumes da Europa.
Arary (Dr.) — Padrasto de meu amigo de infância Juquinha.
[...]

ANDRADE, Oswald de. *Serafim Ponte Grande*. 9. ed. São Paulo: Globo, 2007. p. 111-112.

A linguagem pretensiosa do primeiro parágrafo condiz com a atitude um tanto teatral da personagem, que quer se entreter com uma leitura, mostrando ares de sofisticação. Na sequência, surge outra espécie de texto, um "dicionário" com estilo bem diferente da narrativa anterior, que causa efeito cômico. Essa variação de gêneros e estilos é uma marca da obra oswaldiana.

Margens do texto

O que produz um efeito cômico no dicionário de bolso elaborado por Pinto Calçudo? Explique.

Vocabulário de apoio

bombordo: lado esquerdo da embarcação, olhando-se da parte posterior para a anterior
deitar carga ao mar: vomitar
engulho: ânsia que precede o vômito
gonorreia: doença sexualmente transmissível
lavra: autoria
paquebot: embarcação muito grande e luxuosa

Repertório

A pintora Tarsila do Amaral (1886-1973), com quem Oswald de Andrade foi casado de 1926 a 1930, representou os princípios estéticos do movimento Pau-Brasil em parte de sua produção artística. Na obra *Estrada de ferro Central do Brasil*, de 1924, observa-se a junção dos temas da cidade, com elementos da modernidade (postes de luz e trilhos de trem), e da natureza tropical (palmeiras e outras árvores). A temática, o uso de cores intensas e a composição geométrica do espaço estabelecem um diálogo entre a brasilidade e as referências da arte de vanguarda europeia, que também caracteriza a literatura modernista.

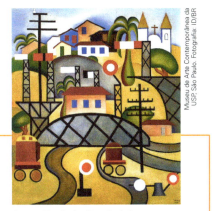

AMARAL, Tarsila do. *Estrada de ferro Central do Brasil*, 1924. Óleo sobre tela, 142 cm × 127 cm. Museu de Arte Contemporânea da Universidade de São Paulo, São Paulo.

Sua leitura

Na sequência, você lerá dois textos de Oswald de Andrade. O texto 1 é um dos poemas do livro *Pau-Brasil*. Já o texto 2 é um fragmento do romance *Serafim Ponte Grande*. O trecho tematiza uma relação de prostituição. Leia os textos e responda às questões.

Texto 1

Ideal bandeirante

Tome este automóvel
E vá ver o Jardim New-Garden
Depois volte à Rua da Boa Vista
Compre o seu lote
Registre a escritura
Boa firme e valiosa
E more nesse bairro romântico
Equivalente ao célebre
Bois de Boulogne
Prestações mensais
Sem juros

ANDRADE, Oswald de. *Pau-Brasil*. 5. ed. São Paulo: Globo, 1991. p. 121.

Vocabulário de apoio

Bois de Boulogne: parque situado na cidade de Paris, na França

Texto 2

Serafim Ponte Grande

[...]
— Como são finas as tuas meias!
— Malha 2360.
— São duráveis?
— Duram três, quatro horas...

O mar lá fora urra querendo entrar em Guanabara.

— Não. Lindas são as minhas calças. Olha, ninguém tem este recortezinho... Mas como estás mudo... sem espírito...
— Comovido porque te conquistei...
— Não. Não é uma conquista...
— Que é então?
— Uma revanche...
— De quê?
— Da vida.

O telefone estraçalha o silêncio.

— Alô! Quem é? O tintureiro? Faça subi-lo! Espere! Não faça não! Recebo-o amanhã às três e meia...

Lá fora o mar.
O mar sem par. Serafim amanhece. Ela o envolve, o laça. É uma mãozinha que tem cara, cabelos de recém-nascido à la garçonne.
[...]

ANDRADE, Oswald de. *Serafim Ponte Grande*. 9. ed. São Paulo: Globo, 2007. p. 106.

Vocabulário de apoio

à la garçonne: expressão francesa que significa "à maneira de um menino", usada para designar um corte de cabelo comum na década de 1920

revanche: vingança, reparação

tintureiro: quem trabalha em tinturaria, onde se lavam e passam a ferro peças de vestuário

Sobre os textos

1. No texto 1, Oswald de Andrade faz uma crítica ao modo de vida burguês.
   a) O que o uso da palavra *bandeirante* denota no título do poema?
   b) Qual é a função do uso de palavras estrangeiras no poema?
   c) Pensando nas respostas dadas aos itens anteriores, explique em que consiste a crítica feita pelo autor: qual é o "ideal" a que o título do poema faz referência?

2. O valor econômico é um fator da vida moderna burguesa presente nos dois textos e, de certa maneira, diz respeito à ascensão de uma classe social abastada que mercantiliza as relações humanas. Que "mercadorias" são comercializadas em cada texto? Explique.

3. Outro aspecto comum aos dois textos é o modo como o escritor trabalha a linguagem, valendo-se, por exemplo, de uma forma econômica na composição dos versos e das frases, reduzidas ao essencial. Destaque dois exemplos de cada texto que demonstrem essa ideia.

❯ Raul Bopp: as raízes populares da poesia

Poeta gaúcho preocupado em recuperar as lendas e os mitos das culturas indígena e negra, Raul Bopp (1898-1984) tem como obra de maior destaque o poema narrativo *Cobra Norato*, de 1931.

Ambientado na Amazônia, conta a história de um jovem que estrangula a monstruosa Cobra Norato e entra em seu corpo, vivendo assim aventuras recheadas de referências mitológicas.

O poema, composto de 33 partes, apresenta uma estrutura que lembra muito uma montagem cinematográfica, com imagens justapostas e uma escrita em que versos e estrofes aparecem e reaparecem em outras partes ao longo do texto.

A publicação de *Urucungo*, em 1932, mostra outro componente da poética de Bopp: a construção de um panorama da presença negra no país. A escravidão, a identidade negra e a relação dos negros com os brancos são temas recorrentes nesse livro, como se pode observar no poema a seguir.

PORTINARI, Candido. *Retrato de Raul Bopp*, 1935. Óleo sobre tela, 54 cm × 46 cm. Coleção particular.

Dona Chica

A negra serviu o café.
— A sua escrava tem uns dentes bonitos dona Chica.
— Ah o senhor acha?

Ao sair
a negra demorou-se com um sorriso na porta da varanda.
Foi entoando uma cantiga casa-a-dentro:

Ai do céu caiu um galho
Bateu no chão. Desfolhou.

Dona Chica não disse nada.
Acendeu ódios no olhar.

Foi lá dentro. Pegou a negra.
Mandou metê-la no tronco.
— Iaiá Chica não me mate!
— Ah! Desta vez tu me pagas.

Meteu um trapo na boca.
Depois
quebrou os dentes dela com um martelo.

— Agora
junte esses cacos numa salva de prata
e leve assim mesmo,
babando sangue,
pr'aquele moço que está na sala, peste!

BOPP, Raul. *Poesia completa de Raul Bopp*. Rio de Janeiro: José Olympio; São Paulo: Edusp, 1998. p. 205.

■ **Margens do texto**

A escrava estava sorridente após o elogio recebido, mas a cantiga que entoa ao entrar em casa tem uma letra triste. Como interpretar essa aparente contradição?

Vocabulário de apoio

salva: tipo de bandeja ou prato

O comportamento violento e arbitrário da senhora branca é tratado nesse poema com recursos estilísticos consagrados pelo Modernismo: frases curtas; registro coloquial; diálogos e outros elementos narrativos na poesia; intercalação de gêneros diferentes (a canção entoada pela negra em meio ao poema narrativo); e o verso livre.

Sua leitura

Agora você vai ler dois trechos do poema narrativo *Cobra Norato*, de Raul Bopp. Após a leitura, responda às questões.

XI

Acordo
A lua nasceu com olheiras
O silêncio dói dentro do mato

Abriram-se as estrelas
As águas grandes se encolheram com sono

A noite cansada parou

Ai compadre!
Tenho vontade de ouvir uma música mole
que se estire por dentro do sangue;
música com gosto de lua
e do corpo da filha da rainha Luzia

que me faça ouvir de novo
a conversa dos rios
que trazem queixas do caminho
e vozes que vêm de longe
surradas de ai ai ai

Atravessei o Treme-treme

Passei na casa do Minhocão
Deixei minha sombra para o Bicho-do-Fundo
só por causa da filha da rainha Luzia

Levei puçanga de cheiro
e casca de tinhorão
fanfan com folhas de trevo
e raiz de mucura-caa

Mas nada deu certo...

Ando com uma jurumenha
que faz um doizinho na gente
e mexe com o sangue devagarinho

Ai compadre
Não faça barulho
que a filha da
rainha Luzia
talvez ainda esteja dormindo

Ai onde andará
que eu quero somente
ver os seus olhos molhados de verde
seu corpo alongado de canarana

[...]

Vocabulário de apoio

canarana: planta da família das gramíneas
fanfan: tipo de arbusto
jurumenha: praga, coisa inoportuna
mucura-caa: planta medicinal diurética e abortiva
puçanga: remédio caseiro, beberagem, feitiço
tinhorão: tipo de erva venenosa

Passaporte digital

Encenação de *Cobra Norato*
É possível encontrar no *site* Domínio Público uma encenação em vídeo do poema *Cobra Norato* feita com bonecos pelo Grupo Giramundo e exibida pela TV Escola. A peça narra a história de um jovem que, após matar a Cobra Norato e vestir sua pele, parte em busca da filha da rainha Luzia, com quem quer se casar. No caminho, conhece vários animais e habitantes do mundo amazônico. O vídeo está disponível em: <http://www.dominiopublico.gov.br/pesquisa/DetalheObraForm.do?select_action=&co_obra=51384>. Acesso em: 9 mar. 2015.

Cena da peça *Cobra Norato*, encenada pelo Grupo Giramundo, em 2009.

XV

Céu muito azul
Garcinha branca voou voou...
Pensou que o lago era lá em cima

Pesa um mormaço

Dói a luz nos olhos
Sol parece um espelhinho

Vozes se dissolvem

Passarão sozinho risca a paisagem bojuda

BOPP, Raul. *Poesia completa de Raul Bopp*. Rio de Janeiro: José Olympio; São Paulo: Edusp, 1998. p. 160-165.

Vocabulário de apoio

bojudo: volumoso
mormaço: temperatura abafada, quente

Sobre o texto

1. Em algumas passagens da parte XI do poema, há a indicação de um diálogo. Que termo permite identificar a ocorrência desse diálogo? Explique.
2. O ambiente noturno que predomina na cena da parte XI desperta uma lembrança no eu lírico. Qual?
3. Três percepções sensoriais compõem a cena da parte XV. Que elementos da paisagem são citados nessa parte e quais dos cinco sentidos estão associados a cada um deles?

Repertório

Ilustradores inovadores

Os artistas que fizeram essas capas também fizeram história no campo das artes. Flávio de Carvalho (1899-1973) foi um precursor da arquitetura moderna brasileira e um grande nome da geração modernista brasileira; atuou como arquiteto, engenheiro, cenógrafo, desenhista, escritor, entre outros; ele causava polêmica com suas obras e suas experiências para levar à reflexão sobre as convenções sociais, como, em 1956, quando desfilou pelo centro da cidade de São Paulo o New Look (traje tropical masculino, com saia, blusa de mangas curtas e folgadas, chapéu de abas largas, sandálias). Santa Rosa (1909-1956) foi cenógrafo, ilustrador, figurinista, crítico de arte, entre outros; ilustrou livros para a Livraria José Olympio Editora e para os escritores mais renomados de meados do século XX; pode ser considerado o primeiro cenógrafo moderno brasileiro e um dos precursores do *design* gráfico.

Capas para a primeira edição de livros de Raul Bopp. A capa de *Cobra Norato*, de 1931, foi criada por Flávio de Carvalho e a de *Urucungo*, de 1932, por Santa Rosa.

O que você pensa disto?

Os modernistas, empenhados em redescobrir o Brasil, talvez tenham sido os primeiros a retratar o indígena de maneira desvinculada da imagem do "bom selvagem" propagada pelo pensamento romântico do século XIX. Importava para os modernistas a valorização de um modo de ser e de pensar que revelasse um ser genuinamente brasileiro, desligado dos padrões europeus.

- É possível dizer que, nos dias de hoje, o indígena conseguiu afirmar-se no contexto sociocultural de uma sociedade globalizada sem perder seus valores e suas marcas de identidade? Justifique sua resposta.

Indígena kalapalo da aldeia Aiha, Parque Indígena do Xingu (MT). Fotografia de 2011.

421

CAPÍTULO 42

Manuel Bandeira e Alcântara Machado: o cotidiano em verso e prosa

O que você vai estudar

- A complexa simplicidade de Manuel Bandeira.
- A cidade e o imigrante na língua coloquial de Alcântara Machado.

Um dos temas modernistas foi a metrópole, o cotidiano das cidades. Na fotografia, o largo da Misericórdia, em São Paulo (SP), em cerca de 1905.

Distanciando-se da abordagem extravagante e artificial dos parnasianos, os modernistas da primeira fase se interessavam pelo registro dos acontecimentos prosaicos e buscavam captar a agitação das metrópoles, o cotidiano e a fala simples das pessoas. Para isso incorporaram assuntos antes considerados irrelevantes, como cenas urbanas e suas personagens e as misturas linguísticas decorrentes do contato do português brasileiro com os idiomas de imigrantes.

› Manuel Bandeira: a simplicidade do requinte

Manuel Bandeira (1886-1968) é considerado um dos mais importantes poetas brasileiros e teve participação decisiva na consolidação do movimento modernista no país. Foi próximo do grupo que inaugurou o Modernismo, tendo trocado farta correspondência com Mário de Andrade acerca da nova literatura que propunham. Dialogou também com os poetas das gerações posteriores e chegou a acompanhar o surgimento da poesia concreta, fazendo algumas experiências nessa linha já na década de 1950.

Nos poemas de seu primeiro livro, *Cinza das horas* (1917), ainda se percebem traços românticos e simbolistas. A temática da infância perdida recuperada pela poesia ou a visão positiva da natureza como fator de contenção da angústia existencial, por exemplo, são temas que remetem às estéticas do século XIX e que permanecerão produtivos na poesia de Bandeira mesmo nos livros mais maduros, unindo a tradição aos temas do cotidiano preferidos pelas novas correntes.

Essa convivência entre a tradição e os novos procedimentos poéticos também será perceptível na forma dos poemas. Bandeira tinha domínio de variadas formas poéticas convencionais e as empregará tanto quanto as formas derivadas das pesquisas modernistas, por entender que um poeta completo, segundo suas próprias palavras, é aquele capaz de conciliar herança e renovação.

De sua busca de inovação surgirão, principalmente, poemas compostos por **versos livres**, que irão explorar um **lirismo** mais direto e espontâneo, bastante próximo da coloquialidade que se tornará a marca registrada de Bandeira no contexto do Modernismo.

> Renovação

Manuel Bandeira foi um dos defensores mais ardorosos do Modernismo, ainda que não se possa encaixá-lo em nenhuma das linhas nas quais se dividiu o movimento em seus primeiros dez anos. Alguns de seus poemas publicados nos anos iniciais do Modernismo sintetizavam o ideal de **renovação da literatura no Brasil** e de **recusa da tradição**. Inclusive, o poema "Poética", a seguir, é considerado por vários críticos como uma espécie de manifesto do movimento.

Poética

Estou farto do lirismo comedido
do lirismo bem comportado
Do lirismo funcionário público com livro de ponto expediente protocolo e
                        [manifestações de apreço ao Sr. diretor

Estou farto do lirismo que para e vai averiguar no dicionário o cunho
                        [vernáculo de um vocábulo

Abaixo os puristas

Todas as palavras sobretudo os barbarismos universais
Todas as construções sobretudo as sintaxes de exceção
Todos os ritmos sobretudo os inumeráveis

Estou farto do lirismo namorador
Político
Raquítico
Sifilítico

[...]

BANDEIRA, Manuel. *Poesia completa e prosa*. Rio de Janeiro: Nova Aguilar, 1996. p. 207.

Manuel Bandeira em fotografia de 1965.

Vocabulário de apoio

apreço: estima, consideração
averiguar: pesquisar, verificar
barbarismo: estrangeirismo
comedido: moderado
cunho: feição, caráter
expediente: trabalho
farto: cansado, aborrecido
livro de ponto: livro no qual funcionários assinam para registrar sua presença ao trabalho
protocolo: registro burocrático; conjunto de normas para determinada formalidade
purista: pessoa preocupada em garantir a pureza da língua
vernáculo: relativo à correção e à pureza linguística (em oposição aos estrangeirismos, por exemplo)
vocábulo: palavra

Por meio de uma atitude subversiva, reforçada pela anáfora "Estou farto", o eu lírico do poema nega os valores poéticos passadistas, associados a procedimentos normativos e a fórmulas prontas de poesia. Ele recusa, sobretudo, os valores estéticos formais de composição, tão caros à poesia parnasiana, ironizada, por exemplo, na imagem do poeta que suspende a escrita para procurar um termo no dicionário, submetendo a espontaneidade à busca do léxico raro e considerado de "bom gosto". Em seu lugar, defende um "lirismo libertador", aberto a todas as inovações, principalmente às mais radicais, algo que experimenta na própria composição de "Poética", em que pratica versos e estrofes irregulares, abandona a rima e investe na linguagem coloquial.

> Uma poesia de ausências

Aberto a todas as novidades que foram propostas pelos modernistas, Bandeira foi ao longo do tempo estabelecendo uma **poética própria**. Entre seus temas centrais, encontram-se o amor irrealizável, as rememorações de infância, o jogo erótico, a observação do que se passa nas ruas. Contudo, há uma marca mais profunda que organiza esses e outros temas tratados pela sua poesia: a **ausência**, figurada na imagem da **morte**.

Essa tendência, no entanto, não se converte em melancolia ou ressentimento, ainda que tais sentimentos sejam uma marca forte nos primeiros livros. Ao longo do tempo, as experiências de perda (de familiares, amigos, possibilidades, etc.) parecem se integrar à condição de existência do poeta, que as aceita sem desespero. Elas aparecem discretamente, integradas às observações do cotidiano e de sua rotina.

Sua leitura

Você vai ler dois poemas de Manuel Bandeira. O primeiro intitula-se "Vou-me embora pra Pasárgada" e é um de seus textos mais conhecidos. O segundo chama-se "Poema tirado de uma notícia de jornal", que, como o próprio título indica, remete a um dos preceitos do Modernismo dos anos de 1920 e 1930: o poeta deve retirar a matéria de sua poesia não somente dos sentimentos, mas também da vida real e bruta.

Leia os textos e responda às questões.

Texto 1

Vou-me embora pra Pasárgada

Vou-me embora pra Pasárgada
Lá sou amigo do rei
Lá tenho a mulher que eu quero
Na cama que escolherei
Vou-me embora pra Pasárgada

Vou-me embora pra Pasárgada
Aqui eu não sou feliz
Lá a existência é uma aventura
De tal modo inconsequente
Que Joana a Louca de Espanha
Rainha e falsa demente
Vem a ser contraparente
Da nora que eu nunca tive

E como farei ginástica
Andarei de bicicleta
Montarei em burro brabo
Subirei no pau de sebo
Tomarei banhos de mar!
E quando estiver cansado
Deito na beira do rio
Mando chamar a mãe-d'água
Pra me contar as histórias
Que no tempo de eu menino
Rosa vinha me contar
Vou-me embora pra Pasárgada

Em Pasárgada tem tudo
É outra civilização
Tem um processo seguro
De impedir a concepção
Tem telefone automático
Tem alcaloide à vontade
Tem prostitutas bonitas
Para a gente namorar

E quando eu estiver mais triste
Mas triste de não ter jeito
Quando de noite me der
Vontade de me matar
— Lá sou amigo do rei —
Terei a mulher que eu quero
Na cama que escolherei
Vou-me embora pra Pasárgada

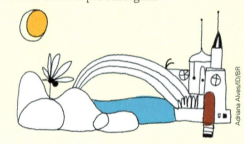

BANDEIRA, Manuel. *Poesia completa e prosa*. Rio de Janeiro: Nova Aguilar, 1996. p. 222.

Vocabulário de apoio

alcaloide: tipo de substância química presente em algumas drogas, tanto medicinais quanto psicotrópicas

contraparente: parente distante

Joana a Louca de Espanha: rainha espanhola que viveu de 1479 a 1555, e que recebeu o epíteto "a Louca" devido a episódios que sugeriam desequilíbrio mental

pau-de-sebo: espécie de árvore

Repertório

Em seu livro de memórias *Itinerário de Pasárgada*, Bandeira comenta que o poema "Vou-me embora pra Pasárgada" foi o que mais tempo demorou para ser feito. Começou encantando-se pela palavra *Pasárgada*, ainda na adolescência. Essa lembrança voltou mais de 20 anos depois, em um momento de desânimo, enquanto lamentava tudo a que tivera de abdicar por causa da tuberculose. Segundo o poeta, ele teria sentido o impulso para o poema, mas só conseguiu escrevê-lo cinco anos mais tarde, quando experimentou, novamente, a necessidade de gritar seu desejo de evasão. O poema, então, teria surgido "ao correr da pena".

Apesar dessa confissão, o crítico Davi Arrigucci Jr., um dos mais importantes estudiosos da obra de Bandeira, lembra que a aparência de espontaneidade e simplicidade de sua poesia iludem, pois ela resulta, na verdade, de um trabalho consciente e árduo com a palavra. Os componentes biográficos — a memória da infância, a descoberta do corpo e do desejo, o imaginário da doença e a intimidade com a morte — combinam-se com a tradição literária e mesmo com as vanguardas, que ofereceram os meios para o poeta reconfigurar a experiência da realidade.

Texto 2

Poema tirado de uma notícia de jornal
João Gostoso era carregador de feira livre e morava no morro
              [da Babilônia num barracão sem número
Uma noite ele chegou no bar Vinte de Novembro
Bebeu
Cantou
Dançou
Depois se atirou na Lagoa Rodrigo de Freitas e morreu afogado.

BANDEIRA, Manuel. *Poesia completa e prosa*. Rio de Janeiro: Nova Aguilar, 1996. p. 214.

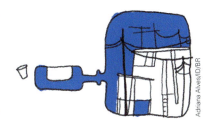

Sobre os textos

1. No poema "Vou-me embora pra Pasárgada", o eu lírico contrapõe o mundo real, em que se encontra, e o imaginário, para o qual deseja ir.
   a) Qual é o motivo desse desejo de fuga?
   b) Com base em sua resposta anterior, qual seria o tema do poema?

2. O texto 1 é estruturado em versos de sete sílabas métricas (redondilhas maiores). Que significado do poema é reforçado por essa característica formal?

3. O texto 1 faz referência à cultura popular brasileira e a elementos do mundo moderno. Essa junção entre o passado e o presente é típica da literatura modernista. Comprove essa afirmação com trechos do poema.

4. No "Poema tirado de uma notícia de jornal", temos duas referências espaciais: o morro da Babilônia, local onde predominam habitações precárias, e a lagoa Rodrigo de Freitas, cartão-postal da rica zona sul carioca. Esses espaços se complementam ou antagonizam? Justifique.

5. É possível perceber a presença de alguns elementos narrativos no texto 2. Indique-os.

6. Copie no caderno a alternativa correta sobre o texto 2. Justifique sua escolha.
   a) Nesse texto, Manuel Bandeira retoma elementos da literatura simbolista que se encontram em sua formação como poeta.
   b) Não se trata propriamente de um poema, já que, como diz o título, foi retirado de uma notícia de jornal.
   c) Trata-se de um poema tipicamente modernista, pelo uso de imagens sombrias da realidade individual.
   d) É um texto que demonstra bem a forma concisa e equilibrada da poesia de Manuel Bandeira, que se apega ao essencial na escrita de seus poemas.
   e) É um poema autobiográfico.

7. Releia três versos do poema "Poética", de Manuel Bandeira (p. 423):

   "Todas as palavras sobretudo os barbarismos universais
   Todas as construções sobretudo as sintaxes de exceção
   Todos os ritmos sobretudo os inumeráveis"

   Em sua opinião, os textos 1 e 2 cumprem as aspirações explicitadas pelo eu lírico nesses versos? Justifique.

Habitações no Morro da Babilônia, no Rio de Janeiro (RJ), em fotografia de 2007.

Lagoa Rodrigo de Freitas, no Rio de Janeiro (RJ), em fotografia de 2006.

Alcântara Machado: entre brasileiros e italianos

Um dos primeiros grandes intérpretes do Modernismo de São Paulo, Antonio de Alcântara Machado (1901-1935) soube captar como poucos a efervescência das primeiras décadas do século XX na capital paulistana. Seu estilo cinematográfico, marcado pela **linguagem concisa**, feita de construções sintáticas que privilegiavam o **coloquialismo**, registrou cenas da **comunidade de imigrantes** e criou um modo novo de escrita literária.

Em 1928, o autor publicou a coletânea de contos *Brás, Bexiga e Barra Funda*, na qual narra situações cotidianas de comunidades ítalo-brasileiras que habitavam bairros afastados do centro paulistano e, aos poucos, misturavam-se com os moradores de outras regiões. A recusa de uma parcela tradicional da população em aceitar a ascensão econômica dos imigrantes italianos é registrada pela **prosa direta** do narrador.

A sociedade

— Filha minha não casa com filho de carcamano!

A esposa do Conselheiro José Bonifácio de Matos e Arruda disse isso e foi brigar com o italiano das batatas. Teresa Rita misturou lágrimas com gemidos e entrou no seu quarto batendo a porta. O Conselheiro José Bonifácio limpou as unhas com o palito, suspirou e saiu de casa abotoando o fraque.

O esperado grito do cláxon fechou o livro de Henri Ardel e trouxe Teresa Rita do escritório para o terraço.

O Lancia passou como quem não quer. Quase parando. A mão enluvada cumprimentou com o chapéu Borsalino. Uiiiiia-uiiiiia! Adriano Melli calcou o acelerador. Na primeira esquina fez a curva. Veio voltando. Passou de novo. Continuou. Mais duzentos metros. Outra curva. Sempre na mesma rua. Gostava dela. Era a Rua da Liberdade. Pouco antes do número 259-C já sabe: uiiiiia-uiiiiia!

— O que você está fazendo aí no terraço, menina?

— Então nem tomar um pouco de ar eu posso mais?

Lancia Lambda, vermelhinho, resplendente, pompeando na rua. Vestido do Camilo, verde, grudado à pele, serpejando no terraço.

— Entre já para dentro ou eu falo com seu pai quando ele chegar!

— Ah meu Deus, meu Deus, que vida, meu Deus!

Adriano Melli passou outras vezes ainda. Estranhou. Desapontou. Tocou para a Avenida Paulista.

[...]

MACHADO, Antonio de Alcântara. *Novelas paulistanas*. Rio de Janeiro: Ediouro, 2005. p. 38-39.

Vocabulário de apoio

calcar: pisar com força
carcamano: nome depreciativo que é dado aos italianos no Brasil
cláxon: buzina
conselheiro: membro de um conselho ou de alguns tribunais
fraque: casaco masculino
Henri Ardel: pseudônimo de uma autora francesa que escrevia romances sentimentais
Lancia Lambda: tipo de automóvel
pompear: ostentar pompa, exibir
resplendente: resplandecente, reluzente
serpejar: serpentear, mover-se de forma sinuosa

Margens do texto

O fragmento divide-se em duas partes, em que se percebe uma ruptura temporal. Essa ruptura indica cenas independentes? Explique.

Nesse fragmento, notam-se elementos característicos do momento histórico: a presença de dois segmentos sociais, o automóvel como símbolo da modernidade, o choque entre culturas. A grande novidade, porém, é a introdução de elementos linguísticos como estrangeirismos, onomatopeias e uma sintaxe tão ágil quanto a vida em um centro urbano moderno. A prosa de Alcântara Machado foi das que melhor adequaram a nova escrita modernista às mudanças da sociedade brasileira.

Esta tela de Antônio Ferrigno (1863-1940) representa a colheita de café em um latifúndio no Brasil, trabalho que era executado em grande parte por imigrantes italianos no final do século XIX e início do século XX. Nessa época, muitas famílias italianas, fugindo da difícil situação político-econômica na Itália após a unificação do país, emigraram para o Brasil devido à possibilidade de trabalho após o fim da escravidão no nosso país.

FERRIGNO, Antônio. *A colheita, Fazenda Santa Gertrudes – Araras, SP*, 1903. Óleo sobre tela, 100 cm × 150 cm. Museu Paulista, São Paulo.

Sua leitura

Leia estes fragmentos de um dos contos mais notáveis de Antonio de Alcântara Machado.

Gaetaninho

[...]

Ali na Rua Oriente a ralé quando muito andava de bonde. De automóvel ou carro só mesmo em dia de enterro. De enterro ou de casamento. Por isso mesmo o sonho de Gaetaninho era de realização muito difícil. Um sonho.

O Beppino por exemplo. O Beppino naquela tarde atravessara de carro a cidade. Mas como? Atrás da tia Peronetta que se mudava para o Araçá. Assim também não era vantagem.

Mas se era o único meio? Paciência.

Gaetaninho enfiou a cabeça embaixo do travesseiro.

Que beleza, rapaz! Na frente quatro cavalos pretos empenachados levavam a Tia Filomena para o cemitério. Depois o padre. Depois o Savério noivo dela de lenço nos olhos. Depois ele. Na boleia do carro. Ao lado do cocheiro. [...]

Mas Gaetaninho ainda não estava satisfeito. Queria ir carregando o chicote. O desgraçado do cocheiro não queria deixar. Nem por um instantinho só.

Gaetaninho ia berrar mas a Tia Filomena com a mania de cantar o "Ahi, Mari!" todas as manhãs o acordou.

[...]

O Nino veio correndo com a bolinha de meia. Chegou bem perto. Com o tronco arqueado, as pernas dobradas, os braços estendidos, as mãos abertas, Gaetaninho ficou pronto para a defesa.

— Passa pro Beppino!

Beppino deu dois passos e meteu o pé na bola. Com todo o muque. Ela cobriu o guardião sardento e foi parar no meio da rua.

— Vá dar tiro no inferno!

— Cala a boca, palestrino!

— Traga a bola!

Gaetaninho saiu correndo. Antes de alcançar a bola um bonde o pegou. Pegou e matou.

No bonde vinha o pai do Gaetaninho.

A gurizada assustada espalhou a notícia na noite.

— Sabe o Gaetaninho?

— Que é que tem?

— Amassou o bonde!

A vizinhança limpou com benzina suas roupas domingueiras.

Às dezesseis horas do dia seguinte saiu um enterro da Rua do Oriente e Gaetaninho não ia na boleia de nenhum dos carros do acompanhamento. Ia no da frente dentro de um caixão fechado com flores pobres por cima. Vestia a roupa marinheira, tinha as ligas, mas não levava a palhetinha.

Quem na boleia de um dos carros do cortejo mirim exibia soberbo terno vermelho que feria a vista da gente era o Beppino.

MACHADO, Antonio de Alcântara. *Novelas paulistanas*. Rio de Janeiro: Ediouro, 2005. p. 21-24.

Vocabulário de apoio

benzina: solvente usado como material de limpeza

boleia: assento na frente da carruagem, onde fica o cocheiro

dar tiro: chute forte

empenachado: adornado com penas

liga: fita elástica que prende a meia à perna para que fique esticada

muque: força muscular

palestrino: que torce para o time de futebol Palestra Itália (que depois passou a se chamar Palmeiras)

palhetinha: pequeno chapéu

ralé: a classe mais baixa da sociedade

"se mudar para o Araçá": ir para o cemitério do Araçá; morrer

soberbo: orgulhoso

Sobre o texto

1. Na prosa de Alcântara Machado, é constante o uso de recursos que acentuam os traços rítmicos e melódicos que são próprios da linguagem falada. Explique como se dá esse uso no segundo parágrafo.

2. Releia este trecho, em que o narrador relata a morte de Gaetaninho: "Gaetaninho saiu correndo. Antes de alcançar a bola um bonde o pegou. Pegou e matou". Explique por que essa passagem se assemelha a uma montagem cinematográfica.

3. O conto revela as condições de vida e os sonhos dos imigrantes italianos de subir na vida. Comprove essa afirmação com um fragmento do texto. Justifique sua escolha.

O *rapper* paulista Rappin' Hood. Fotografia de 2008.

O que você pensa disto?

Uma das maiores contribuições de Alcântara Machado e de Manuel Bandeira para a literatura brasileira foi o modo como incorporaram a oralidade cotidiana do povo na literatura. Na música popular atual, esse papel está sendo desempenhado pelo *rap*, pelo *hip-hop* e por outros gêneros urbanos que se aproximam da musicalidade própria da fala.

- Grande parte das letras de *rap* e *hip-hop* aborda o tema da violência. Por que isso acontece? Que outros temas poderiam aparecer nessas canções?

Ferramenta de leitura

A literatura e a padronização da vida

Erich Auerbach (em fotografia s. d.) dedicou-se a estudar a literatura a partir da convergência de várias áreas de conhecimento: a língua, a estilística, a história e a cultura. Foi autor de um dos principais estudos da literatura ocidental, *Mimesis*, em que traça um cuidadoso quadro da literatura desde a Antiguidade até os autores contemporâneos.

Vocabulário de apoio

a-histórico: anti-histórico, que não faz parte da história
ileso: sem lesão, intacto
soterrar: não recordar

Qual é a autonomia da literatura (e das demais artes) no mundo em tempos de globalização? Em outras palavras, em um período histórico caracterizado pela cultura de massa e pela imposição de modos preestabelecidos de compreender a realidade, há espaço para uma literatura que retrate formas de vida específicas de um povo? Erich Auerbach (1892-1957), um dos mais importantes pensadores da literatura no século XX, parte desses questionamentos para pensar o lugar do literário em um mundo marcado pelas modernizações. Diz o crítico:

> [...] Por mil razões, conhecidas por todos, a vida humana uniformiza-se em todo o planeta. O processo de nivelamento, originário da Europa, estende-se cada vez mais e soterra todas as tradições locais. É certo que, por toda a parte, o sentimento nacional é mais forte e mais barulhento do que nunca, mas em toda a parte ele toma a mesma direção, isto é, rumo às modernas formas de vida [...].
> AUERBACH, Erich. Filologia da literatura mundial. In: *Ensaios sobre literatura ocidental*: filologia e crítica. Trad. Samuel Titan Jr. e José Marcos Mariani de Macedo. São Paulo: Duas Cidades/Ed. 34, 2007. p. 357.

Esse texto, escrito no início da década de 1950, reflete sobre alguns acontecimentos que, muitos anos antes, já eram sentidos pelos modernistas brasileiros e por toda a vanguarda europeia: o predomínio econômico de algumas nações sobre outras acabaria por determinar uma **dependência cultural** que, no limite, apagaria os traços de uma cultura local e nacional.

> [...] Se a humanidade conseguir escapar ilesa aos abalos que ocasiona um processo de concentração tão violento, tão vigorosamente rápido e tão mal preparado, então teremos que nos acostumar com a ideia de que, numa Terra uniformemente organizada, sobreviverá uma só cultura literária, e que dentro em breve permanecerão vivas somente umas poucas línguas literárias (e talvez logo apenas uma). E assim a noção de literatura mundial seria simultaneamente realizada e destruída.
> [...]
> AUERBACH, Erich. Filologia da literatura mundial. In: *Ensaios sobre literatura ocidental*: filologia e crítica. Trad. Samuel Titan Jr. e José Marcos Mariani de Macedo. São Paulo: Duas Cidades/Ed. 34, 2007. p. 358.

No caso brasileiro, nossas elites, na passagem do século XIX para o XX, imitavam os centros geradores de cultura europeia a fim de reforçar sua autopercepção como "modernas", ou seja, esforçavam-se para se sentirem "europeias" antes mesmo de serem brasileiras. Sobre esse efeito de **"nivelamento"**, em que prevalece uma única maneira de se expressar, afirmava Auerbach:

> [...] Já agora somos ameaçados pelo empobrecimento ligado a uma formação cultural a-histórica, que não apenas já existe como procura a cada dia afirmar seu domínio. Aquilo que somos, nós o somos por nossa história, e só dentro desta poderemos conservar e desenvolver nosso ser [...].
> AUERBACH, Erich. Filologia da literatura mundial. In: *Ensaios sobre literatura ocidental*: filologia e crítica. Trad. Samuel Titan Jr. e José Marcos Mariani de Macedo. São Paulo: Duas Cidades/Ed. 34, 2007. p. 361.

Os modernistas também perceberam a necessidade de recuperar uma cultura que fosse genuinamente brasileira, sem, com isso, fechar as portas para um intercâmbio entre manifestações artísticas originárias de outros povos.

Tendo em mente as ideias de Erich Auerbach, leia estes sonetos e faça as atividades.

Sunetto crassico

Sette anno di pastore, Giacó servia Labó,
Padre da Rafaella, serena bella,
Ma non servia o pai, che illo non era troxa nó!
Servia a Rafaella p'ra si gazá c'oella.

I os dia, na esperanza di un dia só,
Apassava spiano na gianella;
Ma o páio, fugindo da gombinaçó,
Deu a Lia inveiz da Raffaela.

Quano o Giacó adiscobri o ingano,
E che tigna gaido na sparrella,
Ficó c'um brutto d'um garó di arara

I incominció di servi otres sette anno
Dizeno: Si o Labó non fossi o pai della
Io pigava elli i li quibrava a gara.

BANANÉRE, Juó. In: MACHADO, Alexandre Ribeiro Marcondes. *La divina increnca*. São Paulo: Ed. 34, 2001. p. 28.

Soneto 88

Sete anos de pastor Jacó servia
Labão, pai de Raquel, serrana bela;
Mas não servia ao pai, servia a ela,
Que ela só por prêmio pretendia.

Os dias, na esperança de um só dia,
Passava, contentando-se com vê-la;
Porém o pai, usando de cautela,
Em lugar de Raquel lhe dava Lia.

Vendo o triste pastor que com enganos
Lhe fora assim negada a sua pastora,
Como se a não tivera merecida,

Começa de servir outros sete anos,
Dizendo: — Mais servira, se não fora
Para tão longo amor tão curta a vida!

CAMÕES, Luís de. *Obra completa*. Rio de Janeiro: Nova Aguilar, 2008. p. 298.

Vocabulário de apoio

adiscobri: descobre
cautela: cuidado, prudência
che: que
"ficó c'um brutto d'um garó di arara": algo como "ficou louco da vida"
gara: cara
gazá: casar
gianella: janela
gombinaçó: combinação
illo: ele
incominció: começou
padre: pai
páio: pai
p'ra: para
serrano: originário de uma cidade de serra
sparrella: armadilha
spiano: espiando
tigna gaido: tinha caído

Sobre os textos

1. "Sunetto crassico", de Juó Bananére, é uma paródia de um soneto do poeta Camões (1524-1580), expoente do Classicismo português. A paródia é a reformulação de uma obra que pode ter por finalidade produzir humor, fazer crítica, etc. Sobre as mudanças promovidas pelo poeta, responda:
   a) Que alterações podem ser observadas na relação entre o pastor e o pai de sua amada?
   b) No poema de Camões, o tratamento do tema é sério, solene. Identifique um trecho no poema de Juó Bananére que desconstrói esse tratamento. Justifique sua escolha.

2. O poeta optou por utilizar o chamado "português macarrônico", registro marcado por alterações de pronúncia (ortograficamente representadas) e de sintaxe muito comuns no português falado pelos imigrantes italianos. Como a escolha dessa forma de linguagem contribui para o efeito de humor?

3. As paródias foram cultivadas por vários autores da primeira fase modernista. Considerando a relação desses artistas com a tradição, responda: por que haveria esse interesse por paródias?

4. O crítico Erich Auerbach chamou a atenção para o risco de identidades locais e nacionais serem fragilizadas pela supervalorização e influência da cultura de nações de maior poder econômico. No período em que vigorou a primeira fase modernista, as nações europeias ocupavam esse lugar de centro de difusão cultural.
   a) Em sua opinião, o uso de uma paródia como esta feita por Juó Bananére, com referência europeia, revela aceitação e passividade diante da cultura estrangeira? Justifique sua resposta.
   b) Auerbach afirma que aquilo que somos está profundamente ligado à nossa história. A primeira fase modernista revelou uma visão de mundo semelhante à do crítico. Explique por quê.

Repertório

Juó Bananére

Juó Bananére é o pseudônimo usado por Alexandre Ribeiro Marcondes Machado (1892-1933), engenheiro, jornalista e poeta satírico.

Para retratar a cultura da cidade de São Paulo com a chegada dos imigrantes italianos, o escritor criou a personagem Juó Bananére, ítalo-paulistano, morador do Bexiga, com um falar que mistura o português com o italiano, inspirando-se na fala dos primeiros imigrantes. A personagem tornou-se popular pelas paródias que fazia de poetas consagrados, como Camões (visto no poema desta página) e Olavo Bilac.

Caricatura de Juó Bananére feita pelo desenhista brasileiro Lemmo Lemmi (1884-1926).

Entre textos

Um dos aspectos mais importantes da primeira fase do Modernismo brasileiro foi o **nacionalismo**. A preocupação em fixar alguns marcos culturais que evidenciassem a identidade nacional determinou em grande parte a produção intelectual dessa primeira geração de escritores modernistas.

Assim, pode-se dizer que características como a revisão do passado cultural, a busca por uma linguagem mais coloquial, a redescoberta das várias realidades que compõem a nação e a recusa a uma arte "importada" articulam-se a um grande projeto de instauração de uma arte genuinamente brasileira.

A seleção a seguir dialoga, cada texto à sua maneira, com o desejo dos modernistas de criar uma literatura nacional.

Este poema, escrito por Manuel Botelho de Oliveira (1636-1711), pode ser considerado um dos precursores do nacionalismo na literatura brasileira. Escrito sob as normas da estética barroca, visível na escolha do vocabulário preciosista e na construção sintática rebuscada, exalta a paisagem da ilha da Maré, na Bahia. O eu lírico chama a atenção apenas para os aspectos belos da paisagem. Ao fim do poema, a ilha da Maré, "ou de alegria", torna-se uma expressão reduzida de todo o país. Essa visão nacionalista representa um viés ufanista (nacionalista ao extremo) da literatura, que será rechaçado pelos modernistas por ser pouco crítico em relação aos males que, assim como as belezas, caracterizam o Brasil.

Vocabulário de apoio

ânsia: impulso
apetecido: cobiçado, desejado
apodo: apelido
Chipre: ilha do mar Mediterrâneo. Segundo a mitologia romana, local de nascimento da deusa Vênus
Citereia: qualificação elogiosa dada à deusa Vênus
deslustroso: sem brilho
jazer: situar-se
mui: muito
Netuno: na mitologia romana, deus do mar
oblíquo: tortuoso
termo: região em torno de uma cidade
tosco: sem polimento
Vênus: na mitologia romana, deusa do amor e da beleza

TEXTO 1

À Ilha de Maré termo desta Cidade da Bahia

Jaz em oblíqua forma e prolongada
A terra de Maré, toda cercada
De Netuno, que tendo o amor constante,
Lhe dá muitos abraços por amante,
E botando-lhe os braços dentro dela
A pretende gozar, por ser mui bela.

Nesta assistência tanto a senhoreia,
E tanto a galanteia,
Que, do mar, de Maré tem o apelido,
Como quem preza o amor de seu querido:

E por gosto das prendas amorosas
Fica maré de rosas,
E vivendo nas ânsias sucessivas,
São do amor marés vivas;
E se nas mortas menos a conhece,
Maré de saudades lhe parece.

Vista por fora é pouco apetecida,
Porque aos olhos por feia é parecida;
Porém dentro habitada
É muito bela, muito desejada,
É como a concha tosca e deslustrosa,
Que dentro cria a pérola formosa.

[...]
Esta Ilha de Maré, ou de alegria,
Que é termo da Bahia,
Tem quase tudo quanto o Brasil todo,
Que de todo o Brasil é breve apodo;
E se algum tempo Citereia a achara,
Por esta sua Chipre desprezara,
Porém tem com Maria verdadeira
Outra Vênus melhor por padroeira.

OLIVEIRA, Manuel Botelho de. In: BRANDÃO, Roberto de Oliveira. *Poética e poesia no Brasil (Colônia)*. São Paulo: Ed. da Unesp-Imprensa Oficial do Estado, 2001. p. 165-176.

430

TEXTO 2

Marginália 2

Eu, brasileiro, confesso
Minha culpa, meu pecado
Meu sonho desesperado
Meu bem guardado segredo
Minha aflição

Eu, brasileiro, confesso
Minha culpa, meu degredo
Pão seco de cada dia
Tropical melancolia
Negra solidão

Aqui é o fim do mundo
Aqui é o fim do mundo
Aqui é o fim do mundo

Aqui, o Terceiro Mundo
Pede a bênção e vai dormir
Entre cascatas, palmeiras
Araçás e bananeiras
Ao canto da juriti

[...]

Minha terra tem palmeiras
Onde sopra o vento forte
Da fome, do medo e muito
Principalmente da morte
Olelê, lalá

[...]

NETO, Torquato; GIL, Gilberto. Marginália 2. In: RENNÓ, Carlos (Org.). *Gilberto Gil*: todas as letras. São Paulo: Companhia das Letras, 1996. p. 88.

Uma das influências mais perceptíveis do Modernismo brasileiro está na música popular. O interesse por expressões musicais populares e folclóricas motivou, nos anos iniciais do Modernismo, músicos como Villa-Lobos (1887-1959) a procurarem uma sonoridade tipicamente brasileira. As fronteiras entre o erudito e o popular foram se desfazendo. No final dos anos 1960, um grupo de artistas organizou o **Tropicalismo**, rompendo com os padrões estéticos da cultura da época e desvendando um Brasil complexo, em que estruturas arcaicas se fundiam a elementos originários da cultura de massa. Na canção ao lado, de Torquato Neto (1944-1972) e Gilberto Gil (1942-), vemos uma identidade nacional problemática ("Eu, brasileiro, confesso/ Minha culpa, meu pecado"), inventada a partir de uma tradição religiosa que está na base do Descobrimento, e marginal (como sugere o título), que ocupa a periferia na ordem mundial ("Aqui é o fim do mundo").

Vocabulário de apoio

araçá: árvore frutífera
degredo: pena judicial de exílio (expulsão de um país)
juriti: ave presente na fauna brasileira

O fragmento deste romance de 1971, escrito por João Ubaldo Ribeiro (1941-2014), apresenta uma das características mais conhecidas da primeira fase do Modernismo: a aproximação da linguagem à fala popular. As interjeições das primeiras linhas procuram eliminar uma intermediação entre a personagem — seu modo de pensar — e o leitor. O ajuste entre a linguagem literária e a realidade da gente simples do interior do país dá voz a uma parcela da nação muitas vezes esquecida pela literatura academicista e parnasiana anterior ao Modernismo.

Vocabulário de apoio

aboio: canto que os vaqueiros usam para guiar a boiada
esturricado: seco, torrado
manta: tira larga de carne exposta ao sol

TEXTO 3

Sargento Getúlio

Eu moro no mundo. Moro andando. Ai, aaaaaaaai, aai, aai, ai, ai, aaaaaaai, aaaai, ai um boi de barro, ai um boi de barro, um boi de barro, ai um boi de barro, ai de eu, um boi de barro, ai um boi de barro. Moro andando, assim. Um aboio, disse-me. Disse-me disse-me. Ai um boi de barro. Viu aqueles boizinhos, todas as cores, principalmente de barro mesmo? Me encontro-me sujo de barro assim e como do barro como de comer, por causo do gosto pardo. De menino, na feira, lhe conto. Quando chegava, ainda não era bem dia claro. Duas, três janelas, quatro janelas possa ser, já se pendurava carne seca em mantas grandes e esturricadas, pretas ou alvas na gordura... Lembranças de comilanças, e o cheiro. Às vezes, um enterro cedo. Precisava ser cedo, porque logo se trabalhava. Defunto não come, talvez seja melhor. Mas não era menos enterro por ser de madrugada, antes era mais, porque em outras horas tem sempre gente na rua que não está prestando atenção no enterro. E de madrugada não, porque, quando tem um enterro de madrugada, só tem mesmo o enterro, com aquele caixão deslizando e o povo atrás e se ouvindo as pisadas no chão e as pernas das calças se esfregando umas nas outras. [...]

RIBEIRO, João Ubaldo. *João Ubaldo Ribeiro*: obra seleta. Rio de Janeiro: Nova Aguilar, 2005. p. 221-222.

Vestibular

1. **(Ufam)** Sobre o Modernismo no Brasil, afirma-se corretamente que:
   a) não obteve êxito em suas propostas, em nenhum aspecto.
   b) se deu apenas na poesia, principalmente da década de 1930.
   c) o movimento nasceu gorado, pois copiou os princípios das vanguardas europeias.
   d) revolucionou o modo de se fazer literatura e pensar criticamente o país.
   e) pretendia restabelecer a tradição romanesca no Brasil.

2. **(Uespi)** Segundo Mário de Andrade, o Modernismo paulista de 1922 perseguiu "[...] a fusão de três princípios fundamentais: O direito permanente à pesquisa estética; a atualização da inteligência artística brasileira; e a estabilização de uma consciência criadora nacional". Dentre os escritores abaixo, quais seguiram os princípios fundamentais aludidos por Mário de Andrade?
   a) Alcântara Machado, Menotti Del Picchia e Oswald de Andrade.
   b) Euclides da Cunha, Manuel Bandeira e Lima Barreto.
   c) Alcântara Machado, Euclides da Cunha e Menotti Del Picchia.
   d) Sérgio Buarque de Holanda, Gilberto Freyre e Carlos Heitor Cony.
   e) Graça Aranha, Oswald de Andrade e Coelho Neto.

(Uesc-BA) Texto para a questão 3.

> — Desista de partir, Fräulein.
> — É que...
> Agora Sousa Costa se calou duma vez, cumprira com o dever. Assim ela não se dobrasse às razões que ele dera!... Fräulein não percebeu isso, mas ficou com medo de hesitar mais, ele podia aceitar aquilo como recusa. E devemos ser francos nesta vida, sempre fora simples e franca. Se aceitava, devia falar que aceitava e deixar-se de candongas. Sempre fora como a Joana de Schiller que não podia aparecer sem a bandeira dela. Emendou logo:
> — Bom, senhor Sousa Costa. Como o senhor e sua esposa insistem, eu fico.
> [...]
> Susto. Os temores entram saem pelas portas fechadas. Chiuiiii... ventinho apreensivo. Grandes olhos espantados de Aldinha e Laurita. Porta bate. Mau agouro? ... Não... Pláa... Brancos mantos... E ilusão. Não deixe essa porta bater! Que sombras grandes no hol... Por ques? tocaiando nos espelhos, nas janelas. Janelas com vidros fechados... que vazias! Chiuiiii... Olhe o silêncio. Grave. Ninguém o escuta. Existe. Maria Luísa procura, toda ouvidos ao zum-zum dos criados. Porque falam tão baixo os criados? Não sabem. Espreitam. Que que espreitam? Esperam. Que que esperam?... Carlos soturno. Esta dorzinha no estômago... O inverno vai chegar...
>
> ANDRADE, Mário de. *Amar, verbo intransitivo*: idílio. 16. ed. Belo Horizonte: Villa Rica, 1995. p. 87-88.

3. O fragmento no todo da obra permite afirmar:
   a) a narrativa estrutura-se numa sequência rígida dos fatos.
   b) a narrativa apresenta traços formais como o coloquialismo da linguagem e, em lugar de capítulos, cenas que fixam momentos, indicadores de uma nova expressão literária.
   c) a família burguesa é enfocada como modelo de relações sólidas e autênticas.
   d) o narrador assume uma atitude investigativa do íntimo da protagonista, a fim de desvendá-la — como ser humano — de forma plena para o leitor.
   e) a trajetória das personagens evidencia a paixão sobrepondo-se à razão.

(Uepa) Leia o fragmento abaixo para responder à questão.

> **Belém do Pará**
>
> Bembelelém!
> Viva Belém!
>
> Belém do Pará porto moderno integrado na
>   [equatorial
> Beleza eterna da paisagem
>
> Bembelelém!
> Viva Belém!
> [...]
> Belém do Pará onde as avenidas se chamam
>   [estradas:
> Estrada de São Jerônimo
> Estrada de Nazaré
> [...]
>
> Bembelelém!
> Viva Belém!
> Nortista gostosa
> Eu te quero bem
> [...]

4. Como evidência da vinculação de Manuel Bandeira ao ideário modernista, o fragmento acima revela:
   a) exclamações futuristas em tom de exaltação da tecnologia e da velocidade do espaço urbano.
   b) um elogio à vida provinciana que resiste aos impactos tecnológicos da modernização urbana.
   c) o tema do cosmopolitismo associado a uma reflexão filosófica sobre ética e modernidade tecnológica.
   d) a crítica ao atraso cultural das metrópoles provincianas, sobretudo de Belém.
   e) a ironia destrutiva e irreverente contra o provincianismo, presente na onomatopeia *Bembelelém*.

O Modernismo no Brasil: segunda fase

UNIDADE 16

Após as conquistas alcançadas pelas primeiras inovações estéticas e conceituais, o Modernismo entrou, em 1930, em sua segunda fase.

Sensíveis às mudanças ocorridas ao redor do mundo e no Brasil em todas as esferas, muitos artistas dessa fase assumiram um papel mais combativo, voltando-se para os problemas nacionais e questionando o lugar do ser humano no mundo.

A pintura abaixo, de Alberto da Veiga Guignard (1896-1962), recupera uma paisagem interiorana, típica da cidade mineira de Ouro Preto, onde se veem igrejas e casas antigas, atestando o comprometimento do artista em mostrar ao público outras realidades do país além daquela conhecida nos grandes centros urbanos. Esse compromisso corresponde a uma importante vertente da segunda fase modernista, que será apresentada nas próximas páginas.

Nesta unidade

- **43** A segunda fase do Modernismo – urgências sociais
- **44** O Nordeste revisitado
- **45** O ciclo do Sul
- **46** Carlos Drummond de Andrade: o eu e o mundo
- **47** Murilo Mendes e Jorge de Lima: novidades da poesia religiosa
- **48** Cecília e Vinicius: reflexões sobre a experiência humana

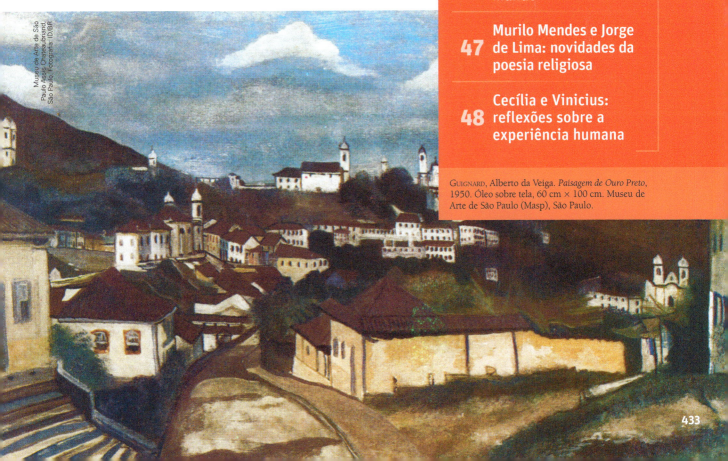

GUIGNARD, Alberto da Veiga. *Paisagem de Ouro Preto*, 1950. Óleo sobre tela, 60 cm × 100 cm. Museu de Arte de São Paulo (Masp), São Paulo.

CAPÍTULO 43
A segunda fase do Modernismo – urgências sociais

O que você vai estudar

- As transformações políticas, sociais e culturais nos anos anteriores à Segunda Guerra Mundial.
- O papel social do artista.
- O regionalismo e a corrente espiritualista na literatura.

Na transição entre as décadas de 1920 e 1930, as propostas estéticas dos modernistas difundiram-se por todo o Brasil, e os elementos regionais passaram a fazer parte do repertório dos artistas. Nessa época, o diálogo do escritor com a realidade social e os fatos históricos que o cercavam ganhou ainda maior importância.

Sua leitura

A seguir, você fará duas leituras. A primeira é uma pintura que integra a série *Os retirantes*, de Cândido Portinari (1903-1962). A segunda é uma passagem do primeiro capítulo do romance *A bagaceira*, de José Américo de Almeida (1887-1980). Nesse trecho do romance, retirantes fugidos da seca no sertão da Paraíba chegam ao engenho de Dagoberto Marçau.

Os retirantes

PORTINARI, Cândido. *Os retirantes*, 1944. Óleo sobre tela, 180 cm × 190 cm. Museu de Arte de São Paulo (Masp), São Paulo.

A série intitulada *Os retirantes* foi realizada entre os anos de 1944 e 45 e corresponde a uma guinada da temática social na obra de Portinari. Ainda que sua obra inicial estivesse voltada para a representação da vida rural, é na década de 1940 que se acentuou o olhar crítico sobre as desigualdades sociais brasileiras.

A bagaceira

Era o êxodo da seca de 1898. Uma ressurreição de cemitérios antigos — esqueletos redivivos, com o aspecto terroso e o fedor das covas podres.

Os fantasmas estropiados como que iam dançando, de tão trôpegos e trêmulos, num passo arrastado de quem leva as pernas, em vez de ser levado por elas.

Andavam devagar, olhando para trás, como quem quer voltar. Não tinham pressa em chegar, porque não sabiam aonde iam. Expulsos do seu paraíso por espadas de fogo, iam, ao acaso, em descaminhos, no arrastão dos maus fados.

Fugiam do sol e o sol guiava-os nesse forçado nomadismo.

Adelgaçados na magreira cômica, cresciam, como se o vento os levantasse. E os braços afinados desciam-lhes aos joelhos, de mãos abanando.

Vinham escoteiros. Menos os hidrópicos — doentes da alimentação tóxica — com os fardos das barrigas alarmantes.

Não tinham sexo, nem idade, nem condição nenhuma. Eram os retirantes. Nada mais.

Meninotas, com as pregas da súbita velhice, careteavam, torcendo as carinhas decrépitas de ex-voto. Os vaqueiros másculos, como titãs alquebrados, em petição de miséria. Pequenos fazendeiros, no arremesso igualitário, baralhavam-se nesse anônimo aniquilamento.

Mais mortos do que vivos, Vivos, vivíssimos só no olhar. Pupilas do sol da seca. Uns olhos espasmódicos de pânico, assombrados de si próprios. Agônica concentração de vitalidade fiscante.

Fariscavam o cheiro enjoativo do melado que lhes exacerbava os estômagos jejunos. E, em vez de comerem, eram comidos pela própria fome numa autofagia erosiva.

[...]

A cabroeira escarninha metia-os à bulha:
— Vem tirar a barriga da miséria.

Párias da bagaceira, vítimas de uma emperrada organização do trabalho e de uma dependência que os desumanizava, eram os mais insensíveis ao martírio das retiradas.

A colisão dos meios pronunciava-se no contato das migrações periódicas. Os sertanejos eram malvistos nos brejos. E o nome de *brejeiro* cruelmente pejorativo.

[...]

Essa diversidade criava grupos sociais que acarretavam os conflitos de sentimentos.

Estrugia a trova repulsiva:
Eu não vou na sua casa,
Você não venha na minha,
Porque tem a boca grande,
Vem comer minha farinha...

Homens do sertão, obcecados na mentalidade das reações cruentas, não convocavam as derradeiras energias num arranque selvagem. A história das secas era uma história de passividades. Limitavam-se a fitar os olhos terríveis nos seus ofensores. [...]

Dagoberto olhava por olhar, indiferente a essa tragédia viva.

A seca representava a valorização da safra. Os senhores de engenho, de uma avidez vã, refaziam-se da depreciação dos tempos normais à custa da desgraça periódica.

ALMEIDA, José Américo de. *A bagaceira*. Rio de Janeiro: José Olympio, 2008. p. 98-99.

Vocabulário de apoio

adelgaçado: enfraquecido
autofagia: ato de alimentar-se da própria carne
bagaceira: área em torno dos engenhos de açúcar onde se espalha o bagaço da cana moída, para que seque e seja usado como combustível nas fornalhas
bulha: gritaria
cabroeira: conjunto de cabras (trabalhadores rurais do Nordeste)
escarninho: zombeteiro
escoteiro: que viaja sem bagagem
estrugir: soar ou vibrar ruidosamente
êxodo: migração
fado: destino
fariscar: farejar
hidrópico: que apresenta hidropisia, acúmulo anormal de líquido em cavidade do corpo
pária: indivíduo excluído socialmente
redivivo: que voltou à vida, ressuscitado
trôpego: que anda com dificuldade

Sobre os textos

1. Cite três passagens do romance *A bagaceira* que podem ser associadas à pintura de Portinari.

2. O trecho lido de *A bagaceira* contrapõe os sertanejos e os brejeiros ("a cabroeira").
   a) Que tipo de relacionamento há entre eles? Comprove com uma passagem do texto.
   b) Como o narrador descreve as condições de vida dos brejeiros?
   c) Como explicar que os brejeiros "eram os mais insensíveis ao martírio das retiradas"?

3. Compare a linguagem de *A bagaceira* com a de Euclides da Cunha em *Os sertões* (páginas 367-369). Observe a extensão dos parágrafos, o vocabulário e as construções sintáticas e conclua: qual dos dois romances usa uma linguagem mais simples? Justifique.

4. A respeito da relação entre o artista brasileiro e seu meio social, Portinari escreveu:

    Arte brasileira só haverá quando os nossos artistas abandonarem completamente as tradições inúteis e se entregarem com toda alma à interpretação sincera do nosso meio.
    PORTINARI, Cândido. Rumo a Paris. In: BALBI, Marília. *Portinari: o pintor do Brasil*. São Paulo: Boitempo, 2003. p. 26.

    a) O que seria essa "interpretação sincera"? Como ela se mostra na tela de Portinari?
    b) O autor de *A bagaceira* também faz uma "interpretação sincera do nosso meio"? Justifique.

❯ O contexto de produção

A **segunda fase do Modernismo** brasileiro ocorreu durante os anos **de 1930 a 1945**. O Brasil passou, nesse período, por transformações profundas – o desenvolvimento industrial foi acompanhado da tomada de consciência sobre os graves atrasos sociais existentes no interior do país.

❯ O contexto histórico

No plano internacional, o mundo vivia um conturbado **embate entre ideologias** bastante distintas: o liberalismo, em crise diante da quebra da Bolsa de Nova York em 1929, e o socialismo/comunismo, implantado pela primeira vez em um país com a Revolução Russa de 1917. Esse período também viu ascender um pensamento de **caráter totalitário** que defendia a centralização política e econômica nas mãos do governante do Estado – na Alemanha, essa tendência recebeu o nome de nazismo; na Itália, de fascismo.

Brasil: debate político e presença do Estado

No Brasil, o início dos anos de 1930 foi marcado por uma série de acontecimentos significativos. Entre eles, destacou-se a subida de Getúlio Vargas ao poder. Naquele momento, a estrutura econômica, política e social do país ainda tinha raízes no regime republicano delineado no final do século XIX. A necessidade de modernizar o país, a fim de que ocupasse uma posição menos secundária no contexto mundial, fez parte do ideário de uma geração de pensadores, artistas e políticos.

O debate político era agitado, o que acirrava a cobrança sobre a definição ideológica dos intelectuais, como mostra o depoimento de Marques Rebelo (1907-1973), escritor brasileiro que ganhou notoriedade na década de 1930.

> O jogo do engajamento nunca me atraiu. Por tal razão os comunistas me consideram fascista, os fascistas me consideram comunista, os socialistas me consideram reacionário, os liberais me consideram um sem-vergonha. Não tem a menor importância — por absoluto cálculo e decisão nunca precisei de posição política para criar e viver, seguro de que, com as mãos desatadas, pode-se nadar melhor e escapar das correntes fatais. [...]
>
> REBELO, Marques. In: ANTELO, Raúl. *Literatura em revista*. São Paulo: Ática, 1984. p. 64-65.

■ Margens do texto

A posição supostamente neutra de Marques Rebelo é apresentada de modo debochado. Selecione o trecho que ilustra essa afirmação e comente-o.

PICASSO, Pablo. *Guernica*, 1937. Óleo sobre tela, 782,5 cm × 351 cm. Museu Nacional Centro de Arte Reina Sofia, Madri, Espanha.

Pintado por Pablo Picasso, em 1937, para a Exposição Internacional de Paris, o quadro *Guernica* representa o bombardeio sofrido pela cidade espanhola de Guernica, em 26 de abril de 1937, por aviões alemães, em apoio ao ditador espanhol Francisco Franco.

De um lado, a perspectiva de igualdade anunciada pelo comunismo e sustentada pelos avanços econômicos atingidos pela então União Soviética passou a interessar muitos intelectuais europeus e também brasileiros, que viam na revolução social e na participação do operariado e dos camponeses na vida política uma verdadeira transformação. De outro lado, o paternalismo fascista prometia a justa distribuição das riquezas nacionais e a estabilidade social por meio do centralismo político.

O Brasil, assim como outros países em situação periférica na ordem mundial, não ficou indiferente a essa conjuntura. O governo de Getúlio Vargas, que inicialmente combateu o liberalismo de fachada da política "café com leite" da oligarquia agrária, foi aos poucos criando um Estado brasileiro totalitário. Imitando o modelo do fascismo europeu, Vargas buscou apoio em setores de uma burguesia média, de alguns latifundiários, representantes católicos, industriais, membros da polícia e das Forças Armadas.

Apoiado em um modelo de desenvolvimento que previa forte presença do Estado no setor das indústrias de base (siderurgia, produção de equipamentos, extração de minerais), Vargas prestigiava lideranças industriais, construindo a imagem de um governante sintonizado com o mundo moderno.

Trabalhadores carregam retrato de Getúlio Vargas durante as comemorações de 1º de maio de 1942.

> O contexto cultural

No Brasil, os anos de 1930 a 1945 foram especialmente produtivos no que diz respeito à publicação de estudos voltados à **compreensão da identidade nacional**. Três obras, ainda hoje fundamentais para se entender a história do país, foram escritas e publicadas nesse período: *Casa grande e senzala* (1933), de Gilberto Freyre; *Raízes do Brasil* (1936), de Sérgio Buarque de Holanda; e *A formação do Brasil contemporâneo* (1942), de Caio Prado Jr. Cada um desses estudos não só apresenta um rigor científico e conceitual até então inédito como também contém novas abordagens sobre a formação histórica, política e social do Brasil.

Por toda a Europa, o período entre as décadas de 1920 e 1940 foi caracterizado pela aproximação cada vez mais estreita do campo das artes e da cultura na vida cotidiana. A arte, antes restrita às elites, se democratizou, tornando-se um bem a ser usufruído também pelas massas.

Popularização do cinema

Um dos responsáveis por essa "intromissão" da arte na vida comum foi o cinema comercial. O cinema representou uma novidade em muitos aspectos. Em primeiro lugar, era uma arte visual que podia, diferentemente da escultura e da pintura, ser reproduzida e, assim, alcançar públicos muito mais vastos do que o grupo reduzido e privilegiado que até então tinha acesso à arte tradicional.

Outro elemento importante para a popularização do cinema foi o caráter industrial, de produção em larga escala, que estava por trás dos filmes. Isso contribuía para que o preço dos ingressos fosse acessível a um grande número de pessoas. Havia, ainda, um terceiro fator: o cinema constituía uma espécie de refúgio que permitia aos espectadores se distraírem e esquecerem temporariamente dos gravíssimos problemas que afetavam vários países, como as tragédias decorrentes da Segunda Guerra Mundial.

Sétima arte

Assassinato em Gosford Park (Inglaterra, 2001)
Direção de Robert Altman
Em 1932, um casal de milionários convida pessoas importantes para uma grande festa em sua mansão. Entre os convidados, está um produtor de cinema. A trama policial conduz a história, mas há uma cena que mostra o irresistível poder do cinema sobre as massas. Trata-se da ocasião em que toda a criadagem reunida na mansão assiste magnetizada à projeção de um filme. Para alguns críticos, essa cena anuncia o enorme desenvolvimento que a indústria do entretenimento viria a experimentar nas décadas seguintes.

Cena do filme *Assassinato em Gosford Park*.

Difusão de informações e entretenimento fonográfico

O acesso às notícias também se tornou muito mais rápido graças aos noticiários que precediam a exibição dos longas-metragens nos cinemas, à **imprensa ilustrada** e, principalmente, às **transmissões de rádio**. O desenvolvimento da frequência modulada (FM) impulsionou o aparecimento de estações de rádio voltadas a segmentos específicos do mercado consumidor.

Associado à tarefa de difusão de informações, deu-se ainda o desenvolvimento da indústria do **entretenimento fonográfico**. A música erudita, por exemplo, que décadas antes era ouvida somente pela aristocracia, passou a ser reproduzida largamente pelas rádios. Em paralelo, aprofundou-se o interesse pela veiculação da **música popular**.

Atentos à penetração cada vez maior dos meios de comunicação nas camadas populares, tanto o rádio como o cinema foram incorporados às estratégias de **veiculação ideológica**. Nas rádios, políticos estreitaram seu contato com as pessoas, empregando meios semelhantes ao da publicidade, como se destaca no texto a seguir.

Aparelho de rádio da década de 1950. Por atingir instantaneamente um significativo contingente da população, a difusão radiofônica foi o mais importante meio de comunicação de massa até meados do século XX.

> Uma vez mais as elites dirigentes, em paralelo aos técnicos em publicidade, seriam pioneiras em explorar o potencial aliciante da audição radiofônica para seus propósitos específicos. Getúlio Vargas, mestre da comunicação social, fez do rádio seu polo de contato emocional direto com as massas de ouvintes, unificando o país pelas ondas do ar.
>
> SEVCENKO, Nicolau. A capital irradiante: técnica, ritmo e rito do Rio. In: SEVCENKO, Nicolau (Org.). *História da vida privada no Brasil*. 4. ed. São Paulo: Companhia das Letras, 2008. v. 3. p. 589.

Arte e ideologia, arte e tecnologia, arte e democracia: é nesse contexto amplo que se encaixa a literatura produzida pelos escritores da segunda fase do Modernismo.

Repertório

A radionovela

Quem seria a "mãe" da novela? Provavelmente, a radionovela – narrativa folhetinesca sonora, produzida e divulgada em rádio.

Graças às incríveis histórias dos radiodramaturgos, aos efeitos sonoros dos sonoplastas e às grandes atuações dos radioatores, as radionovelas influenciaram e estimularam a ávida imaginação de milhares de ouvintes, reunindo durante muitos anos as famílias ao redor do rádio, para acompanhar narrativas fantásticas, trágicas, cômicas e românticas. Na era de ouro do rádio, esse gênero foi fundamental para a construção da história do rádio brasileiro.

A primeira radionovela transmitida no Brasil foi *Em busca da felicidade*, em 1941, pela Rádio Nacional; o original cubano de Leandro Blanco foi adaptado por Gilberto Martins. Mas a cubana *O direito de nascer*, que foi ao ar em 1951, pela Rádio Nacional, é considerada a principal radionovela do Brasil, tornando-se o maior fenômeno de audiência em radionovelas em toda a América Latina.

A sonoplastia era feita ao vivo, e muitas vezes o mesmo material reproduzia sons diferentes (por exemplo, um papel celofane sendo amassado poderia fazer o som de fogo ou de chuva).

O público feminino era o mais fiel e mantenedor das radionovelas, e quem patrocinava eram os fabricantes de produtos de limpeza e de higiene pessoal.

Na década de 1970, o alto custo das radionovelas, o crescimento da televisão e a migração da verba publicitária foram, provavelmente, as principais causas do abandono desse gênero pelas rádios.

Bastidores de *O direito de nascer*, radionovela transmitida no Brasil nos anos 1950. Com texto original de Felix Caignet, tradução e adaptação de Eurico Silva, correspondeu a quase três anos de transmissão.

> O contexto literário

É possível organizar a produção literária da segunda fase do Modernismo brasileiro em algumas tendências, entre elas o **romance regionalista**, produzido por escritores nordestinos, e a **poesia de expressão espiritualista**. A formação dessas tendências e a relação entre o artista, sua obra e os acontecimentos mundiais e nacionais é o que será visto a seguir.

O sistema literário da segunda fase do Modernismo

Os 15 anos que compreendem a segunda fase do Modernismo serviram para a consolidação do movimento iniciado em 1922. Nesse período, ampliou-se o número de leitores de textos modernistas.

A livraria Globo, surgida em Porto Alegre no final do século XIX, foi responsável pela publicação de autores dessa fase modernista, como Erico Veríssimo, que, além de publicar por essa editora, tornou-se seu editor.

A editora José Olympio, inaugurada em 1931, em São Paulo, e transferida três anos depois para o Rio de Janeiro, também publicou alguns dos novos escritores e muitas vezes os contratou como tradutores de obras internacionais. A sede da editora no Rio tornou-se importante ponto de encontro de escritores e demais artistas vinculados ao Modernismo.

Difundido por todo o Brasil e incorporando novos artistas, o Modernismo, a partir de 1930, conservou conquistas estéticas da primeira fase, como o uso do **verso livre** e de um **vocabulário mais próximo do cotidiano**. A influência de autores como Mário de Andrade, Manuel Bandeira e Oswald de Andrade foi sentida nessa fase. A luta contra o academicismo e a visão da arte como privilégio de poucos – marcas do Parnasianismo – continuaram na produção da nova geração de escritores.

Contudo, duas diferenças puderam ser observadas. Na poesia, recursos estéticos antes combatidos por serem expressões de uma arte considerada ultrapassada, como o emprego de **formas fixas** na poesia, voltaram a ser valorizados. Na prosa, a pesquisa estética, uma das preocupações da primeira fase, foi sendo repensada diante da incorporação de **aspectos regionais** e da discussão de **questões sociais** do Brasil e do mundo. Por exemplo, o romance *A bagaceira*, que inaugurou uma prosa típica da chamada geração de 1930, é antecedido por algumas "advertências" de seu autor. São doze afirmações que tratam do papel da literatura naqueles tempos. Vejamos algumas delas:

> Há muitas formas de dizer a verdade. Talvez a mais persuasiva seja a que tem aparência de mentira. [...]
> O naturalismo foi uma bisbilhotice de trapeiros. Ver bem não é ver tudo: é ver o que os outros não veem. [...]
> É um livro triste que procura alegria. A tristeza do povo brasileiro é uma licença poética...
>
> ALMEIDA, José Américo de. *A bagaceira*. Rio de Janeiro: José Olympio, 2008. p. 95.

Repertório

Livraria e Editora José Olympio

Por essa editora foram publicados Gilberto Freyre, Rubem Braga, Rachel de Queiroz, José Lins do Rego e Guimarães Rosa, entre outros.

A convivência de escritores e pintores com o fundador José Olympio levou Drummond a afirmar que essa livraria era um dos lugares onde se desenvolveu o pensamento socialista compartilhado por artistas brasileiros a partir de meados da década de 1930.

Fachada da livraria e editora José Olympio, no Rio de Janeiro, em 1937.

Os escritores modernistas de 1930 a 1945 entendiam a literatura como um veículo de expressão das desigualdades, uma tomada de posição diante da realidade social. O romance, o conto ou o poema passaram tanto a apresentar um ponto de vista sobre os problemas que afetavam grupos sociais desfavorecidos como a expressar os males e angústias que afligiam o indivíduo no mundo moderno. Essa **perspectiva humana e politicamente comprometida** fez aumentar o número de leitores por todo o Brasil.

O romance regionalista

Em 1926, realizou-se na cidade de Recife o Primeiro Congresso Brasileiro de Regionalismo. Nesse encontro, foi lido o **"Manifesto Regionalista"**, que fazia uma crítica ao cosmopolitismo das grandes cidades e denunciava os hábitos de boa parte da burguesia brasileira de supervalorizar o que era proveniente da cultura europeia e menosprezar aquilo que era nacional.

No "Manifesto Regionalista", Gilberto Freyre expõe um problema ainda hoje presente no país: o atraso e a desorganização política e social de algumas regiões comparados ao desenvolvimento de outras. Afirma Freyre:

> Essa desorganização constante parece resultar principalmente do fato de que as regiões vêm sendo esquecidas pelos estadistas e legisladores brasileiros, uns preocupados com os "direitos dos Estados", outros, com as "necessidades de união nacional", quando a preocupação máxima de todos deveria ser a de articulação inter-regional. Pois de regiões é que o Brasil, sociologicamente, é feito, desde os seus primeiros dias.
>
> FREYRE, Gilberto. In: COSTA, Liduina F. A. da. *O sertão não virou mar*. São Paulo: Annablume, 2005. p. 46.

Na década de 1940, os meios de comunicação de massa estavam disseminados entre a população brasileira nos centros urbanos. A capa acima é de *O Cruzeiro*, de setembro de 1942, uma importante revista brasileira do século XX.

O romance regionalista, fruto da reflexão sobre o nacional, explorou as **contradições** de um Brasil ao mesmo tempo urbano e rural, industrial e artesanal, um Brasil cuja fachada de modernidade escondia traços arcaicos e desigualdades regionais. Seus principais temas foram: o progresso *versus* o atraso, o Nordeste pobre em contraposição ao Sul enriquecido, a valorização da tradição cultural *versus* a adesão aos valores estrangeiros, além da decadência de um modo de vida organizado em torno de uma sociedade patriarcal, do problema da seca e da falência dos engenhos de açúcar e latifúndios.

Repertório

Revista *Clima*

Esta gravura foi preparada para a revista *Clima*, de agosto de 1944. Fundada em 1941, a revista reuniu um grupo que se tornaria importante no cenário intelectual brasileiro, entre eles os críticos Antonio Candido, Décio de Almeida Prado e Paulo Emílio Salles Gomes.

O tema da morte, personificada na imagem do esqueleto, associa-se à Segunda Guerra Mundial, que já tinha feito milhões de vítimas até 1944 e cujas batalhas prosseguiam. A Segunda Guerra terminaria em 1945.

GOELDI, Oswaldo. *Balada da morte*, 1944. Xilogravura, 18,5 cm × 25,7 cm. Coleção particular.

Xilogravura da série *Balada da morte*, de Oswaldo Goeldi (1895-1961).

Ação e cidadania

A seca é um problema antigo no Brasil. A escassez de água no Nordeste acarreta a diminuição da produção agropecuária, gerando uma grave crise social cujas consequências são, muitas vezes, a fome, a miséria, a desnutrição e o êxodo rural, privando as pessoas de sua condição de cidadãs.

O progresso tecnológico trouxe melhorias na produção agrícola ao introduzir técnicas de irrigação em algumas áreas do sertão. Isso demonstra que, com a adoção de uma política mais ampla, que respeite a realidade do sertanejo, dando-lhe condições de trabalho e de permanência na região, é possível minimizar os efeitos da seca e reverter a precária situação em que vive grande parte da população rural nordestina.

A corrente espiritualista

Partindo de influências do Simbolismo, alguns escritores buscaram uma alternativa ao enfoque regionalista e procuraram expressar o embate do ser humano com a realidade por meio de uma escrita intimista, no caso da prosa, e de uma perspectiva espiritual, no caso da poesia.

Augusto Frederico Schmidt (1906-1965), autor do poema a seguir, expressa essa tendência.

Cairei de joelhos

Cairei de joelhos soluçando.
Teu amor distante ficará.
Mortas as flores, sombras doentes.
Teu amor perdido ficará.

Noites sombrias. Ramos tão tristes.
Nuvens no céu lentas passando.
Cairei de joelhos soluçando.
Ventos de leste! Ventos soprando!

Morreu a amada que vai de branco.
Mãos em abandono, risos e choros,
Bêbados loucos, lobos nas matas.

Morreu a amada que vai de branco.
Mãos em abandono, risos e choros,
Bêbados loucos, lobos nas matas.

O Poeta olhando pelas vidraças.
A neve, o frio, pesando enorme a solidão.
A alma da amada passa voando.

SCHMIDT, Augusto Frederico. *Poesia completa*. Rio de Janeiro: Topbooks e Faculdade da Cidade, 1995. p. 169-170.

> **■ Margens do texto**
>
> A descrição do cenário em que se encontra o eu lírico nesse poema se distancia das paisagens típicas dos poemas escritos pelos modernistas da primeira fase. Escolha e comente uma passagem que comprove essa afirmação.

Nesse poema, o tema da morte é desenvolvido em imagens que lembram muito a atmosfera simbolista: as sensações do vento que sopra e do frio que se associa à solidão. O eu lírico é um ser que vive sua dor isoladamente, olhando o mundo "pelas vidraças".

Esse distanciamento do eu lírico, muitas vezes recorrente nos poemas pertencentes à corrente espiritualista, contrasta com a postura participativa pregada pelos modernistas da primeira fase, pelos regionalistas e mesmo por outros poetas do período, como Carlos Drummond de Andrade, que, em importante fase da sua vida, cultivou temas sociais.

O papel da tradição

De certa forma, a segunda fase do Modernismo brasileiro dialogou com as estéticas do final do século XIX.

O romance regionalista de 1930 teve raízes em textos do Romantismo que procuravam **fixar os tipos brasileiros** – em especial a prosa regional de José de Alencar –, passando pelo Naturalismo de Aluísio Azevedo.

Já na corrente espiritualista houve ecos do Simbolismo, pelo uso de **imagens sugestivas** e de **sinestesia** (mescla de sensações).

Porém, a segunda fase modernista não se limitou a essas duas correntes. A poesia de Drummond, por exemplo, as ultrapassa. Isso também ocorreu com a de Murilo Mendes, que une, de modo original, catolicismo, surrealismo e memória. No caso da prosa, uma escrita mais intimista criou as bases para o desenvolvimento posterior de uma narrativa de caráter psicológico.

Uma leitura

O romance *Vidas secas* (1938), de Graciliano Ramos, trata da condição de pobreza de uma família de retirantes do Nordeste. Um aspecto abordado é a dificuldade de comunicação das personagens que, submetidas à carência absoluta, ficam destituídas de habilidades relativas ao convívio social. Leia um trecho do romance e os comentários sobre ele; depois, responda às questões.

> O desentendimento entre Fabiano e o soldado havia começado devido a um jogo de cartas. A prisão motivada por uma rixa pessoal revela uma crítica à maneira abusiva e despreparada com que o Estado, por meio de seus funcionários, conduzia sua relação com as pessoas simples da região.

> A dificuldade de compreender e utilizar a linguagem fragiliza Fabiano diante da injustiça, impedindo que se defenda. Nessa obra, a carência material estende-se à vida afetiva e social.

Vocabulário de apoio

alpercata: sandália que se prende ao pé por tiras de couro ou pano
arreliar-se: aborrecer-se, irritar-se
de supetão: de repente
fazer lombo: curvar-se
forcejar: esforçar-se
jatobá: tipo de árvore
matuto: indivíduo rústico, sem traquejo social
paisano: que não é militar
reiuna: botina usada por soldados
safanão: tapa, empurrão

Vidas secas

[...] A autoridade rondou por ali um instante, desejosa de puxar questão. Não achando pretexto, avizinhou-se e plantou o salto da reiuna em cima da alpercata do vaqueiro.
— Isso não se faz, moço, protestou Fabiano. Estou quieto. Veja que mole e quente é pé de gente.
O outro continuou a pisar com força. Fabiano impacientou-se e xingou a mãe dele. Aí o amarelo apitou, e em poucos minutos o destacamento da cidade rodeava o jatobá.
— Toca pra frente, berrou o cabo.
Fabiano marchou desorientado, entrou na cadeia, ouviu sem compreender uma acusação medonha e não se defendeu.
— Está certo, disse o cabo. Faça lombo, paisano.
Fabiano caiu de joelhos, repetidamente uma lâmina de facão bateu-lhe no peito, outra nas costas. Em seguida abriram uma porta, deram-lhe um safanão que o arremessou para as trevas do cárcere. A chave tilintou na fechadura, e Fabiano ergueu-se atordoado, cambaleou, sentou-se num canto, rosnando:
— Hum! hum!
Por que tinham feito aquilo? Era o que não podia saber. Pessoa de bons costumes, sim senhor, nunca fora preso. De repente um fuzuê sem motivo. Achava-se tão perturbado que nem acreditava naquela desgraça. Tinham-lhe caído todos em cima, de supetão, como uns condenados. Assim um homem não podia resistir.
[...] Havia engano, provavelmente o amarelo o confundira com outro. Não era senão isso.
Então por que um sem-vergonha desordeiro se arrelia, bota-se um cabra na cadeia, dá-se pancada nele? Sabia perfeitamente que era assim, acostumara-se a todas as violências, a todas as injustiças. E aos conhecidos que dormiam no tronco e aguentavam cipó de boi oferecia consolações: "— Tenha paciência. Apanhar do governo não é desfeita." Mas agora rangia os dentes, soprava. Merecia castigo?
— An!
E, por mais que forcejasse, não se convencia de que o soldado amarelo fosse governo. Governo, coisa distante e perfeita, não podia errar. O soldado amarelo estava ali perto, além da grade, era fraco e ruim, jogava na esteira com os matutos e provocava-os depois. O governo não devia consentir tão grande safadeza.

RAMOS, Graciliano. *Vidas secas*. Rio de Janeiro: Record, 2011. p. 31-33.

> **1.** A primeira reação de Fabiano pode ser considerada um desrespeito à autoridade? Por quê?

> O discurso indireto livre permite ao leitor acompanhar o raciocínio de Fabiano e sua compreensão da realidade. É um recurso fundamental para mostrar as limitações comunicativas das personagens da obra.

> **2.** Que visão do Estado ("governo") Fabiano tem? Ela se altera com a experiência vivida?

Ler o Modernismo da segunda fase

Você vai ler um trecho de *Capitães da Areia* (1937), de Jorge Amado. O romance relata as aventuras de um grupo de crianças abandonadas, na cidade de Salvador, lideradas por Pedro Bala.

Capitães da Areia

[...]
A cidade dormiu cedo. A lua ilumina o céu, vem a voz de um negro do mar em frente. Canta a amargura da sua vida desde que a amada se foi. No trapiche as crianças já dormem. [...] A voz do negro parece se dirigir às estrelas, como que há pranto na sua voz cheia. Ele também procura a amada que fugiu na noite da Bahia. Pedro Bala pensa que a estrela que é Dora talvez ande agora correndo sobre as ruas, becos e ladeiras da cidade a procurá-lo. Talvez o pense numa aventura nas ladeiras. Mas hoje não são os Capitães da Areia que estão metidos numa bela aventura. São os condutores de bonde, negros fortes, mulatos risonhos, espanhóis e portugueses, que vieram de terras distantes. São eles que levantam os braços e gritam iguais aos Capitães da Areia. A greve se soltou na cidade. É uma coisa bonita a greve, é a mais bela das aventuras. Pedro Bala tem vontade de entrar na greve, de gritar com toda a força do seu peito, de apartear os discursos. Seu pai fazia discursos numa greve, uma bala o derrubou. Ele tem sangue de grevista. Demais a vida da rua o ensinou a amar a liberdade. A canção daqueles presos dizia que a liberdade é como o sol: o bem maior do mundo. Sabe que os grevistas lutam pela liberdade, por um pouco mais de pão, por um pouco mais de liberdade. É como uma festa aquela luta.

Os vultos que se aproximam o fazem levantar desconfiado. Mas logo reconhece a figura enorme do estivador João de Adão. Junto a ele vem um rapaz bem vestido mas com os cabelos despenteados. Pedro Bala tira o boné, fala pra João de Adão:

— Tu hoje ganhou viva, hein?

João de Adão ri. Distende seus músculos, seu rosto está aberto num sorriso para o chefe dos Capitães da Areia:

— Capitão Pedro, eu quero apresentar a tu o companheiro Alberto.

O rapaz estende a mão para Pedro Bala. O chefe dos Capitães da Areia limpa primeiro sua mão no paletó rasgado, depois aperta a do estudante. João de Adão está explicando:

— É um estudante da Faculdade mas é um companheiro da gente.

Pedro Bala olha sem desconfiança. O estudante sorri:

— Já ouvi falar muito em você e em seu grupo. Você é um batuta...

— A gente é macho, sim — responde Pedro Bala.

AMADO, Jorge. *Capitães da Areia*. São Paulo: Martins, s. d. p. 190-192.

1. Embora o romance discuta problemas sociais e faça fortes críticas, ele tem um tom poético. Identifique e explique uma passagem do primeiro parágrafo em que esse tom apareça.

2. Pedro Bala tem uma visão positiva da greve.
   a) Que relação pessoal ele tem com esse tipo de movimento social?
   b) O que há em comum entre os Capitães da Areia e os grevistas?
   c) Quem são os participantes da greve mencionada no texto?

3. O que João de Adão quis dizer a respeito de Alberto ao apresentá-lo explicando: "— É um estudante da Faculdade mas é um companheiro da gente."?

Vocabulário de apoio

apartear: participar de discursos fazendo comentários

batuta: confiável, valente, camarada

trapiche: armazém junto ao litoral

O que você pensa disto?

No "Manifesto Regionalista" (1926), Gilberto Freyre expõe um problema ainda hoje presente no país: o atraso e a desorganização política e social de algumas regiões comparados ao desenvolvimento de outras. Afirma Freyre:

"Essa desorganização constante parece resultar principalmente do fato de que as regiões vêm sendo esquecidas pelos estadistas e legisladores brasileiros, uns preocupados com os 'direitos dos Estados', outros, com as 'necessidades de união nacional', quando a preocupação máxima de todos deveria ser a de articulação inter-regional. Pois de regiões é que o Brasil, sociologicamente, é feito, desde os seus primeiros dias."

FREYRE, Gilberto. In: COSTA, Liduina F. A. da. *O sertão não virou mar*. São Paulo: Annablume, 2005. p. 46.

- É correto afirmar, como pensava Gilberto Freyre, que o único modo de ser nacional no Brasil é antes ser regional? Comente.

CAPÍTULO 44

O Nordeste revisitado

O que você vai estudar

- Rachel de Queiroz: o drama da seca.
- Jorge Amado: a Bahia em cena.
- José Lins do Rego: engenhos, coronéis e cangaceiros.
- Graciliano Ramos: a linguagem exata.

Uma das fortes tendências da segunda fase da literatura modernista veio do Nordeste e do grupo de escritores cuja produção é conhecida como "Romance de 30". Mesclando as propostas do Modernismo ao regionalismo surgido no período romântico e às concepções realistas do final do século XIX, essa geração de ficcionistas nordestinos trabalhou a identidade nacional com base na observação da vida interiorana. Questões sociais, políticas e econômicas, além da presença marcante de episódios históricos, surgiram nas obras dos quatro escritores mais importantes dessa geração: Rachel de Queiroz, Jorge Amado, José Lins do Rego e Graciliano Ramos.

❯ Rachel de Queiroz: a seca e suas desgraças

Rachel de Queiroz em Quixadá (CE), cidade onde morou durante parte de sua vida. Fotografia de 1998.

Rachel de Queiroz (1910-2003) exerceu profissionalmente a atividade de jornalista. Escreveu reportagens e crônicas para jornais importantes do Brasil durante toda a vida, mas sua literatura é feita quase **exclusivamente de romances**. Nesse gênero, a obra mais importante e conhecida é seu livro de estreia, *O quinze*, publicado em 1930.

O quinze narra as histórias intercruzadas de dois núcleos de personagens. A narrativa do primeiro núcleo gira em torno do amor fracassado entre Vicente, vaqueiro e criador de gado, e sua prima Conceição, professora da cidade, culta e com tendência feminista. A história do segundo núcleo trata da vida miserável e decadente de Chico Bento e sua família, devastados em consequência da seca de 1915.

A parte mais importante da obra refere-se ao segundo núcleo. A descrição dos inúmeros problemas da família de Chico Bento – as dificuldades financeiras, a fome, a morte de um filho, a fuga de outro, os "campos de concentração" de retirantes em Fortaleza – compõe o retrato realista de um contexto regional e suas trágicas implicações socioeconômicas.

Rachel de Queiroz associa a narração de um drama coletivo ao registro dos traços psicológicos das personagens, por meio de uma linguagem simples e direta, próxima da difícil situação que deseja representar e do que seria uma fala mais "brasileira", segundo relato da própria autora.

Sua leitura

Você lerá um trecho de *O quinze*. A passagem narra a chegada de Chico Bento, sua esposa Cordulina e os filhos do casal ao "campo de concentração" em Fortaleza, que acolhia retirantes. Nele trabalhava a personagem Conceição, moradora da cidade e madrinha de Manuel (Duquinha), o filho caçula de Chico Bento e Cordulina.

O quinze

Foi Conceição quem os descobriu, sentados pensativamente debaixo do Cajueiro: Chico Bento com os braços cruzados, e o olhar vago, Cordulina de cócoras segurando um filho, e um outro menino mastigando uma folha, deixando escorrer-lhe pelo canto da boca um fio de saliva esverdeada.

[...]

Afinal ali estavam. Foi realmente com dificuldade que os identificou, apesar de seus olhos já se terem habituado a reconhecer as criaturas através da máscara costumeira com que as disfarçava a miséria.

E marchou para eles, com o coração estalando de pena, lembrando-se da última vez em que os vira, num passeio às Aroeiras feito em companhia do pessoal de Dona Idalina: Chico Bento, chegando do campo, todo encourado, e Cordulina muito gorda, muito pesada, servindo café às visitas em tigelinhas de louça.

Por sinal, nesse dia, Cordulina pedira a Conceição e a Vicente que aceitassem ser padrinhos da criança que estava por nascer.

Conceição, porém, nunca vira o afilhado. Já estava na cidade, ao tempo do batizado.

E lembrara-se de ter achado graça ao ver, na procuração que enviara, seu nome junto ao de Vicente, num papel sério, eclesiástico, em que eles se tratavam mutuamente por nós, bem expresso na fórmula final: "reservando para nós o parentesco espiritual"... Conceição gostara daquele nós de bom agouro, que simbolizava suas mãos juntas, unidas, colocadas protetoramente, pela autoridade da Igreja, sobre a cabeça do neófito...

Enfim, ali estavam.

E a criança que outro tempo trazia Cordulina tão gorda, era de certo aquela que lhe pendia do colo, e que agora a trazia tão magra, tão magra que nem uma visagem, que nem a morte, que só talvez um esqueleto fosse tão magro...

[...]

A moça dirigiu-se a Cordulina.

— E você, comadre, como vai? Tão fraquinha, hein?

A mulher respondeu tristemente:

— Ai, minha comadre, eu sei lá como vou!... Parece que ainda estou viva...

— É este, o meu afilhado?

Mas Conceição, que tivera a intenção de o tomar ao colo, recuou ante a asquerosa imundície da criança, contentando-se em lhe pegar a mão — uma pequenina garra seca, encascada, encolhida...

QUEIROZ, Rachel de. *O quinze*. São Paulo: Siciliano, 1993. p. 88-89.

Vocabulário de apoio

agouro: presságio; previsão do futuro

comadre: termo pelo qual a madrinha de um indivíduo batizado e a mãe dele se referem uma à outra

eclesiástico: relativo à Igreja

encascado: endurecido

encourado: vestido com roupa de couro

neófito: pessoa que vai ser batizada

procuração: documento legal que confere a uma pessoa o poder de agir em nome de outra

visagem: aparição, fantasma

Sobre o texto

1. Como as personagens retirantes são caracterizadas nesse trecho?

2. Embora as personagens Cordulina e Conceição tenham a mesma origem sertaneja e sejam comadres, há um contraste entre elas.
   a) Qual é esse contraste?
   b) Explique a causa dele, considerando o lugar em que cada uma vive.

3. O narrador acompanha o olhar de Conceição durante a cena.
   a) Indique uma passagem em que ele parece adentrar o pensamento dessa personagem e revelar um desejo velado de Conceição.
   b) Explique que desejo seria esse.

Jorge Amado: a Bahia como protagonista

Jorge Amado (1912-2001) é um dos autores mais lidos de nossa literatura. A considerável venda de suas obras, dentro e fora do país, permitiu ao escritor algo raro entre os artistas nacionais: viver dos rendimentos da sua produção. Criticado por alguns especialistas, que consideravam sua obra repetitiva, dizia: "Sou incapaz de escrever sobre aquilo que não vivi". Essa afirmação do escritor é reveladora de características significativas de sua literatura: o **engajamento social** e o **registro de costumes da vida baiana**.

Os primeiros romances de Jorge Amado, das décadas de 1930 e 1940, são marcados pela denúncia da miséria e da exploração sofrida pelas classes marginalizadas da sociedade baiana. Em suas narrativas, passadas entre a cidade e a zona rural, aparecem, com maior frequência, trabalhadores do porto e das fazendas de cacau, prostitutas, negros e meninos de rua, por quem o narrador manifesta um sentimento de solidariedade e aos quais lança um olhar lírico.

Para alguns críticos, a adesão de Jorge Amado aos ideais comunistas confere às narrativas desse período também uma dimensão "panfletária", devido ao radicalismo com que esses ideais perpassam o tema social. O autor opta por reduzir suas personagens aos papéis que desempenham na sociedade, inserindo-as em uma luta de classes maniqueísta, em que os explorados (os bons) enfrentam os exploradores (os maus).

São suas obras mais conhecidas dessa fase: *Cacau* (1933), *Mar morto* (1936), *Capitães da Areia* (1937) e *Terras do sem-fim* (1943).

Homenagem a Jorge Amado no Bar e Restaurante Vesúvio, em Ilhéus (BA). O local teria inspirado o romance *Gabriela, cravo e canela*. Fotografia de 2007.

Registro de costumes da sociedade baiana

A segunda fase da obra de Jorge Amado, a partir de *Gabriela, cravo e canela* (1958), corresponde aos romances em que ele faz o retrato dos costumes de sua terra (Bahia) e de personagens típicas desse estado. O tratamento dado aos dramas das personagens muda, deixando de ser simples exemplo das relações de opressão a que o ser humano humilde é submetido (e que o autor deseja denunciar). Torna-se, portanto, um registro regionalista, sensual, lírico e eventualmente bem-humorado do cotidiano do lugar, com uma representação apaixonada dessa cultura e seu modo de vida.

Os romances mais conhecidos desse período são também os mais célebres de toda a obra de Jorge Amado: além de *Gabriela,* há *Dona Flor e seus dois maridos* (1966) e *Tieta do agreste* (1977).

Apesar da **enorme popularidade** da obra do escritor, ela não é vista com tanta simpatia por uma parte da crítica, que avalia como demasiado simples seu trabalho com a linguagem, assim como considera superficial o tratamento dado ao drama das personagens e às questões sociais, reduzidas a reflexões esquemáticas e panfletárias.

Os críticos, no entanto, reconhecem sua habilidade como um contador de histórias envolventes, capazes de entreter o leitor.

A cultura tradicional da Bahia, presente nesta tela, é tema constante na obra de Jorge Amado.
MOTTA E SILVA, Djanira. *Três orixás*, 1966. Óleo sobre tela, 129 cm × 193 cm. Pinacoteca do Estado de São Paulo, São Paulo.

Sua leitura

Você vai ler um trecho extraído do final do romance *Gabriela, cravo e canela*, obra que marca a transição entre dois momentos da produção de Jorge Amado: da fase socialmente engajada dos primeiros livros para os romances de costumes de sua literatura da maturidade.

Do navio sueco com sereia de amor

[...]

No dia seguinte, depois do almoço, os marinheiros tiveram novamente folga, espalharam-se pelas ruas. "Como gostavam da cachaça ilheense!", comprovavam com orgulho os grapiúnas. Vendiam cigarros estrangeiros, peças de fazenda, frascos de perfume, bugigangas douradas. Gastavam o dinheiro em cachaça, enfiavam-se nas casas de mulheres-dama, caíam bêbados na rua.

Foi depois da sesta. Antes da hora do aperitivo da tarde, naquele tempo vazio entre as três e as quatro e meia. Quando Nacib aproveitava para fazer as contas da caixa, separar o dinheiro, calcular os lucros. Foi quando Gabriela, terminado o serviço, partia para casa. O marinheiro sueco, loiro de quase dois metros, entrou no bar, soltou um bafo pesado de álcool na cara de Nacib e apontou com o dedo as garrafas de "Cana de Ilhéus". Um olhar suplicante, umas palavras em língua impossível. Já cumprira Nacib, na véspera, seu dever de cidadão, servira cachaça de graça aos marinheiros. Passou o dedo indicador no polegar, a perguntar pelo dinheiro. Vasculhou os bolsos o loiro sueco, nem sinal de dinheiro. Mas descobriu um broche engraçado, uma sereia dourada. No balcão colocou a nórdica mãe d'água, Iemanjá de Estocolmo. Os olhos do árabe fitavam Gabriela dobrar a esquina por detrás da Igreja. Mirou a sereia, seu rabo de peixe. Assim era a anca de Gabriela. Mulher tão de fogo no mundo não havia, com aquele calor, aquela ternura, aqueles suspiros, aquele langor. Quanto mais dormia com ela, mais tinha vontade. Parecia feita de canto e dança, de sol e luar, era de cravo e canela. Nunca mais lhe dera um presente, uma tolice de feira. Tomou da garrafa da cachaça, encheu um copo grosso de vidro, o marinheiro suspendeu o braço, saudou em sueco, emborcou dois tragos, cuspiu. Nacib guardou no bolso a sereia dourada, sorrindo. Gabriela riria contente, diria a gemer: "precisava não, moço bonito..."

E aqui termina a história de Nacib e Gabriela quando renasce a chama do amor de uma brasa dormida nas cinzas do peito.

AMADO, Jorge. *Gabriela, cravo e canela*. 53. ed. Rio de Janeiro: Record, 1977. p. 357.

Vocabulário de apoio

anca: quadril
emborcar: beber
fazenda: tecido
grapiúna: habitante do litoral
Iemanjá: no candomblé, entidade das águas
langor: sensualidade
mãe d'água: na mitologia indígena, divindade das águas; um dos nomes de Iemanjá
mulher-dama: prostituta
nórdico: relativo aos países do Norte da Europa (Dinamarca, Finlândia, Islândia, Noruega e Suécia)
sesta: repouso após o almoço

Sobre o texto

1. A crônica de costumes é uma das maneiras pelas quais se manifesta o regionalismo na obra de Jorge Amado. Quais elementos presentes no texto podem ser identificados como hábitos e costumes locais?

2. Na obra, Nacib mantém um relacionamento amoroso com Gabriela, a protagonista. Qual é a origem e a ocupação de Nacib? Cite passagens do texto que justifiquem sua resposta.

3. Jorge Amado foi um grande defensor da importância da Bahia para a cultura do nosso país, por considerá-la o local em que se iniciou a miscigenação de raças, determinante para a composição do povo brasileiro. De que maneira a obra *Gabriela, cravo e canela* representa esse aspecto?

4. Como a expressão "Iemanjá de Estocolmo", usada pelo narrador para se referir ao broche de sereia do marinheiro sueco, simboliza a miscigenação comentada na questão anterior?

5. Releia este trecho:

> "Parecia feita de canto e dança, de sol e luar, era de cravo e canela."

Essa frase contém a expressão "cravo e canela", que dá título ao livro. Que características de Gabriela o narrador destaca na frase?

José Lins do Rego: a memória dos canaviais

José Lins do Rego (1901-1957) realizou em sua ficção um duplo resgate histórico: tanto de sua própria biografia quanto da história das fazendas de cana-de-açúcar dos estados da Paraíba e de Pernambuco, de meados do século XIX até o início do século XX. Empregou uma linguagem fluente, marcada pela oralidade, para articular memórias da região canavieira, pesquisa histórica, imaginação e personagens marcantes.

O próprio escritor foi o responsável pela divisão mais conhecida de sua obra em fases, ou em ciclos, que correspondem também aos movimentos sociais dos contextos observados:

- **Ciclo da cana-de-açúcar**, abrangendo os romances *Menino de engenho* (1932), *Doidinho* (1933), *Banguê* (1934), *O moleque Ricardo* (1935), *Usina* (1936) e *Fogo morto* (1943);
- **Ciclo do cangaço e do misticismo**, com os romances *Pedra bonita* (1938) e *Cangaceiros* (1953);
- **Romances independentes**, com *Pureza* (1937), *Riacho doce* (1939), *Água-mãe* (1941) e *Eurídice* (1947).

O ciclo da cana é sem dúvida a fase mais importante de sua obra, e o romance *Fogo morto*, seu ponto mais alto, representando a maturidade de José Lins do Rego. Ultrapassa o memorialismo saudosista dos livros anteriores para compor o retrato social e humano de um sistema em degradação, motivada pela substituição da ancestral estrutura latifundiária e patriarcal pelas modernas usinas de cana-de-açúcar, na virada do século XIX para o século XX.

Nordeste decadente

Fogo morto retrata a ascensão e decadência de um engenho de açúcar (a expressão *fogo morto* refere-se ao encerramento da operação de um engenho de cana). A obra está dividida em três partes, cada qual correspondendo a uma das três personagens mais importantes do enredo: José Amaro, o trabalhador independente e revoltado com a subordinação que lhe é imposta pelo coronelismo; Capitão Vitorino, versão nacional de Dom Quixote (personagem criada pelo escritor espanhol Miguel de Cervantes), figura idealista, que luta atrapalhadamente em defesa dos oprimidos; e Coronel Lula de Holanda, o patriarca prepotente, dono do Engenho Santa Fé.

A patente de coronel, como a de Lula de Holanda, não identificava, no Nordeste, um militar de carreira. Os fazendeiros, na verdade, compravam essa patente como forma de se distinguir social e politicamente. Exercem, inclusive, o papel de agentes eleitorais do poder central, coagindo seus empregados a votar nos candidatos oficiais.

Contudo, com a perda da importância econômica dos engenhos, seus proprietários também entraram em decadência. *Fogo morto* acompanha a queda do Coronel Lula e o esforço de sua família para manter a aparência de superioridade de outros tempos. Mas uma força desestabilizadora contribui para evidenciar a inevitável decadência: os cangaceiros. Em certo momento, eles invadem o engenho do coronel e ali acampam.

Maria Bonita e Lampião formam o casal mais famoso do cangaço, movimento originado no Nordeste brasileiro em meados do século XIX com duração até o início do século XX. O cangaço caracterizou-se por ações violentas, como assaltos a fazendas, sequestros de coronéis e saques a comboios e armazéns.

> A família do Santa Fé não ia mais à missa aos domingos. A princípio correra que era doença no velho. Depois inventaram que o carro não podia mais rodar, de podre que estava. Os cavalos não aguentavam mais com o peso do corpo. [...] a tristeza e o desânimo haviam tomado conta até de D. Amélia. Não tinha coragem de sair de casa com aquela afronta, ali a dois passos, com um morador atrevido sem levar em conta as ordens do senhor de engenho. Todos na várzea se acovardavam com as ordens do cangaceiro. O governo mandava tropa que maltratava o povo, e a força do bandido não se abalava.
>
> REGO, José Lins do. Fogo morto. In: *Ficção completa*. Rio de Janeiro: Nova Aguilar, 1976. p. 694.

Pela força das armas, os cangaceiros confrontavam não apenas o poder econômico dos fazendeiros, como também o poder político do governo, resistindo às tentativas de captura e prisão.

ABRAHÃO, Benjamin. *Maria Bonita e Lampião*, 1936. Fotografia. Acervo AbaFilm, Fortaleza.

Sua leitura

Leia a seguir um trecho do livro *Fogo morto*. Nesta passagem, o dono do engenho, Coronel Lula de Holanda, em franca decadência, é atacado pelo bando de cangaceiros de Antônio Silvino por sugestão de José Amaro, que fora demitido pelo coronel. O Capitão Vitorino surge em defesa de Seu Lula.

Fogo morto

[...] Foi acender o candeeiro da sala de jantar. E quando trepou na cadeira para cortar o pavio viu na porta de frente uns homens parados na calçada. Acendeu a luz e saiu para saber o que era aquilo. Ouviu então o grito de Floripes, um grito de desespero. Seu Lula levantou-se para ver o que era.

— O que é isto, hein? O que é isto, hein?

Uma voz forte respondeu lá de fora:

— Não é nada, Coronel. O negro está assombrado.

Era o Capitão Antônio Silvino no Santa Fé. Os cangaceiros cercaram a casa e o negro Floripes, amarrado, chorava de medo.

[...]

— Coronel, como eu disse, estou em boa paz. Não ando matando e esfolando como os mata-cachorros. Agora quero também que me ajude. Eu mandei uma carta ao senhor para lhe pedir proteção para um morador seu. Vejo que o senhor deixou o homem onde estava! Nele não se bole. Homem que merece a minha proteção, eu protejo mesmo. Protejo na ponta do punhal, na boca do rifle. Isto, felizmente, o Coronel sabe.

[...]

Seu Lula, abatido, olhava para o capitão como se quisesse dizer alguma coisa e não atinasse:

— Capitão, nada tenho.

— Eu sei que tem. Ouro há nesta casa. Eu até quero sair daqui amigo de todos. Lá em Vitória tinha um senhor de engenho com botija, e eu dei um jeito que fez gosto. O bicho, na primeira cipoada, contou tudo.

[...]

Levaram Seu Lula que começou a tremer, os olhos vidrados. O cangaceiro soltou-o, e o corpo do Coronel estendeu-se no chão, batendo com uma fúria desesperada. Os cangaceiros cercaram para ver o ataque. D. Amélia abraçou-se com o marido. Durava o acesso. Os homens ficaram um instante sérios. Depois o chefe deu as ordens.

— Vamos cascavilhar tudo isso.

Estendido no marquesão, o senhor do engenho arquejava. A mulher perto dele chorava, enquanto os cabras já estavam no quarto rebulindo em tudo. Foi quando se ouviu um grito que vinha de fora. Apareceu o velho Vitorino, acompanhado de um cangaceiro:

— Capitão, este velho apareceu na estrada, dizendo que queria falar com o senhor.

— Quem é você, velho?

— Vitorino Carneiro da Cunha, um criado às ordens.

— E o que quer de mim?

— Que respeite os homens de bem.

[...]

— Para com isto, senão te mando dar um ensino, velho besta.

— Tenho nome. Sou inimigo político do Coronel Lula, mas estou com ele.

— Está com ele? Pega este velho, Cobra Verde.

Vitorino fez sinal de puxar o punhal, encostou-se na parede e gritou para o cangaceiro:

— Venha devagar.

Uma coronhada de rifle na cabeça botou-o no chão, como um fardo.

REGO, José Lins do. *Ficção completa*. Rio de Janeiro: Nova Aguilar, 1976. p. 694-700.

Vocabulário de apoio

arquejar: respirar com dificuldade
atinar: descobrir, perceber
botija: tesouro enterrado
bulir: mexer, provocar, irritar
cabra: capanga
candeeiro: espécie de lampião
cascavilhar: remexer, procurar
cipoada: chicotada com cipó
coronhada: golpe dado com a coronha, parte da arma usada para empunhá-la
marquesão: espécie de poltrona
mata-cachorro: soldado de polícia
rebulir: mexer, revirar
vidrado: diz-se de olhos fixos e sem vida

Sobre o texto

1. De que forma o texto torna visível a decadência do engenho Santa Fé e de seu proprietário?

2. O idealismo do Capitão Vitorino frequentemente o leva a ser comparado pela crítica à figura de Dom Quixote, cavaleiro franzino que fantasiava protagonizar grandes aventuras. Explique que características de Vitorino, perceptíveis na passagem lida, podem aproximá-lo da personagem criada por Miguel de Cervantes.

3. A presença do discurso direto é uma característica marcante dos romances de José Lins do Rego. De que maneira o uso desse tipo de discurso contribui para a construção do caráter regionalista de sua obra? Explique com base no trecho lido.

Graciliano Ramos: a escrita medida

A paisagem nordestina também está presente na ficção de Graciliano Ramos (1892-1953). Na obra desse escritor, no entanto, ela importa menos do que a representação de um **indivíduo em conflito** com a natureza, com a sociedade e consigo mesmo.

Os quatro primeiros livros publicados por Graciliano compõem o conjunto mais importante de sua produção literária. São os romances *Caetés* (1933), *São Bernardo* (1934), *Angústia* (1935) e *Vidas secas* (1938).

Caetés

João Valério é um jovem pobre e com ambições literárias. Julga-se intelectualmente superior ao meio social de Palmeira dos Índios, cidadezinha do interior alagoano onde trabalha em um escritório de contabilidade.

Tipo de personagem muito frequente no romance francês do século XIX, ele se mostra, aparentemente, uma pessoa talentosa e desajustada em um meio medíocre. O leitor, porém, deve atentar para o fato de que João Valério é também o narrador da história, que "vende" essa imagem de si mesmo, como no trecho a seguir, em que se compara com D. Engrácia, uma viúva rica da cidade.

GOMIDE, Antonio. *Caçadores*, c. 1928. Óleo sobre tela, 70 cm × 70 cm. Coleção particular.

A temática indígena é frequente na obra do pintor modernista Antonio Gomide. No livro *Caetés*, a mesma temática aparece incidentalmente: o narrador se propõe a escrever um livro sobre a tribo indígena dos caetés, mas não chega a concluí-lo.

> Ora ali estava aquela viúva antipática, podre de rica, morando numa casa grande como um convento, só se ocupando em ouvir missa, comungar e rezar o terço, aumentando a fortuna com avareza para a filha de Nicolau Varejão. E eu, em mangas de camisa, a estragar-me no escritório do Teixeira, eu, moço, que sabia metrificação, vantajosa prenda, colaborava na *Semana* de padre Atanásio e tinha um romance começado na gaveta.
>
> RAMOS, Graciliano. *Caetés*. 31. ed. Rio de Janeiro: Record, 2006. p. 14.

Vocabulário de apoio

avareza: apego excessivo ao dinheiro, com preocupação em acumulá-lo
em mangas de camisa: só de camisa, sem paletó (uma pessoa nessa condição era considerada malvestida)
laia: classe, espécie
metrificação: composição de poemas com estrutura fixa (número de versos nas estrofes e de sílabas poéticas nos versos)
prenda: habilidade, qualidade

A evolução do enredo evidencia que João Valério vê na literatura apenas um meio de se valorizar socialmente; na verdade, não tem nenhum interesse autêntico por ela. Assim que ascende socialmente, abandona as ambições literárias.

São Bernardo

Neste romance, o narrador-personagem Paulo Honório, aos 50 anos, decide escrever a história da própria vida. De origem pobre, ele se concentra nos episódios que o levaram a se tornar proprietário da fazenda São Bernardo. As demais personagens só aparecem na medida em que se revela sua função utilitária no processo de aquisição da fazenda. O utilitarismo é também o critério dominante para que Paulo Honório busque uma esposa.

> Amanheci um dia pensando em casar. Foi uma ideia que me veio sem que nenhum rabo de saia a provocasse. Não me ocupo com amores, devem ter notado, e sempre me pareceu que mulher é um bicho esquisito, difícil de governar.
> A que eu conhecia era a Rosa do Marciano, muito ordinária. Havia também conhecido a Germana e outras dessa laia. Por elas eu julgava todas. Não me sentia, pois, inclinado por nenhuma: o que sentia era desejo de preparar um herdeiro para São Bernardo.
>
> RAMOS, Graciliano. *São Bernardo*. 81. ed. Rio de Janeiro: Record, 2005. p. 66.

Para obter a fazenda, o utilitarismo funciona: Paulo Honório passa por cima de quem atrapalha seu propósito. Mas dará errado com Madalena, a mulher com quem vem a se casar. Apesar da aparência frágil, ela não se deixa dominar, o que desestabiliza a personalidade impositiva de Paulo Honório.

> ## *Angústia*

Luís da Silva, protagonista e narrador de *Angústia*, passou a infância em uma cidade pequena, onde o avô fazendeiro tinha poder e influência. Na idade adulta, torna-se um modesto funcionário público em Maceió, sentindo-se totalmente deslocado na cidade grande, à qual só se integra como observador solitário. Apaixona-se por Marina, sua vizinha, mas esta dá preferência a Julião Tavares, jovem endinheirado da sociedade alagoense. Leia, a seguir, um trecho em que o narrador descreve Julião e sua família.

> Conversa vai, conversa vem, fiquei sabendo por alto a vida, o nome e as intenções do homem. Família rica. Tavares & Cia., negociantes de secos e molhados, donos de prédios, membros influentes da Associação Comercial, eram uns ratos. Quando eu passava pela rua do Comércio, via-os por detrás do balcão, dois sujeitos papudos, carrancudos, vestidos de linho pardo e absolutamente iguais. Esse Julião, literato e bacharel, filho de um deles, tinha os dentes miúdos, afiados, e devia ser um rato, como o pai. [...]
>
> RAMOS, Graciliano. *Angústia*. 56. ed. Rio de Janeiro: Record, 2003. p. 53.

Filtrados pelo olhar de Luís da Silva, os fatos são apresentados ao leitor de modo confuso, em uma linguagem que, em alguns momentos, parece excessiva se comparada à de *São Bernardo*. Alguns críticos viram nessa linguagem um defeito de estilo, mas outros a entenderam como uma estratégia premeditada de Graciliano: a linguagem de Luís da Silva não poderia ser seca, precisa e concisa como a de Paulo Honório. Este mantém o controle da situação quase o tempo todo, ao passo que Luís da Silva é atropelado por uma ordem social muito diferente daquela que conheceu na infância e que lhe parece a ideal. Ele perde tão completamente o controle emocional que decide assassinar Julião Tavares.

> ## *Vidas secas*

Inicialmente, o livro *Vidas secas* não chegou ao público em formato de romance. Três capítulos foram publicados separadamente na imprensa, como se fossem contos autônomos – circunstância que levou alguns críticos a considerarem o livro um "romance desmontável". Eles argumentavam que os capítulos eram independentes uns dos outros; todavia, essa visão não se sustenta. O primeiro deles, "Mudança", por exemplo, narra a passagem de um período de seca para um de chuva, exatamente o oposto de "Fuga", o último capítulo. Sugere-se, assim, uma relação de circularidade na obra, fundamental para abordar o tema da migração.

Único romance de Graciliano narrado em terceira pessoa, nele são raros os diálogos entre as personagens. O narrador frequentemente lança mão do discurso indireto livre, permitindo ao leitor adentrar a psicologia das personagens – Fabiano, sua esposa sinha Vitória, seus dois filhos e até mesmo a cachorra Baleia. O leitor percebe, graças a esse recurso, que a seca não é a única tragédia na vida dessas pessoas. Há também a impossibilidade de elas compreenderem as relações sociais no meio em que vivem e de empregarem uma linguagem articulada para se expressar.

É importante destacar que, embora a seca obrigue as personagens a buscar outro lugar para viver no início e no final da narrativa, na maior parte do tempo as condições climáticas são favoráveis, o que desloca para o plano socioeconômico a causa da miséria das famílias rurais nordestinas. É no contexto de exploração dos trabalhadores, de opressão do Estado e de ausência de uma política de educação – e não no fatalismo das condições naturais – que deve ser compreendida a crítica presente em *Vidas secas*.

Vocabulário de apoio

bacharel: indivíduo que concluiu curso universitário

literato: que tem extenso conhecimento literário

secos e molhados: produtos alimentícios sólidos (feijão, milho, etc.) e líquidos (azeite, leite, etc.)

Margens do texto

Luís da Silva, o narrador, caracteriza seu rival, Julião Tavares, e a família deste como "ratos". Que traço da personalidade de Luís da Silva se pode perceber na caracterização que ele faz? Explique.

Repertório

Graciliano Ramos e a política

Embora as obras de Graciliano Ramos não se caracterizem por panfletarismo ideológico, como alguns consideram ocorrer com os primeiros romances de Jorge Amado, a vida do primeiro esteve bastante ligada à política.

Entre os anos de 1927 e 1930, Graciliano foi prefeito de Palmeira dos Índios, pequena cidade do interior de Alagoas. Em 1936, durante o governo de Getúlio Vargas, foi preso em Maceió, tendo sido considerado comunista. Levado para o Rio de Janeiro, onde cumpriu pena, foi libertado em 1937. Seu livro autobiográfico *Memórias do cárcere* registra lembranças desse período.

De fato, Graciliano simpatizava com o comunismo, mas só veio a filiar-se ao Partido Comunista Brasileiro (PCB) em 1945, realizando depois uma viagem pela Europa Oriental, a fim de conhecer os países socialistas.

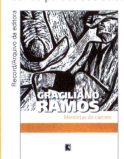

Capa do livro *Memórias do cárcere*.

Sua leitura

Nesta seção, você vai ler duas passagens de *São Bernardo* (texto 1 e texto 2), com reflexões de Paulo Honório sobre a vida que levou. Em seguida, vai ler um trecho do penúltimo capítulo de *Vidas secas* (texto 3), em que Fabiano medita sobre um comentário da esposa, sinha Vitória.

Texto 1

> O caboclo mal-encarado que encontrei um dia em casa do Mendonça também se acabou em desgraça. Uma limpeza. Essa gente quase nunca morre direito. Uns são levados pela cobra, outros pela cachaça, outros matam-se.
>
> Na pedreira perdi um. A alavanca soltou-se da pedra, bateu-lhe no peito, e foi a conta. Deixou viúva e órfãos miúdos. Sumiram-se: um dos meninos caiu no fogo, as lombrigas comeram o segundo, o último teve angina e a mulher enforcou-se.
>
> Para diminuir a mortalidade e aumentar a produção, proibi a aguardente.
>
> [...]
>
> Aqui existe um salto de cinco anos, e em cinco anos o mundo dá um bando de voltas.
>
> Ninguém imaginará que, topando os obstáculos mencionados, eu haja procedido invariavelmente com segurança e percorrido, sem me deter, caminhos certos. Não senhor, não procedi nem percorri. Tive abatimentos, desejo de recuar; contornei dificuldades: muitas curvas. Acham que andei mal? A verdade é que nunca soube quais foram os meus atos bons e quais foram os maus. Fiz coisas boas que me trouxeram prejuízo; fiz coisas ruins que deram lucro. E como sempre tive a intenção de possuir as terras de S. Bernardo, considerei legítimas as ações que me levaram a obtê-las.
>
> RAMOS, Graciliano. *São Bernardo*. 81. ed. Rio de Janeiro: Record, 2005. p. 47-48.

Vocabulário de apoio

angina: inflamação aguda na garganta ou na faringe que dificulta a deglutição e/ou respiração

calejar: tornar-se insensível, endurecer

embotado: enfraquecido

S. Pedro: referência ao dia de São Pedro, comemorado em 29 de junho

semovente: que se move por si próprio (referência a gado)

Texto 2

> O que estou é velho. Cinquenta anos pelo S. Pedro. Cinquenta anos perdidos, cinquenta anos gastos sem objetivo, a maltratar-me e a maltratar os outros. O resultado é que endureci, calejei, e não é um arranhão que penetra esta casca espessa e vem ferir cá dentro a sensibilidade embotada.
>
> Cinquenta anos! Quantas horas inúteis! [...]
>
> Coloquei-me acima da minha classe, creio que me elevei bastante. [...] Considerando, porém, que os enfeites do meu espírito se reduzem a farrapos de conhecimentos apanhados sem escolha e mal cosidos, devo confessar que a superioridade que me envaidece é bem mesquinha. [...]
>
> Quanto às vantagens restantes — casas, terras, móveis, semoventes, consideração de políticos, etc. — é preciso convir em que tudo está fora de mim.
>
> Julgo que me desnorteei numa errada. [...]
>
> Madalena entrou aqui cheia de bons sentimentos e bons propósitos. Os sentimentos e os propósitos esbarraram com a minha brutalidade e o meu egoísmo.
>
> Creio que nem sempre fui egoísta e brutal. A profissão é que me deu qualidades tão ruins.
>
> E a desconfiança terrível que me aponta inimigos em toda a parte!
>
> A desconfiança é também consequência da profissão.
>
> Foi este modo de vida que me inutilizou. Sou um aleijado. Devo ter um coração miúdo, lacunas no cérebro, nervos diferentes dos nervos dos outros homens. E um nariz enorme, uma boca enorme, dedos enormes.
>
> RAMOS, Graciliano. *São Bernardo*. 81. ed. Rio de Janeiro: Record, 2005. p. 216-221.

Sobre os textos

1. No texto 1, o narrador relata a morte de um empregado da fazenda e informa a providência que tomou para diminuir a mortalidade entre seus funcionários. Analise o motivo da morte e comente se a providência adotada pode ser eficaz para o propósito de Paulo Honório.

2. No texto 2, o narrador faz uma espécie de confissão: reconhece seus defeitos, mas não se responsabiliza por eles. Que argumento ele usa para fugir da responsabilidade?

3. Ainda no texto 2, Paulo Honório revê o sentido do seu esforço para comprar São Bernardo. Compare esse trecho ao texto 1 quanto às considerações feitas sobre esse esforço.

Texto 3

O mundo coberto de penas

O mulungu do bebedouro cobria-se de arribações. Mau sinal, provavelmente o sertão ia pegar fogo. Vinham em bandos, arranchavam-se nas árvores da beira do rio, descansavam, bebiam e, como em redor não havia comida, seguiam viagem para o sul. O casal agoniado sonhava desgraças. O sol chupava os poços, e aquelas excomungadas levavam o resto da água, queriam matar o gado.
[...]
Como era que sinha Vitória tinha dito? A frase dela tornou ao espírito de Fabiano e logo a significação apareceu. As arribações bebiam a água. Bem. O gado curtia sede e morria. Muito bem. As arribações matavam o gado. Estava certo. Matutando, a gente via que era assim, mas sinha Vitória largava tiradas embaraçosas. Agora Fabiano percebia o que ela queria dizer. Esqueceu a infelicidade próxima, riu-se encantado com a esperteza de sinha Vitória. Uma pessoa como aquela valia ouro. Tinha ideias, sim senhor, tinha muita coisa no miolo. Nas situações difíceis encontrava saída. Então! Descobrir que as arribações matavam o gado! E matavam. Àquela hora o mulungu do bebedouro, sem folhas e sem flores, uma barrancharia pelada, enfeitava-se de penas.
[...]
Alargou o passo, desceu a ladeira, pisou a terra de aluvião, aproximou-se do bebedouro. Havia um bater doido de asas por cima da poça de água preta, a garrancheira do mulungu estava completamente invisível. Pestes. Quando elas desciam do sertão, acabava-se tudo. O gado ia finar-se, até os espinhos secariam.
Suspirou. Que havia de fazer? Fugir de novo, aboletar-se noutro lugar, recomeçar a vida. Levantou a espingarda, puxou o gatilho sem pontaria. Cinco ou seis aves caíram no chão, o resto se espantou, os galhos queimados surgiram nus. Mas pouco a pouco se foram cobrindo, aquilo não tinha fim.
[...]
Chegou-se a casa, com medo. Ia escurecendo, e àquela hora ele sentia sempre uns vagos terrores. Ultimamente vivia esmorecido, mofino, porque as desgraças eram muitas. Precisava consultar sinha Vitória, combinar a viagem, livrar-se das arribações, explicar-se, convencer-se de que não praticara injustiça matando a cachorra. Necessário abandonar aqueles lugares amaldiçoados. Sinha Vitória pensaria como ele.

RAMOS, Graciliano. *Vidas secas*. 80. ed. Rio de Janeiro: Record, 2000. p. 108-115.

Vocabulário de apoio

aboletar-se: instalar-se, alojar-se
arranchar: reunir-se em grupos
arribação: aves que se deslocam de uma região para outra em determinadas épocas
barrancharia: palavra aparentemente criada pelo autor, tem sentido próximo ao de barranco, ribanceira
bebedouro: parte rasa de rio, lagoa, açude onde os animais bebem água
esmorecido: sem ânimo
excomungado: amaldiçoado
finar: morrer
garrancheira: galhada
matutar: pensar, refletir
mofino: infeliz, sem alegria
mulungu: espécie de árvore nativa do Brasil
terra de aluvião: terra composta de cascalho, areia e lama que foi transportada por água corrente

Sobre o texto

1. Releia o segundo parágrafo do texto 3. Nele, Fabiano recorda uma frase de sinha Vitória e reconstitui as relações de causa e efeito que justificam tal frase.
   a) Com base nessa reconstituição, qual deve ter sido a frase dita por sinha Vitória? Explique sua resposta.
   b) Inicialmente, Fabiano teve dificuldade para compreender a frase de sinha Vitória. O que essa dificuldade de compreensão revela a respeito dele? Justifique.
2. O discurso indireto livre, largamente utilizado pelo narrador, distancia a obra de Graciliano do simples registro social e geográfico. Explique a importância desse recurso no texto 3.
3. Explique o duplo sentido que se pode observar no título do capítulo.

O que você pensa disto?

Os romances de Rachel de Queiroz e Graciliano Ramos sobre a seca foram escritos há mais de 70 anos. No entanto, o drama da região nordestina, a pobreza e a fome de sua população ainda ocupam frequentemente os noticiários.

- Levando em conta os debates literários e extraliterários que já foram feitos sobre o assunto ao longo das últimas décadas, o que você acha que o governo e a sociedade civil poderiam fazer em relação a essa grave situação de uma parte significativa do Brasil? Considere o que foi discutido no boxe *Ação e cidadania* da p. 440.

Seca em Canindé, interior do Ceará. Fotografia de 2007.

CAPÍTULO 45
O ciclo do Sul

O que você vai estudar

- Erico Veríssimo: romances urbanos, históricos e políticos.
- Dyonélio Machado: luta pelo dinheiro e angústia psicológica.

O escritor Erico Veríssimo em sua biblioteca. Fotografia de 1974.

❯ Erico Veríssimo: sucesso popular e restrições da crítica

As narrativas do gaúcho Erico Veríssimo (1905-1975) costumam ser divididas em **fases**: a primeira fase, **urbana**, abrange os escritos da década de 1930; a segunda, **histórica**, compreende as décadas de 1940-50; e a terceira, **política**, situa-se em 1960-70.

As obras da **primeira fase** analisam a vida pequeno-burguesa da sociedade gaúcha a partir dos anos 1930. É desse momento a trilogia composta por *Clarissa* (1933), *Música ao longe* (1934) e *Um lugar ao sol* (1936), que narra a vida da personagem Clarissa, uma jovem sonhadora que, à medida que amadurece, reflete sobre a realidade socioeconômica do centro urbano para onde migra e redefine sonhos e desejos. São também dessa fase os romances *Caminhos cruzados* (1935) e *Olhai os lírios do campo* (1938). Em todos eles, uma **discreta sondagem psicológica** mistura-se à **reflexão social**.

A trilogia *O tempo e o vento* corresponde à **segunda fase** da carreira de Veríssimo. Considerada sua obra-prima, alinha o escritor à **tendência regionalista** da segunda fase do Modernismo. Divide-se em três partes – *O continente*, *O retrato* e *O arquipélago* – e conta a história da formação do Rio Grande do Sul e do indivíduo gaúcho ao longo de duzentos anos (1745-1945). A vida das personagens se mistura a episódios históricos importantes da região (como a Guerra dos Farrapos) e do país (como o Estado Novo).

Os romances da **terceira fase** foram escritos na época em que o Brasil e outros países da América do Sul estavam sob o governo de ditaduras. São eles: *O senhor embaixador* (1965) e *Incidente em Antares* (1971). Neste último, além do **viés político**, aparece também um **toque fantástico**: há uma rebelião de cadáveres na cidade fictícia de Antares, devido a uma greve de coveiros.

Veríssimo nem sempre foi tão bem recebido pela crítica quanto costumava ser pelo público. Assumidamente um "contador de histórias", soube habilmente criar tramas envolventes por meio de uma **linguagem simples**, feita de períodos curtos e vocabulário comum. Essa característica, que para alguns críticos se confunde com certa superficialidade de tratamento da linguagem, para outros é justamente a responsável pela consagração do escritor como um dos mais importantes ficcionistas brasileiros do século XX.

Sua leitura

Leia a seguir trechos de duas obras de Erico Veríssimo e faça as atividades propostas.

Texto 1

Clarissa

Sem sono, Clarissa debruça-se à janela. A noite está clara. Refrescou. Uma lua enorme, cheia, muito clara. Os quintais estão raiados de sombra e de luz. Parece que o disco da lua se enredou entre a ramagem folhuda do plátano grande do quintal da casa onde d. Tatá morava.

O relógio, na sala, bate onze horas.

Cabeça encostada na vidraça, Clarissa pensa...

Como o tempo passou... Parece que o ano começou ontem. Entretanto, quanta coisa aconteceu! Sempre desejou voltar para casa. Mas, agora que o dia da partida se aproxima, ela sente algo de esquisito no peito, uma espécie de saudade antecipada. Vai sentir falta de tudo isto, de todos estes aspectos, de todas estas caras, de todos estes ruídos. Vai se lembrar sempre do papagaio, que sabe dizer o seu nome, do gato, que lhe roça preguiçosamente as pernas, da sia Andreza, que vive na cozinha como uma gata borralheira. Sentirá falta de tia Zina, do tio Couto, de Amaro. E quem sabe se também de Ondina e Nestor: a vida é tão engraçada... Nunca mais lhe sairá da memória a risada contente do major...

Fora, o luar cresce, branco, tênue, inundando a paisagem.

Clarissa infla as narinas. Parece-lhe que o luar tem um perfume todo especial. Se ela pudesse pegar o luar, fechá-lo na palma da mão, guardá-lo numa caixinha ou no fundo de uma gaveta para soltá-lo nas noites escuras... Como é bonito o luar! Parece que as árvores estão borrifadas de leite. Longe, na encosta dos morros piscam luzes, como vaga-lumes aprisionados. O rio está cheio duma fosforescência argentina.

VERÍSSIMO, Erico. *Clarissa*. São Paulo: Companhia das Letras, 2005. p. 190-191.

Vocabulário de apoio

argentino: que brilha como a prata; que tem a cor da prata
d.: abreviatura de *dona*
enredar: emaranhar
fosforescência: brilho
plátano: espécie de árvore
raiado: com raias, com traços
sia: sinhá, senhora
tênue: suave

Texto 2

Um certo capitão Rodrigo

O ano de 1833 aproximava-se do fim. A população de Santa Fé estava alvoroçada, pois confirmara-se a notícia de que em 1834 o povoado seria elevado a vila. No entanto o assunto preferido de todas as rodas era a política. Gente bem informada, vinda de Porto Alegre e do Rio Pardo, contava histórias sombrias. Depois da abdicação de d. Pedro I, as coisas na corte andavam confusas. [...]

Muitas vezes o pe. Lara ia conversar com o cel. Ricardo no casario de pedra e vinha de lá com "notícias frescas", que transmitia a alguns amigos na venda do Nicolau ou na do cap. Rodrigo. O cel. Amaral inclinava-se ora para o lado do Partido Restaurador, que desejava a volta de d. Pedro I ao trono, ora para o Partido Liberal de Bento Gonçalves, que se opunha àquele. [...] Nas ruas da cidade, liberais e restauradores discutiam, diziam-se nomes, engalfinhavam-se a tapas e socos.

Os restauradores chamavam os liberais de "farroupilhas" e "pés de cabra". Os liberais retrucavam, chamando seus adversários de "retrógrados", "galegos", "caramurus". Ninguém se entendia mais. E — concluía Bento Amaral — a coisa estava muito preta. O pe. Lara andava inquieto porque tudo indicava que ia rebentar uma guerra civil.

— Que rebente! — exclamou um dia Rodrigo, exaltado. — Quanto tempo faz que esta gente não briga? As espadas e as lanças já estão enferrujadas, e os homens estão ficando molengas.

VERÍSSIMO, Erico. *O tempo e o vento*, parte I: O continente. 3. ed. São Paulo: Companhia das Letras, 2004. p. 328-329.

Vocabulário de apoio

abdicação: renúncia
cap.: abreviatura de *capitão*
caramuru: no sentido pejorativo, apelido dado por uma tribo indígena aos primeiros portugueses
casario: aglomerado de casas
cel.: abreviatura de *coronel*
engalfinhar-se: atracar-se
farroupilha: indivíduo maltrapilho
galego: no sentido pejorativo, indivíduo nascido em Portugal, de baixo nível cultural
pe.: abreviatura de *padre*
pé de cabra: sinônimo de diabo

Sobre os textos

1. Os trechos são de fases distintas da obra de Veríssimo. Em qual deles o espaço e o tempo são caracterizados com precisão? Justifique a resposta, apresentando uma comparação.
2. Compare Clarissa (texto 1) a capitão Rodrigo (texto 2), com base nos trechos lidos.
3. Explique como o trabalho com a linguagem em cada trecho contribui para as dimensões intimista (no texto 1) e historicista (no texto 2).
4. Embora os trechos pertençam a fases distintas, é possível dizer que há uma unidade estilística entre eles? Justifique sua resposta.

❯ Dyonélio Machado: ratos ou homens?

Também rio-grandense, o escritor Dyonélio Machado (1895-1985) publicou doze livros, mas seu romance de estreia, *Os ratos* (1934), é considerado sua obra-prima. A narrativa trata do drama de Naziazeno Barbosa, pai de família e funcionário público em difícil condição financeira, que tem 24 horas para quitar uma dívida com o leiteiro, sob a ameaça de ter a entrega do leite suspensa, o que prejudicaria a alimentação de seu filho pequeno. Os 28 capítulos do romance passam-se durante essas 24 horas entre o ultimato do leiteiro e a noite de insônia que antecede a manhã do pagamento.

O grande anseio da personagem é passar despercebida, atuar sempre como "figurante". Ao interpelá-lo e ameaçá-lo em público, o leiteiro coloca Naziazeno no centro da cena, fato que o angustia profundamente. Ele fica remoendo o episódio em sua memória, perguntando-se quem o testemunhou diretamente e quem ficou sabendo do fato por relatos de terceiros. Após poucas horas de esforço para conseguir o dinheiro, ele já se sente exausto, como se observa no trecho a seguir.

> Idealizar outro plano? Tem uma preguiça doentia. A sua cabeça está oca e lhe arde, ao mesmo tempo. Aliás, o sol já vai virando pra tarde (já *luta* há meio dia), perdeu já a sua cor doirada e matinal, uma calmaria suspende a vida da rua e da cidade.
>
> Machado, Dyonélio. *Os ratos*. 22. ed. São Paulo: Ática, 2001. p. 42.

Essas reflexões de Naziazeno ocorrem no momento em que ele sai para o almoço, por volta de onze horas da manhã. Até ali, ele procurara Duque, personagem meio malandra em quem depositara grandes esperanças; fizera uma aposta no jogo do bicho; e pedira dinheiro emprestado ao diretor da repartição. Nada disso pode ser classificado como um grande feito. No entanto, Naziazeno diz que "já *luta* há meio dia", pois sente uma pressão psicológica totalmente desproporcional aos atos que praticara.

O foco narrativo em terceira pessoa parece, à primeira vista, estar totalmente "colado" à personagem, como se o narrador nada visse e sentisse além do que vê e sente a personagem. Mas, na verdade, o narrador distancia-se de Naziazeno por meio de recursos sutis, como o itálico na palavra *luta*. Com esse destaque gráfico, o narrador sugere ao leitor: "ele acha que está lutando, apesar de não ter feito nada". Além do itálico, o narrador emprega abundantemente as aspas com a mesma finalidade de distanciamento crítico em relação à personagem.

Outra sutileza que o narrador manipula com propósito crítico é o vocabulário. Na passagem a seguir, Duque vem sentar-se à mesa em que está Naziazeno, em um bar.

> — Aí vem ele — diz Alcides.
> Ajeitam a cadeira para o Duque.
> Ele se senta. Dirige-lhes duas ou três palavras.
> — O Naziazeno tem um grande aperto hoje — informa-lhe Alcides.
> — Sim?...
> Duque volta-se inteiramente para o lado de Naziazeno. Avança-lhe um focinho sereno e atento. O olhar tem uma fixidez meio triste.
>
> Machado, Dyonélio. *Os ratos*. 22. ed. São Paulo: Ática, 2001. p. 81.

Livro aberto

Os ratos de Albert Camus

Em 1947, o escritor e filósofo franco-argelino Albert Camus (1913-1960) lançou o romance *A peste*, que narra a história de uma epidemia de peste bubônica (doença provocada por ratos) na cidade de Oran, na Argélia. Fechadas as fronteiras da cidade para a contenção da doença, o isolamento e a tensão psicológica a que seus cidadãos são submetidos permitem ao leitor entender a obra como uma representação do drama humano em uma sociedade doente.

Embora Dyonélio e Camus façam usos diferentes da mesma imagem — ratos —, ambos levam à mesma reflexão sobre a inserção tensa do indivíduo em uma coletividade corrompida.

Albert Camus. Fotografia de 1957.

■ Margens do texto

Na descrição de Duque, a palavra *focinho* revela um propósito crítico do narrador. Explique.

Sua leitura

Leia um trecho do penúltimo capítulo do romance *Os ratos*, de Dyonélio Machado. Naziazeno finalmente consegue o dinheiro para pagar o leiteiro e vai se deitar, mas começa a escutar ruídos na casa.

Os ratos

[...]
Ele se põe a escutar agudamente. Um esforço para afastar aquele conjunto amorfo de ruidozinhos, aquele chiado... Lá está, num canto, no chão, o guinchinho, feito de várias notinhas geminadas, fininhas...

São os ratos!... Vai escutar com atenção, a respiração meio parada. Hão de ser muitos: há várias fontes daquele guinchinho, e de quando em quando, no forro, em vários pontos, o rufar...

A casa está cheia de ratos...

Espera ouvir um barulho de ratos nas panelas, nos pratos, lá na cozinha.

O chiado desapareceu. Agora, é um silêncio e os ratos...

Há um roer ali perto... Que é que estarão comendo? É um roer que começa baixinho, vai aumentando, aumentando... Às vezes para, de súbito. Foi um estalo. Assustou o rato. Ele suspende-se... Mas lá vem outra vez o roer, que começa surdo, e vem aumentando, crescendo, absorvendo...

Na cozinha, um barulho, um barulho de tampa, de tampa de alumínio que cai. O filho ali na caminha tem um prisco. Mas não acorda.

São os ratos na cozinha.

Os ratos vão roer — já roeram! — todo o dinheiro!...

MACHADO, Dyonélio. *Os ratos*. 22. ed. São Paulo: Ática, 2001. p. 138-139.

Vale saber

No trecho ao lado, a linguagem fragmentada procura acompanhar o fluxo de consciência da personagem, tomada por seu drama interior.

Vocabulário de apoio

amorfo: sem forma, de difícil distinção

geminado: duplicado

prisco: salto, movimento brusco

rufar: som parecido com o de um tambor, rápido e sucessivo

Sobre o texto

1. O uso do discurso indireto livre é muito recorrente no trecho final do romance *Os ratos*.
   a) Indique uma passagem do trecho acima em que esse recurso se manifesta. Justifique.
   b) Explique de que maneira esse tipo de discurso contribui para a representação do estado psicológico de Naziazeno.

2. Leia o trecho a seguir, que está em um dos capítulos iniciais de *Os ratos*. Naziazeno aguarda a chegada do diretor da repartição pública onde trabalha e tem esperança de que ele lhe empreste dinheiro para pagar o leiteiro.

   Cinco, dez, quinze minutos mais e se acaba sua preocupação torturante. Ele tem experimentado muitas vezes essa mudança brusca de sensações: a volta à vida do filho, quando esperava a sua morte... E outras. Está num momento desses. O dinheiro do diretor vai trazer-lhe uma enorme "descompressão".

   MACHADO, Dyonélio. *Os ratos*. 22. ed. São Paulo: Ática, 2001. p. 24.

   a) Segundo esse trecho, as dificuldades são um fato raro na vida de Naziazeno? Explique.
   b) O que o uso das aspas na palavra *descompressão* pode indicar?

3. Explique o título do livro, *Os ratos*, considerando o trecho do penúltimo capítulo que você acaba de ler e a descrição da personagem Duque, apresentada na página anterior.

O que você pensa disto?

Neste capítulo, você conheceu a personagem Clarissa, criada por Erico Veríssimo. Ela migra de uma cidade pequena do interior do Rio Grande do Sul para Porto Alegre, em busca de mais oportunidades de trabalho.

- O que se observa atualmente? Somente nos grandes centros urbanos se encontram oportunidades profissionais para os jovens ou há oferta de emprego em outras cidades além da capital? Qual é a situação no estado em que você mora?

CAPÍTULO 46

Carlos Drummond de Andrade: o eu e o mundo

O que você vai estudar
- Drummond e o Modernismo.
- As fases da poesia drummondiana.

Estátua do poeta no Memorial Carlos Drummond de Andrade, em Itabira (MG), sua terra natal. Fotografia de 2009.

❯ Drummond e o Modernismo

Carlos Drummond de Andrade (1902-1987) iniciou sua carreira literária ainda nos anos 1920, quando, em Belo Horizonte (MG), participou da publicação de *A Revista*, braço mineiro do Modernismo inicial. Os poemas que integram seu primeiro livro, *Alguma poesia* (1930), foram influenciados pela novidade trazida por Mário de Andrade, Oswald de Andrade e outros escritores dessa fase. O anticonvencionalismo no trabalho com a linguagem poética – marca dessa primeira fase de sua obra – pode ser percebido na prática do **verso livre**, no uso de uma **linguagem coloquial** e no recurso do **humor corrosivo**, ao gosto dos primeiros modernistas. É dessa fase o conhecido e polêmico poema "No meio do caminho".

> No meio do caminho tinha uma pedra
> tinha uma pedra no meio do caminho
> tinha uma pedra
> no meio do caminho tinha uma pedra.
>
> Nunca me esquecerei desse acontecimento
> na vida de minhas retinas tão fatigadas.
> Nunca me esquecerei que no meio do caminho
> tinha uma pedra
> tinha uma pedra no meio do caminho
> no meio do caminho tinha uma pedra.
>
> ANDRADE, Carlos Drummond de. Alguma poesia. In: *Poesia e prosa*. 8. ed. Rio de Janeiro: Nova Aguilar, 1992. p. 4.

Publicado em 1928, na *Revista de Antropofagia*, o poema foi aplaudido pelos modernistas e repudiado por críticos e leitores conservadores, que se incomodavam, entre outros fatores, com a repetição insistente (e, para eles, vazia) da frase principal do poema e com o coloquialismo do uso do verbo *ter* no sentido de "haver ou existir".

Apesar da aparência cômica, a falta de saída para a qual o poema aponta dá o tom da **gravidade reflexiva** que singularizaria Drummond e anunciaria os rumos de toda a sua obra. Como os escritores surgidos a partir de 1930, ele usufruiu de uma liberdade ainda maior do que a imaginada pelos participantes da Semana, experimentando maior **variedade temática** (metalinguística, social, filosófica e existencial) e **estilística**, o que incluiu uma retomada crítica de elementos da tradição tão combatidos pelos seus predecessores.

> Mais vasto é o coração

Os críticos costumam dividir a obra de Drummond em fases ou períodos. Para o crítico Affonso Romano de Sant'Anna, a poesia de Drummond pode ser dividida em três fases, cada uma delas caracterizada por uma "equação" em que os termos são o *eu* e o *mundo*.

De acordo com essa classificação, na **primeira fase** – que abrange os dois primeiros livros, *Alguma poesia* (1930) e *Brejo das almas* (1934) – **o eu é maior que o mundo**. Na primeira estrofe do "Poema de sete faces", que abre *Alguma poesia*, o eu lírico apresenta-se como um *gauche* (termo francês que significa "esquerdo", "desajeitado") e sugere seu deslocamento no mundo habitado por semelhantes com quem não se comunica. Essa relação tensa e instável do eu com o mundo, marcada por momentos ora de aproximação, ora de distanciamento, será uma das principais marcas de sua poética.

> O sentimento do mundo

A **segunda fase** inclui os livros produzidos na década de 1940: *Sentimento do mundo* (1940), *José* (1944) e *A rosa do povo* (1945). Nessa fase, **o eu é menor que o mundo**. Nota-se uma tentativa de aproximação em relação ao outro, motivada por um forte **sentimento de solidariedade**. O contexto histórico tem grande responsabilidade nessa mudança do eu lírico: com a instauração do Estado Novo e a ditadura de Getúlio Vargas, a partir de 1937, e com a Segunda Guerra Mundial (1939-1945), o poeta abre os olhos para uma crise que ultrapassa a própria individualidade e descobre o mundo e suas mazelas.

Dessa percepção resulta uma **poesia social** de largo fôlego, que abrange de eventos históricos, como as notícias da guerra, até situações cotidianas, por meio das quais expõe o repúdio a um sistema econômico baseado na exploração dos trabalhadores e na mercantilização das relações. No poema "A flor e a náusea", por exemplo, o eu lírico sente-se perseguido por mercadorias que o espreitam, sujeitando-o a um "tempo pobre", feito de "maus poemas" e revolta. No entanto, nasce na rua, rompendo o asfalto, uma flor "desbotada" e "feia", um símbolo da confiança na mudança da ordem social. Drummond entende, nessa fase, que a **palavra poética** é um dos principais instrumentos da luta necessária à mudança.

> A negatividade

A **terceira fase** mostra, em contrapartida, o abandono da esperança e o retorno ao distanciamento. Começa timidamente em *Novos poemas* (1948), estabelece-se em *Claro enigma* (1951), passa por *Fazendeiro do ar* (1955) e *Vida passada a limpo* (1959) e chega a *Lição de coisas* (1962).

Nessa fase, a **negatividade** define um modo de se afirmar no mundo, e o eu lírico se mostra desmotivado e impotente, descrente de que a palavra poética possa corrigir o "mundo torto" ou salvar o sujeito da fragmentação. No poema "Dissolução", de *Claro enigma*, chega a dizer que "aceita a noite", de "braços cruzados", negando a predisposição à luta enunciada na década anterior. Por consequência, reduzem-se os poemas do cotidiano e da história e, em seu lugar, aparecem os poemas de **investigação filosófico-existencial**, em que **o eu é igual ao mundo**, voltados à compreensão da condição humana, com foco em temas como o amor, a família e o envelhecimento.

É importante ressaltar que, independentemente da fase experimentada, a produção drummondiana sempre revelou uma investigação sobre a natureza da linguagem poética e dos limites da poesia, o que implicou uma enorme diversidade formal, capaz de abranger as inovações radicais da primeira fase do Modernismo, mas, igualmente, de recolocar as composições clássicas no centro da produção de poesia no Brasil.

Fone de ouvido

A voz do poeta

Em 1977, Drummond gravou a leitura de 42 de seus poemas para dois LPs (discos de vinil de longa duração) lançados pela Polygram no ano seguinte. É interessante ouvir sua maneira de interpretar a própria obra. A respiração curta e os pigarros de Drummond, tão característicos de sua fala, foram mantidos na gravação.

Capa do LP lançado em 1978.

Sua leitura

Você vai ler três poemas de Drummond. O texto 1, de *A rosa do povo*, remete a um episódio da Segunda Guerra Mundial (segunda fase da poesia drummondiana). Os textos 2 e 3 são, respectivamente, de *Claro enigma* e *Novos poemas* (terceira fase poética).

Texto 1

Carta a Stalingrado

Stalingrado...
Depois de Madri e de Londres, ainda há grandes cidades!
O mundo não acabou, pois que entre as ruínas
outros homens surgem, a face negra de pó e de pólvora,
e o hálito selvagem da liberdade
dilata os seus peitos, Stalingrado,
seus peitos que estalam e caem
enquanto outros, vingadores, se elevam.

A poesia fugiu dos livros, agora está nos jornais.
Os telegramas de Moscou repetem Homero.
Mas Homero é velho. Os telegramas cantam um mundo
                                              [novo
que nós na escuridão, ignorávamos.
Fomos encontrá-lo em ti, cidade destruída,
na paz de tuas ruas mortas mas não conformadas,
no teu arquejo de vida mais forte que o estouro das
                                              [bombas,
na tua fria vontade de resistir.

Saber que resistes.
Que enquanto dormimos, comemos e trabalhamos, resistes.
Que quando abrimos o jornal pela manhã teu nome
                             [(em ouro oculto) estará firme no alto da página.
Terá custado milhares de homens, tanques e aviões, mas
                                             [valeu a pena.
Saber que vigias, Stalingrado,
sobre nossas cabeças, nossas prevenções e nossos
                             [confusos pensamentos distantes
dá um enorme alento à alma desesperada
e ao coração que duvida.

[...]

As cidades podem vencer, Stalingrado!
Penso na vitória das cidades, que por enquanto é apenas
                             [uma fumaça subindo do Volga.
Penso no colar de cidades, que se amarão e se defenderão
                             [contra tudo.
Em teu chão calcinado onde apodrecem cadáveres,
a grande Cidade de amanhã erguerá a sua Ordem.

ANDRADE, Carlos Drummond de. *A rosa do povo*. 8. ed. Rio de Janeiro: Record, 1991. p. 163-165.

Sobre o texto

1. Nesse poema, o eu lírico dirige-se à cidade de Stalingrado. Qual é o efeito expressivo de ela ser tomada como interlocutora?

2. Homero foi um célebre poeta grego ao qual é atribuída a autoria dos poemas épicos *Ilíada* e *Odisseia*, obras que narram feitos de grandes heróis da mitologia grega. Considerando essa informação, que aspecto permite associar os telegramas que chegam da Rússia aos poemas homéricos?

3. Leia novamente o final do poema (versos 25 a 29).
    a) A resistência da cidade de Stalingrado torna-se um símbolo nesse poema. O que ela simboliza? Comprove sua resposta citando outro trecho do poema.
    b) O trecho final sugere que, apesar de toda destruição e sofrimento, o eu lírico consegue enxergar um sentido para a guerra. Qual seria esse sentido?

4. Críticos afirmam que esse e outros poemas com tema histórico quase falharam na manutenção de sua condição de poesia. Que elementos do texto 1 podem ter motivado tal crítica?

Repertório

A Batalha de Stalingrado

A Batalha de Stalingrado contribuiu para a vitória dos Aliados na Segunda Guerra Mundial. Em 1942, uma ofensiva alemã sobre a cidade, localizada na antiga União Soviética, foi contida pelas forças russas, que impediram a continuidade da expansão da Alemanha nazista e iniciaram a contraofensiva. A resistência russa durou quase seis meses. Calcula-se que o número de mortos tenha superado 1,5 milhão.

Bandeira soviética novamente tremulando em Stalingrado. Fotografia de 1943.

Vocabulário de apoio

arquejo: respiração difícil
calcinado: transformado em cinzas
telegrama: comunicado transmitido por um telégrafo (meio de comunicação mais rápido durante a Segunda Guerra Mundial)
Volga: maior rio da Europa, que atravessa a cidade de Stalingrado (atual Volgogrado)

Texto 2

Legado

Que lembrança darei ao país que me deu
tudo que lembro e sei, tudo quanto senti?
Na noite do sem-fim, breve o tempo esqueceu
minha incerta medalha, e a meu nome se ri.

E mereço esperar mais do que os outros, eu?
Tu não me enganas, mundo, e não te engano a ti.
Esses monstros atuais, não os cativa Orfeu,
a vagar, taciturno, entre o talvez e o se.

Não deixarei de mim nenhum canto radioso,
uma voz matinal palpitando na bruma
e que arranque de alguém seu mais secreto espinho.

De tudo quanto foi meu passo caprichoso
na vida, restará, pois o resto se esfuma,
uma pedra que havia em meio do caminho.

ANDRADE, Carlos Drummond de. Claro enigma. In: *Poesia e prosa*. 8. ed. Rio de Janeiro: Nova Aguilar, 1992. p. 201-202.

Texto 3

Jardim

Negro jardim onde violas soam
e o mal da vida em ecos se dispersa:
à toa uma canção envolve os ramos,
como a estátua indecisa se reflete

no lago há longos anos habitado
por peixes, não, matéria putrescível,
mas por pálidas contas de colares
que alguém vai desatando, olhos vazados

e mãos oferecidas e mecânicas
de um vegetal segredo enfeitiçadas,
enquanto outras visões se delineiam

e logo se enovelam: mascarada,
que sei de sua essência (ou não a tem),
jardim apenas, pétalas, presságio.

ANDRADE, Carlos Drummond de. Novos poemas. In: *Poesia e prosa*. 8. ed. Rio de Janeiro: Nova Aguilar, 1992. p. 193.

Vocabulário de apoio

à toa: ao acaso
bruma: neblina; algo vago, incerto
cativar: conquistar, seduzir
delinear: esboçar, ganhar forma
enovelar: emaranhar, tornar confuso
esfumar: virar fumaça, desfazer-se
palpitar: renascer, renovar-se
presságio: pressentimento, intuição
putrescível: que pode apodrecer
radioso: radiante
sem-fim: vastidão, espaço indefinido
taciturno: calado; melancólico

Sobre os textos

1. "Legado" reflete sobre o papel da poesia e do poeta no mundo.
   a) Esse poema apresenta intertextualidade com outra composição de Drummond. A qual poema ele faz referência? Justifique.
   b) Essa intertextualidade contribui para construir uma visão sobre o estar no mundo marcada pela negatividade. Explique tal afirmação.
   c) Segundo a mitologia grega, Orfeu é o poeta mais talentoso que já existiu, sendo capaz de encantar e acalmar a todos com sua lira. Como sua menção, na segunda estrofe, contribui para a conclusão exposta nesse metapoema (poema que reflete sobre o fazer poético)?

2. Ainda no texto 2, na reflexão sobre a poesia, o eu lírico inclui uma avaliação de si mesmo.
   a) Segundo o poema, qual é o efeito do tempo sobre o eu lírico?
   b) Na terceira estrofe, é possível deduzir, por oposição, qual concepção de poesia o eu lírico gostaria de ter deixado como seu legado. Explique essa ideia.

3. O poema "Jardim" representa o mundo de maneira enigmática e estranha. Embora o título remeta a um jardim, estão presentes algumas referências ao universo humano. Identifique-as e explique como elas ajudam a construir essa impressão de estranheza.

4. Que relação pode ser estabelecida entre a reflexão sobre a poesia (exposta, principalmente, na segunda estrofe do texto 2) e a representação do mundo no texto 3?

5. Em relação aos aspectos formal e semântico, que semelhanças podem ser percebidas entre os dois poemas?

O que você pensa disto?

Embora a poética drummondiana rejeite a violência, alguns poemas, como "Carta a Stalingrado", sugerem que a destruição promovida pela guerra pode contribuir para a construção de um mundo totalmente novo e mais justo. Os mortos podem, sob certo ponto de vista, ser considerados como aqueles que se sacrificaram em nome de uma radical transformação no rumo da história.

- Você partilha dessa opinião? Acha que a guerra ou alguma ação similar pode ter efeitos benéficos? Consegue citar um exemplo disso?

Cena do filme *Círculo de fogo* (Direção de Jean-Jacques Annaud. Alemanha, Reino Unido, Irlanda e EUA, 2001), baseado em fatos da Batalha de Stalingrado.

CAPÍTULO 47

Murilo Mendes e Jorge de Lima: novidades da poesia religiosa

O que você vai estudar

- Murilo Mendes: inquietude e diversidade de temas.
- Jorge de Lima: do Parnasianismo à cultura popular.

Você vai estudar dois nomes da corrente espiritualista da literatura brasileira: Murilo Mendes e Jorge de Lima. Esses poetas misturam componentes bastante distintos em sua obra, como o espiritualismo católico, a visão transfiguradora do Surrealismo e uma reflexão de cunho social preocupada com questões relativas à identidade nacional.

❯ Murilo Mendes: liberdade e transcendência

Murilo Mendes (1901-1975) foi um poeta marcado pela inquietude tanto em sua vida quanto em sua obra. Sua **poesia multifacetada** passa pela ironia dos primeiros modernistas, dialoga com o Surrealismo, adere a uma renovação do catolicismo, engaja-se em uma perspectiva socialista e chega a flertar com os experimentalismos da poesia concreta da década de 1950.

Após as primeiras experiências poéticas, com um **nacionalismo irônico** aos moldes da poesia dos anos 1920, Murilo Mendes começou a consolidar uma **poesia transfiguradora do real**. Partindo da compreensão de que a própria realidade é caótica, a linguagem poética de Murilo renuncia a um poder ordenador para promover uma leitura ainda mais desarticuladora da vida, a fim de apreendê-la integralmente. Sua palavra de ordem é "liberdade".

O diálogo que Murilo estabeleceu com o Surrealismo partiu do princípio da associação entre elementos díspares em todas as esferas: o material e o abstrato, o erotismo e a espiritualidade, a angústia existencial e os detalhes do cotidiano.

Em 1934, após a morte de seu grande amigo, o poeta e pintor Ismael Nery, Murilo Mendes sofreu uma crise religiosa e converteu-se com fervor ao catolicismo. Com Jorge de Lima, outro de seus grandes amigos, lançou *Tempo e eternidade* – livro a partir do qual o **sentimento religioso** passou a ser uma constante em sua obra. O apego do poeta ao catolicismo não anulou, porém, a **angústia da finitude do ser humano** e, associado à poesia, conferiu à arte uma dimensão dupla: de lugar onde se canta o martírio de existir e a partir do qual se pode alcançar a redenção, aproximando religiosidade e socialismo humanista.

Tela surrealista de Ismael Nery (1900-1934), grande amigo de Murilo Mendes. A mescla de elementos diversos sugere um autorretrato marcado pela subjetividade.

Nery, Ismael. *Autorretrato*, 1927. Óleo sobre tela, 130,7 cm × 86,3 cm. Coleção particular.

462

Sua leitura

Você vai ler dois poemas de Murilo Mendes. O texto 1 exemplifica a poesia religiosa do autor e o texto 2 mostra a influência do Surrealismo em sua obra.

Texto 1

Fim

Eu existo para assistir ao fim do mundo.
Não há outro espetáculo que me invoque.
Será uma festa prodigiosa, a única festa.
Ó meus amigos e comunicantes,
Tudo o que acontece desde o princípio é
[a sua preparação.

Eu preciso assistir ao fim do mundo
Para saber o que Deus quer comigo e
[com todos
E para saciar minha sede de teatro.
Preciso assistir ao julgamento universal,
Ouvir os coros imensos,
As lamentações e as queixas de todos,
Desde Adão até o último homem.

Eu existo para assistir ao fim do mundo,
Eu existo para a visão beatífica.

MENDES, Murilo. *Poesia completa e prosa*. Rio de Janeiro. Nova Aguilar, 2003. p. 328.

Texto 2

Pré-história

Mamãe vestida de rendas
Tocava piano no caos.
Uma noite abriu as asas
Cansada de tanto som,
Equilibrou-se no azul,
De tonta não mais olhou
Para mim, para ninguém:
Cai no álbum de retratos.

MENDES, Murilo. *Poesia completa e prosa*. Rio de Janeiro: Nova Aguilar, 1994. p. 209.

Vocabulário de apoio

invocar: chamar, solicitar o comparecimento
beatífico: que propicia felicidade, êxtase

Sobre os textos

1. Que versos do poema "Fim" apresentam uma visão negativa da história da humanidade?
2. Na poesia de Murilo Mendes, o catolicismo aparece como uma forma de ordenar o mundo tomado pelo caos. O poeta volta-se para o sagrado, ora conseguindo acessá-lo, ora se frustrando.
   a) Na última estrofe do texto 1, a expectativa sobre o fim do mundo é positiva ou negativa? Justifique.
   b) O que o eu lírico espera da relação com Deus quando ocorrer o fim do mundo? Tendo em vista tal expectativa, o que se deduz da relação do ser humano com Deus no momento presente?
3. Em "Pré-história", o eu lírico descreve a mãe como ensimesmada, voltada para dentro de si.
   a) Identifique e explique a imagem que revela essa disposição psicológica.
   b) Que verso do poema sugere que esse ensimesmamento se tornara insuportável?
4. O texto 2 expressa a visão de uma criança sobre a morte de sua mãe.
   a) Explique a escolha da expressão *álbum* de *retratos* e do verbo *cair* no presente do indicativo para representar a ideia da morte.
   b) O termo *pré-história* costuma se referir à etapa da história da humanidade anterior à invenção da escrita. Que relação se pode fazer entre o título e o poema?
5. A técnica surrealista consiste em transfigurar a realidade por meio de imagens ilógicas, próprias dos sonhos. De que maneira o texto 2 se enquadra nesse perfil?

Repertório

Representação onírica

O título desta pintura da inglesa Leonora Carrington (1917-2011) permite entender a obra como uma referência ao potencial criativo da artista, que devia muito ao universo infantil.

Essa representação onírica, que extrai a personagem do mundo real, é claramente surrealista e próxima de uma das vertentes da poesia de Murilo Mendes.

CARRINGTON, Leonora. *Autorretrato*, c. 1938. Óleo sobre tela, 81,3 cm × 65 cm. The Metropolitan Museum of Art, Nova York, EUA.

› Jorge de Lima: múltiplas tendências

Jorge de Lima (1893-1953) iniciou sua carreira literária com o livro *XIV alexandrinos* (1914), série de poemas de influência parnasiana. Dentre estes destacou-se o soneto "O acendedor de lampiões", que mistura elementos como melancolia e preocupação social. Esse poema fez bastante sucesso no período anterior ao Modernismo.

O acendedor de lampiões

Lá vem o acendedor de lampiões da rua!
Este mesmo que vem infatigavelmente,
Parodiar o sol e associar-se à lua
Quando a sombra da noite enegrece o poente!

Um, dois, três lampiões, acende e continua
Outros mais a acender imperturbavelmente,
À medida que a noite aos poucos se acentua
E a palidez da lua apenas se pressente

Triste ironia atroz que o senso humano irrita:
Ele que doira a noite e ilumina a cidade,
Talvez não tenha luz na choupana em que habita.

Tanta gente também nos outros insinua
Crenças, religiões, amor, felicidade,
Como este acendedor de lampiões da rua!

LIMA, Jorge de. Poemas neoparnasianos. In: *Poesia*. Rio de Janeiro: Agir, 1963. p. 25.

LIMA, Jorge de. *Altair e Violante*, 1953. Óleo sobre tela, 65 cm × 81 cm. Centro de Documentação Cultural Alexandre Eulalio, Cedae (IEL/Unicamp), Campinas.

Esse quadro foi pintado por Jorge de Lima no ano de sua morte.

■ Margens do texto

Qual é o contraste que o eu lírico estabelece entre a atividade do acendedor de lampiões e sua vida particular?

Esse poema encantou pela construção rítmica e destacou um aspecto que seria trabalhado em obras posteriores: a sugestão sonora pelo emprego do **verso metrificado**.

Na década de 1920, porém, com o livro *O mundo do menino impossível* (1925), Jorge de Lima abandonou tal recurso. Aderindo às **propostas modernistas**, utilizou o verso livre, em poemas que empregavam a linguagem coloquial e faziam referência à vida cotidiana (eventualmente regional, sobretudo nordestina). Mais tarde, no final da década de 1940, o poeta voltou à **preocupação social** de seus primeiros livros e ao interesse pela **cultura popular**. Em *Poemas negros*, além de denunciar o processo de marginalização sofrido pelos negros no Brasil, pesquisou a linguagem, os ritmos e os mitos da cultura afrodescendente.

› Conversão ao cristianismo e ao Surrealismo

No intervalo entre *Poemas escolhidos* (1932) e *Poemas negros* (1947), Jorge de Lima, simultaneamente a Murilo Mendes, converteu-se ao catolicismo e, em parceria com o amigo, lançou o livro *Tempo e eternidade* (1935), em que substituiu a expressão regional pela tradição cristã. Dando sequência à proposta de "restauração da poesia em Cristo", o poeta lançou *A túnica inconsútil* (1938), em que mesclou imagens apocalípticas e redentoras, denúncia social e esperança de transcendência mística.

É a partir do *Livro de sonetos* (1949) que a obra de Jorge de Lima caminhou para a incorporação do Surrealismo, porém mantendo a atmosfera mística das obras anteriores e resgatando o verso tradicional, as referências nordestinas e da vida cotidiana.

Jorge de Lima deu início, assim, à pesquisa que culminaria em sua obra-prima, intitulada *Invenção de Orfeu* (1952). Dividido em dez cantos, o livro pretende modernizar o poema épico, abolindo as noções concretas de tempo e espaço. É uma obra profunda e complexa, que associa o real e o sobrenatural, os planos físico e onírico, o ser humano e o cosmos.

■ Ação e cidadania

A condição de vida dos negros é um tema presente em parte da obra de Jorge de Lima. Um dos povos formadores da sociedade brasileira, os negros ainda hoje sofrem com o racismo e a discriminação social. Apesar de sua crescente aparição no cenário político, esportivo e cultural, como em novelas televisivas, a igualdade de oportunidades da população negra, se comparada à branca, está longe de ocorrer. O Censo de 2010 mostra, por exemplo, que há maior número de brancos no Ensino Superior e que eles recebem salários mais altos do que os negros. A criação de entidades de proteção dos direitos dos negros e a adoção de políticas públicas de ação afirmativa, como a de reserva de cotas em universidades, são formas de promover a igualdade social e de diminuir a dívida histórica em relação a essa parcela da sociedade.

Sua leitura

Você vai ler a seguir dois poemas de Jorge de Lima. O primeiro deles representa a poesia mística do autor, em que aspectos da vida social são vistos sob a ótica de um catolicismo restaurador. O segundo trata-se de um soneto da fase surrealista do poeta e integra o livro *Invenção de Orfeu*, obra que mistura o épico e o lírico em um longo poema em dez cantos.

Texto 1

Divisão de Cristo

Dividamos o Mundo em duas partes iguais:
uma para portugueses, outra para espanhóis.
Vêm quinhentos mil escravos no bojo das naus:
a metade morreu na viagem do oceano.
Dividamos o Mundo entre as pátrias.
Vêm quinhentos mil escravos no bojo das guerras:
a metade morreu nos campos de batalha.
Dividamos o mundo entre as máquinas.
Vêm quinhentos mil escravos no bojo das fábricas:
a metade morreu na escuridão, sem ar.
Não dividamos o mundo.
Dividamos Cristo:
todos ressuscitarão iguais.

LIMA, Jorge de. *Obra completa*: poesias e ensaios.
Rio de Janeiro: J. Aguilar, 1959. p. 399.

Texto 2

Invenção de Orfeu
Canto I – Fundação da ilha

A garupa da vaca era palustre e bela,
uma penugem havia em seu queixo formoso;
e na fronte lunada onde ardia uma estrela
pairava um pensamento em constante repouso.
Esta a imagem da vaca, a mais pura e singela
que do fundo do sonho eu às vezes esposo
e confunde-se à noite à outra imagem daquela
que ama me amamentou e jaz no último pouso.
Escuto-lhe o mugido — era o meu acalanto,
e seu olhar tão doce inda sinto no meu:
o seio e o ubre natais irrigam-me em seus veios.
Confundo-os nessa ganga informe que é meu canto:
semblante e leite, a vaca e a mulher que me deu
o leite e a suavidade a mamar de dois seios.

LIMA, Jorge de. *Poesia*. Rio de Janeiro: Agir, 1963. p. 88.

Vocabulário de apoio

acalanto: consolo, conforto
bojo: interior, âmago, parte principal
ganga: coisa inútil e sem valor
informe: que não tem forma acabada, grosseiro, tosco
lunado: que tem chifres em forma de meia-lua
palustre: alagadiço, encharcado
ubre: mama de animal, com vários mamilos
veio: duto, canal

Sobre os textos

1. No poema "Divisão de Cristo", pode-se observar a referência a três momentos distintos da história ocidental.
   a) Identifique esses três momentos históricos e descreva as principais características de cada um deles.
   b) Apesar de falar de três momentos históricos diferentes, o eu lírico menciona em todas eles o mesmo grupo de pessoas. Que aspecto comum aos três momentos ele quer destacar com essa repetição?
2. O texto 1 mescla religiosidade e crítica social. Como a relação entre esses dois elementos é construída no poema?
3. No texto 2, o eu lírico associa dois elementos distintos, o que cria um efeito surrealista. Que elementos são esses?
4. Quais são os dois espaços em que é possível uma imagem mesclada e surreal como essa construída pelo eu lírico?

O que você pensa disto?

Você viu neste capítulo que tanto Murilo Mendes quanto Jorge de Lima produziram poemas em que se observa uma preocupação com a dimensão humanista e social.

- Analise a produção dos artistas contemporâneos que você conhece. Eles também demonstram preocupações humanistas e sociais ou abordam apenas temas ligados ao consumo e aos modismos? Comente sua resposta e cite exemplos.

CAPÍTULO 48
Cecília e Vinicius: reflexões sobre a experiência humana

O que você vai estudar

- Cecília Meireles: a fragilidade da vida em uma lírica intimista.
- Vinicius de Moraes: religiosidade, preocupações sociais e amor sensual.

A linha espiritualista da segunda fase do Modernismo, da qual fazem parte Murilo Mendes e Jorge de Lima, conta também com Cecília Meireles e Vinicius de Moraes. Em Cecília, o espiritualismo se traduz em uma poética intimista, com contornos reflexivos, filosóficos e existenciais; em Vinicius, constitui principalmente a base de uma lírica amorosa e sensual.

Cecília Meireles: a efemeridade do ser

A vida de Cecília Meireles (1901-1964) foi marcada por **perdas**: o pai faleceu antes de ela nascer; a mãe, quando tinha três anos; e o primeiro marido suicidou-se – o que influenciou fortemente sua obra. A solidão, a morte, a efemeridade e o mistério da vida são alguns de seus temas mais constantes.

Cecília Meireles em fotografia de 1955.

Em sua poesia destacam-se a temática etérea, o gosto pela metáfora incomum, símbolos da natureza como o mar, o vento, o ar e a flor, a musicalidade da linguagem e a tendência à indefinição e imprecisão. Isso, somado ao apego pelo misticismo, levou alguns críticos a classificarem sua obra como neossimbolista. A poeta, porém, não se enquadra nessa tendência, assim como não pode ser colocada no grupo dos primeiros modernistas, que experimentou a euforia revolucionária.

Cecília criou uma **poética muito particular**, que a singularizou no quadro do Modernismo. Suas reflexões conduzem a uma busca pelo eterno, não exclusivamente no sentido divino, mas de **transcendência do espírito pela poesia**, como um canto que procura a essência do existir. Sua obra tematiza a transitoriedade – a passagem do tempo, a beleza e o vigor fugidios, a intimidade com a morte, etc. – e a busca pelo eterno, e não raro propõe aproximações inesperadas, ao feitio surrealista, na evocação do plano onírico.

Essa delicadeza não afastou Cecília das questões sociais. Em 1953, publicou uma de suas obras mais conhecidas, *Romanceiro da Inconfidência*, que aborda a Inconfidência Mineira, movimento revoltoso que pretendia tornar Minas Gerais independente da Coroa portuguesa. O livro mescla os gêneros dramático, épico e lírico. Este último aparece, sobretudo, em reflexões pontuadas por grande sensibilidade, que dão aos personagens históricos uma dimensão mais humana. A recuperação do contexto histórico de Minas Gerais no século XVIII faz-se por uma recriação pautada pela imaginação e traduz um gesto de releitura da identidade brasileira.

Sua leitura

Você vai ler dois textos de Cecília Meireles: um poema lírico e um trecho do *Romanceiro da Inconfidência*, que fala da prisão do poeta Tomás Antônio Gonzaga.

Texto 1

Inscrição

Sou entre flor e nuvem,
estrela e mar.
Por que havemos de ser unicamente humanos,
limitados em chorar?

Não encontro caminhos
fáceis de andar.
Meu rosto vário desorienta as firmes pedras
que não sabem de água e de ar.

E por isso levito.
É bom deixar
um pouco de ternura e encanto indiferente
de herança, em cada lugar.

Rastro de flor e estrela,
nuvem e mar.
Meu destino é mais longe e meu passo mais
[rápido:
a sombra é que vai devagar.

MEIRELES, Cecília. *Mar absoluto/Retrato Natural*. Rio de Janeiro: Nova Fronteira, 1983. p. 124.

Texto 2

Romance LXVIII ou De outro maio fatal

[...]
Era em maio, foi por maio,
quando a ti, pobre pastor,
te vieram cercar a casa,
de prisão dando-te voz.

Iguais corriam as fontes,
como em dias de primor:
mas seu chorar, sob os liquens,
pareceria maior,
e em teus ouvidos iria
como suspiro de amor
— que o resto eram rudes ordens,
que o resto era o duro som
de algemas, patas e bulha
de mazombos e reinóis.

Era em maio, foi por maio,
sem calhandra ou rouxinol:
somente o correr das fontes
nos tanques largos da dor,
entre a fala dos amigos
e as palavras do traidor.
Saudoso sussurro d'água
nas pedras úmidas, por
onde os olhos dos cavalos
pousam como branda flor.
[...]

MEIRELES, Cecília. *Romanceiro da Inconfidência*. 3. ed. Rio de Janeiro: Nova Fronteira, 2005. p. 186-187.

Vocabulário de apoio

bulha: gritaria
calhandra: espécie de pássaro
líquen: organismo formado por associação entre fungo e alga, presente no solo, em pedras ou cascas de árvore
mazombo: filho de portugueses nascido no Brasil
primor: perfeição, encanto
reinol: português
vário: variado, múltiplo, diferente

Sobre os textos

1. Uma característica considerada fundamental na obra de Cecília Meireles é o distanciamento do eu lírico em relação ao mundo. Explique como isso aparece no texto 1.

2. Releia.

   Meu destino é mais longe e meu passo mais rápido:
   a sombra é que vai devagar.

   Proponha uma interpretação para esses últimos versos do texto 1.

3. Com relação ao texto 2, é correto afirmar que, por tratar de um evento histórico, o eu lírico adota uma postura de total objetividade? Explique sua resposta.

4. Localize, no texto 2, as referências a "fontes". De que maneira elas são associadas a diferentes sensações experimentadas por Tomás Antônio Gonzaga?

5. Tomás Antônio Gonzaga foi um poeta árcade. Que elementos do texto fazem referência ao ambiente típico do Arcadismo? Explique sua resposta.

Lembre-se

No **Arcadismo**, os poetas valorizavam a vida no campo e utilizavam nomes de pastores como pseudônimo. Dirceu é o pseudônimo árcade de Tomás Antônio Gonzaga.

467

> Vinicius: poesia entre céu e terra

O nome do carioca Vinicius de Moraes (1913-1980) é mais comumente relacionado à música, devido a sua atuação como **compositor** da bossa nova – tendência da música popular surgida na década de 1950. Mas Vinicius foi, antes de tudo, poeta. Sua literatura começou nos anos 1930 e o acompanhou por toda a vida, mesmo no período em que esteve mais próximo da música.

Vinicius tornou-se conhecido por uma **lírica amorosa e sensual**, presente tanto em seus poemas quanto nas letras de música. Outras duas tendências também são importantes em sua obra poética: a religiosidade dos primeiros anos e a participação social manifestada posteriormente.

> Céu e pecado

A primeira fase da poesia de Vinicius de Moraes teve afinidade com a do grupo de poetas católicos brasileiros surgidos nos anos 1930. A acentuada religiosidade desse período foi atravessada por uma consciência aflita, angustiada diante de sentimentos como a culpa e o pecado. Em busca de uma saída transcendente para uma alma desesperada, o poeta utilizava linguagem solene e temática sublime, confrontando criticamente a matéria "baixa" da vida com a virtude desejada do espírito.

Vinicius de Moraes em fotografia de 1973. Durante grande parte de sua vida, o poeta esteve presente no centro da efervescência cultural brasileira.

> Quem sou eu senão um grande sonho obscuro em face do Sonho
> Senão uma grande angústia obscura em face da Angústia
> Quem sou eu senão a imponderável árvore dentro da noite imóvel
> E cujas presas remontam ao mais triste fundo da terra?
> [...]
>
> MORAES, Vinicius de. A vida vivida. In: *Poesia completa e prosa*. Rio de Janeiro: Nova Aguilar, 1986. p. 190.

Vocabulário de apoio

imponderável: que não pode ser previsto
obscuro: sombrio; vago, pouco definido; difícil de compreender

> Amor sensual e sociedade

Em 1955, Vinicius de Moraes organizou uma *Antologia poética* de sua obra. Na abertura do livro, distinguiu dois momentos de sua poesia: o primeiro, já mencionado, de **caráter transcendental**, frequentemente místico; o segundo, voltado para o **mundo material**, em que repudia o idealismo dos primeiros anos. A religiosidade da fase inicial não foi apenas abandonada, mas progressivamente negada pelo poeta.

Deixando de lado os versos longos e o tom solene dos primeiros poemas, Vinicius se aproximou do cotidiano, misturando o coloquialismo a formas poéticas variadas, algumas extraídas da tradição clássica, como o soneto. Entretanto, a grande mudança diz respeito ao olhar que o poeta lançou sobre a experiência amorosa. Se antes o desejo perturbava por inibir o exercício da virtude espiritual, passou a impulsionar o poeta a produzir seu canto.

> [...]
> E eu, moço, [quando] busco em vão meus olhos velhos
> Vindos de ver a morte em mim divina:
> Uma mulher me ama e me ilumina.
>
> MORAES, Vinicius de. Quatro sonetos de meditação. In: *Poesia completa e prosa*. Rio de Janeiro: Nova Aguilar, 2008. p. 273. p. 315.

A ideia de iluminação da vida e de redenção das próprias angústias pelo encontro amoroso erótico, carnal, resolveu o conflito entre redenção espiritual e vida mundana.

São dessa segunda fase também os poemas de participação social. Neles, Vinicius cantou, sobretudo, os horrores da Segunda Guerra Mundial e as diferenças de classe na sociedade brasileira.

Passaporte digital

Vinicius

O *site* oficial de Vinicius de Moraes é bastante completo. Além de muitas informações sobre o poeta, apresenta seus poemas e as letras de suas canções. Disponível em: <http://www.viniciusdemoraes.com.br>. Acesso em: 1º mar. 2015.

Página inicial do *site* de Vinicius de Moraes.

Sua leitura

Leia dois poemas de Vinicius de Moraes: "A rosa de Hiroshima", publicado no livro *Antologia poética* (1954), e "Soneto da fidelidade", que faz parte de *Poemas, sonetos e baladas* (1946).

Texto 1

A rosa de Hiroshima

Pensem nas crianças
Mudas telepáticas
Pensem nas meninas
Cegas inexatas
Pensem nas mulheres
Rotas alteradas
Pensem nas feridas
Como rosas cálidas
Mas oh não se esqueçam
Da rosa da rosa
Da rosa de Hiroshima
A rosa hereditária
A rosa radioativa
Estúpida e inválida
A rosa com cirrose
A antirrosa atômica
Sem cor sem perfume
sem rosa sem nada.

MORAES, Vinicius de. *Poesia completa e prosa*. São Paulo: Companhia das Letras, 1992. p. 196-197.

Texto 2

Soneto de fidelidade

De tudo, ao meu amor serei atento
Antes, e com tal zelo, e sempre, e tanto
Que mesmo em face do maior encanto
Dele se encante mais meu pensamento.

Quero vivê-lo em cada vão momento
E em seu louvor hei de espalhar meu canto
E rir meu riso e derramar meu pranto
Ao seu pesar ou seu contentamento.

E assim, quando mais tarde me procure
Quem sabe a morte, angústia de quem vive
Quem sabe a solidão, fim de quem ama

Eu possa me dizer do amor (que tive):
Que não seja imortal, posto que é chama
Mas que seja infinito enquanto dure.

MORAES, Vinicius de. *Poesia completa e prosa*. São Paulo: Companhia das Letras, 1992. p. 93-94.

Vocabulário de apoio

cálido: que irradia calor, ardor
cirrose: doença crônica do fígado
hereditário: transmitido aos descendentes
telepático: quem se comunica por telepatia (comunicação direta entre mentes)
zelo: grande cuidado, afeição intensa

Sobre os textos

1. O texto 1 remete ao ataque nuclear dos Estados Unidos às cidades japonesas de Hiroshima e Nagasaki, em 1945, no final da Segunda Guerra Mundial.
   a) Que metáfora é criada no poema para representar a famosa imagem do "cogumelo de fumaça", surgido da explosão da bomba atômica?
   b) Com essa metáfora, o eu lírico chama a atenção para qual aspecto da guerra? Explique.

2. O último verso do texto 2 apresenta um paradoxo sobre o amor.
   a) Que paradoxo é esse?
   b) Como é possível interpretar essa aparente contradição?

O que você pensa disto?

Vinicius de Moraes teve uma longa carreira como poeta e como compositor. A parte mais conhecida e consumida de sua obra, no entanto, são suas composições musicais. Curiosamente, o público costuma admirá-las por perceber que as letras escritas por Vinicius têm a qualidade de um poema. Desse modo, parece que se confere à poesia, de certa forma, um valor superior ao da letra de canção.

- Como explicar que, ainda assim, o cancioneiro de Vinicius de Moraes seja muito mais consumido do que a obra poética do escritor? A que se deve a pouca leitura de poemas no mundo contemporâneo, enquanto há um consumo cada vez maior de canções, mesmo com tantas semelhanças entre as duas linguagens?

Vinicius e seu grande amigo Tom Jobim (1927-1991): parceria entre poesia e música popular. Fotografia de 1977.

Ferramenta de leitura

Projeto estético e projeto ideológico

Mineiro de Montes Claros, João Luiz Lafetá foi crítico literário e professor do Departamento de Teoria Literária da Unicamp e da USP. Escreveu ensaios sobre Mário de Andrade, Graciliano Ramos e Ferreira Gullar, entre outros. Fotografia de 1987.

João Luiz Lafetá (1946-1996), em sua dissertação de mestrado – orientada pelo consagrado estudioso Antonio Candido e depois publicada no livro *1930: A crítica e o Modernismo* –, comparou as propostas libertárias da primeira fase do Modernismo (a "fase heroica") com as da segunda fase.

Antes de contrapor essas duas tendências, Lafetá apresentou o contexto histórico dos anos 1920. Identifica, nessa década, "um desejo de modificação" das estruturas arcaicas do país. Tal desejo estaria relacionado ao "processo de plena implantação do capitalismo no país" e ao "fluxo ascensional da burguesia". Esses dois fatores afetariam também as demais camadas sociais. O crítico tratou, então, do modo como cada tendência modernista se relacionou com as discussões de sua época, como se lê no trecho a seguir.

> Nesse panorama de modernização geral se inscreve a corrente artística renovadora que, assumindo o arranco burguês, consegue paradoxalmente exprimir de igual forma as aspirações de outras classes, abrindo-se para a totalidade da nação através da crítica radical às instituições já ultrapassadas. Nesse ponto o Modernismo retoma e aprofunda uma tradição que vem de Euclides da Cunha, passa por Lima Barreto, Graça Aranha, Monteiro Lobato: trata-se da denúncia do Brasil arcaico, regido por uma política ineficaz e incompetente.
>
> Mas, notemos, não há no movimento uma aspiração que transborde os quadros da burguesia. A ideologia de esquerda não encontra eco nas obras da fase heroica; se há denúncia das más condições de vida do povo, não existe todavia consciência da possibilidade ou da necessidade de uma revolução proletária.
> [...]
> Um exame comparativo, superficial que seja, da fase heroica e da que se segue à Revolução [de 1930] mostra-nos uma diferença básica entre as duas: enquanto na primeira a ênfase das discussões cai predominantemente no projeto estético (isto é, o que se discute principalmente é a linguagem), na segunda a ênfase é sobre o projeto ideológico (isto é, discute-se a função da literatura, o papel do escritor, as ligações da ideologia com a arte).
>
> LAFETÁ, João Luiz; CANDIDO, Antonio. *1930: A crítica e o Modernismo*. São Paulo: Ed. 34, 2000. p. 27-28.

Pela leitura do texto, entende-se que a literatura feita pelos modernistas da segunda fase é o resultado de dois movimentos: o artístico-literário, que deriva da assimilação das mudanças sugeridas pela fase heroica; e o sociocultural, relacionado à consciência ideológica surgida em face do processo de modernização e de industrialização da sociedade brasileira nos primeiros anos do século XX.

Embora a literatura desse segundo momento modernista tenha como principal assunto a matéria histórica e, sobretudo, os pontos de crise pelos quais passa a sociedade, essa fase literária não desconsiderou uma cuidadosa operação com a forma e a linguagem – que muito devia às conquistas da fase anterior, dos anos 1920. Do mesmo modo, a literatura produzida nos anos 1920 também promoveu avanços no plano ideológico ao questionar a tradição por meio de uma proposta de revolução formal – ou seja, ligada à forma dos textos literários –, focando o atraso tanto estético quanto comportamental da elite brasileira.

Você vai ler, na sequência, dois textos de escritores da segunda fase do Modernismo que foram estudados ao longo da unidade. O primeiro é um trecho do poema "Mensagem à poesia", de Vinicius de Moraes, e o segundo é um excerto da obra *Vidas secas*, de Graciliano Ramos. Considerando as ideias do crítico João Luiz Lafetá, leia-os e responda às questões.

Texto 1

Mensagem à poesia

Não posso
Não é possível
Digam-lhe que é totalmente impossível
Agora não pode ser
É impossível
Não posso.
Digam-lhe que estou tristíssimo, mas não posso ir esta noite ao seu encontro.
Contem-lhe que há milhões de corpos a enterrar
Muitas cidades a reerguer, muita pobreza pelo mundo.
Contem-lhe que há uma criança chorando em alguma parte do mundo
E as mulheres estão ficando loucas, e há legiões delas carpindo
A saudade de seus homens; contem-lhe que há um vácuo
Nos olhos dos párias, e sua magreza é extrema; contem-lhe
Que a vergonha, a desonra, o suicídio rondam os lares, e é preciso reconquistar a vida.
Façam-lhe ver que é preciso eu estar alerta, voltado para todos os caminhos
Pronto a socorrer, a amar, a mentir, a morrer se for preciso.
[...]

MORAES, Vinicius de. Disponível em: <http://www.viniciusdemoraes.com.br/pt-br/poesia/poesias-avulsas/mensagem-poesia>. Acesso em: 1 mar. 2015.

Texto 2

[...]
Ouviu o falatório desconexo do bêbedo, caiu numa indecisão dolorosa. Ele também dizia palavras sem sentido, conversava à toa. Mas irou-se com a comparação, deu marradas na parede. Era bruto, sim senhor, nunca havia aprendido, não sabia explicar-se. Estava preso por isso? Como era? Então mete-se um homem na cadeia porque ele não sabe falar direito? Que mal fazia a brutalidade dele? Vivia trabalhando como um escravo. Desentupia o bebedouro, consertava as cercas, curava os animais — aproveitara um casco de fazenda sem valor. Tudo em ordem, podiam ver. Tinha culpa de ser bruto? Quem tinha culpa?
Se não fosse aquilo... Nem sabia. O fio da ideia cresceu, engrossou — e partiu-se. Difícil pensar. Vivia tão agarrado aos bichos... Nunca vira uma escola. Por isso não conseguia defender-se, botar as coisas nos seus lugares. O demônio daquela história entrava-lhe na cabeça e saía. Era para um cristão endoidecer. Se lhe tivessem dado ensino, encontraria meio de entendê-la. Impossível, só sabia lidar com bichos. [...]

RAMOS, Graciliano. *Vidas secas*. 78. ed. Rio de Janeiro: Record, 1999. p. 35-36.

Vocabulário de apoio

bêbedo: bêbado
carpir: lamentar, chorar por alguém, expressar tristeza
casco: resto
marrada: pancada com a cabeça
pária: indivíduo que vive à margem da sociedade, excluído

Sobre os textos

1. O texto 1 tem um caráter metalinguístico (isto é, trata da composição artística) por apresentar uma "mensagem à poesia".
   a) O que o eu lírico deseja que seus interlocutores comuniquem à poesia?
   b) É correto afirmar que o eu lírico menospreza a poesia? Por quê?
2. Explique a diferença de sentido entre as expressões *Não posso* e *Não é possível*, no contexto dos primeiros versos do texto 1.
3. No texto 2, a expressão *fio da ideia* é usada para designar um esboço de consciência do protagonista sobre sua condição social. A que elementos o protagonista atribui essa condição?
4. Embora escrito em terceira pessoa, o texto 2 contém um recurso narrativo que revela com fidelidade os pensamentos do protagonista. Explique essa afirmação, nomeando tal recurso.
5. Que semelhanças é possível identificar entre os textos 1 e 2? Como o projeto ideológico da segunda fase modernista, mencionado por João Luiz Lafetá, ajuda a explicar tais semelhanças?

Entre textos

Após a efervescência libertária da primeira fase modernista, os artistas que surgiram a partir da década de 1930 descobriram a liberdade de não apenas romper com a tradição, mas também de retomá-la quando necessário. É desse segundo momento modernista um conjunto de autores muito marcantes do século XX no país, cuja influência pode ser detectada na literatura até os dias de hoje.

TEXTO 1

Luzia-homem

A população da cidade triplicava com a extraordinária afluência de retirantes. Casas de taipa, palhoças, latadas, ranchos e abarracamentos do subúrbio estavam repletos a transbordarem. Mesmo sob os tamarineiros das praças se aboletavam famílias no extremo passo da miséria — resíduos da torrente humana que dia e noite atravessava a Rua da Vitória, onde entroncavam os caminhos e a estrada real, traçada ao lado esquerdo do rio Acaracu, até ao mar. Eram pedaços da multidão, varrida dos lares pelo flagelo, encalhando no lento percurso da tétrica viagem através do sertão tostado, como terra de maldição ferida pela ira de Deus; esquálidas criaturas de aspecto horripilante, esqueletos automáticos dentro de fantásticos trajes, rendilhados de trapos sórdidos, de uma sujidade nauseante, empapados de sangue purulento das úlceras, que lhes carcomiam a pele, até descobrirem os ossos, nas articulações deformadas. E o céu límpido, sereno, de um azul doce de líquida safira, sem uma nuvem mensageira de esperança, vasculhado pela viração aquecida, ou intermitentes redemoinhos a sublevarem bulcões de pó amarelo, envolvendo como um nimbo, a trágica procissão do êxodo. [...]

OLÍMPIO, Domingos. *Luzia-homem*. Rio de Janeiro: Ediouro, 2003. p. 18.

Vocabulário de apoio

aboletar: alojar, instalar
carcomer: corroer, arruinar
bulcão: nuvem que indica tempestade, trevas
esquálido: magro, que aparenta desnutrição
flagelo: grande desgraça, catástrofe
nimbo: nuvem densa que se desfaz facilmente, auréola
purulento: cheio de pus
sublevar: mover de baixo para cima
tamarineiro: árvore que gera o fruto tamarindo
tétrico: de grande severidade, medonho, horrível
úlcera: lesão aberta, ferida
viração: vento fresco e suave

Embora não seja um neonaturalismo, a tendência regionalista da década de 1930 tem características em comum com os escritos naturalistas do final do século XIX. Entre elas, o interesse pela observação do meio, a tipificação de personagens, a denúncia de mazelas sociais por meio da literatura. O romance de Domingos Olímpio (1851-1906), *Luzia-homem*, de 1903, narra a história de personagens cuja vida é conduzida pela seca, assim como faria Graciliano Ramos (1892-1953), com outro enfoque e outra profundidade, em *Vidas secas*, de 1938.

TEXTO 2

Poema obsceno

Façam a festa
      cantem dancem
que eu faço o poema duro
          o poema-murro
          sujo
          como a miséria brasileira
Não se detenham:
façam a festa
      Bethânia Martinho
      Clementina
Estação Primeira de Mangueira Salgueiro
gente de Vila Isabel e Madureira
          todos
          façam
      a nossa festa
enquanto eu soco este pilão
      este surdo
        poema
que não toca no rádio
que o povo não cantará
(mas que nasce dele)
Não se prestará a análises estruturalistas
Não entrará nas antologias oficiais
      Obsceno
como o salário de um trabalhador aposentado
      o poema
terá o destino dos que habitam o lado escuro do país
      — e espreitam.

GULLAR, Ferreira. *Toda poesia*. 9. ed. São Paulo: Círculo do Livro, s. d. p. 441.

A poesia social de Drummond (1902-1987) ganhou um poeta à altura com o maranhense Ferreira Gullar (1930-). Sua obra passou por várias fases, do experimentalismo ao engajamento político, até chegar a um canto pessoal que extrai sua substância da experiência em tempo e espaço específicos, como se vê em "Poema obsceno", de 1980.

TEXTO 3

A eternidade

De novo me invade.
Quem? — A Eternidade.
É o mar que se vai
Como o sol que cai.

Alma sentinela,
Ensina-me o jogo
Da noite que gela
E do dia em fogo.

Das lides humanas,
Das palmas e vaias,
Já te desenganas
E no ar te espraias.

De outra nenhuma,
Brasas de cetim,
O Dever se esfuma
Sem dizer: enfim.

Lá não há esperança
E não há futuro.
Ciência e paciência,
Suplício seguro.

De novo me invade.
Quem? — A Eternidade.
É o mar que se vai
Com o sol que cai.

RIMBAUD, Arthur. *Rimbaud livre*. Trad. Augusto de Campos. 2. ed. São Paulo: Perspectiva, 1993.

Vocabulário de apoio

alcandorar: elevar
carme: poema
cimo: alto, cume
despojado: desprovido, desprendido
esfumar: desfazer-se
espraiar: estender, dilatar
fealdade: falta de beleza, feiura
lide: labuta, trabalho
suplício: dor ou sofrimento intenso

A poesia simbolista da virada do século nunca sofreu o ataque que os modernistas dos anos 1920 dirigiram à tradição parnasiana. A partir da década de 1930, o Simbolismo foi retomado por poetas de propostas diversas. A tendência surrealista de Murilo Mendes (1901-1975) e Jorge de Lima (1895-1953) inspirava-se no francês Arthur Rimbaud (1854-1891), que produziu uma poesia de matriz onírica e libertária. Já Alphonsus de Guimaraens (1870-1921), com seu simbolismo etéreo, místico e melancólico, serviu de influência a Cecília Meireles (1901-1964) e Vinicius de Moraes (1913-1980).

TEXTO 4

Soneto LXXV

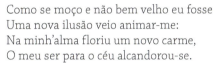

Como se moço e não bem velho eu fosse
Uma nova ilusão veio animar-me:
Na minh'alma floriu um novo carme,
O meu ser para o céu alcandorou-se.

Ouvi gritos em mim como um alarme.
E o meu olhar, outrora suave e doce,
Nas ânsias de escalar o azul, tornou-se
Todo em raios que vinham desolar-me.

Vi-me no cimo eterno da montanha,
Tentando unir ao peito a luz dos círios
Que brilhavam na paz da noite estranha.

Acordei do áureo sonho em sobressalto:
Do céu tombei aos caos dos meus martírios,
Sem saber para que subi tão alto...

GUIMARAENS, Alphonsus de. In: MOISÉS, Massaud. *A literatura brasileira através dos textos*. 22. ed. São Paulo: Cultrix, 2006. p. 333.

TEXTO 5

Ainda estou em luta e sonho
Embriagada pelo sentimento de uma ideia
Que me afasta da rotina dos meus atos
Repetidamente exercidos sem paixão.
Não devo mencionar o meu corpo
Se quero dissolvê-lo na harmonia
Que atenua os desastres e as delícias do tempo
Pela saudade, este vasto entretenimento da imaginação.
Devo sim estar calma, e pura,
Semelhante àquele que em sua virtude ama os doentes
Como em si mesmo a indisfarçada fealdade.
Despojada dos meus pudores, eu nada prefiro
— Apenas sou.

IANELLI, Mariana. *Passagens*. São Paulo: Iluminuras, 2003. p. 51.

A poesia intimista, delicada e grave de Cecília Meireles encontra poucos pares na literatura brasileira. Entretanto, uma nova poeta paulistana está trilhando o complexo caminho lírico aberto pela autora carioca. Nascida em 1979, Mariana Ianelli já conta com uma expressiva carreira literária. Embora sua obra manifeste semelhanças com a poesia de Cecília Meireles, como a precisão e o cuidado na escolha do vocabulário e o caráter filosófico-metafísico, Mariana destaca-se entre seus contemporâneos com uma poesia singular.

Vestibular

1. **(Ufam)** O segundo momento modernista traz preocupações diferenciadas do primeiro momento. Para pensar essa questão, considere-se *Fogo morto*, de José Lins do Rego, como:

   a) ficção restrita ao Nordeste, sem possibilidade de uma leitura mais ampla dos problemas nacionais a partir dela.

   b) ficção de cunho realista que revela problemas brasileiros, como a decadência dos engenhos e a consequente miséria advinda dessa derrocada.

   c) ficção que apresenta personagens mal definidas, pois seu enredo de cunho interior exige aperfeiçoamento na caracterização das personagens.

   d) romance de cunho social, empobrecido pelo aspecto panfletário assumido pelo autor.

   e) a loucura, advinda da derrocada financeira, é recorrente nos romances do ciclo da cana-de-açúcar.

2. **(IFPE)**

   > **Mulher proletária**
   >
   > Mulher proletária — única fábrica
   > que o operário tem, (fabrica filhos)
   > tu
   > na tua superprodução de máquina humana
   > forneces anjos para o Senhor Jesus,
   > forneces braços para o senhor burguês.
   >
   > Mulher proletária,
   > o operário, teu proprietário
   > há de ver, há de ver:
   > a tua produção,
   > a tua superprodução,
   > ao contrário das máquinas burguesas
   > salvar o teu proprietário.
   >
   > LIMA, Jorge de. *Poesia completa*. 2. ed. Rio de Janeiro: Nova Fronteira, 1980. v. 1.

   Jorge de Lima é um poeta representativo da segunda geração modernista. Analise as proposições abaixo acerca dos recursos expressivos que constroem a imagem da "mulher proletária".

   I. As metáforas "fábrica" e "máquina humana" são, de certo modo, desveladas pela construção parentética "fabrica filhos".

   II. Os dois últimos versos na primeira estrofe constituem eufemismos das ideias de mortalidade e de trabalho infantil.

   III. O trocadilho entre "prole" e "proletária" assinala a função social da mulher no contexto do poema.

   IV. A gradação na segunda estrofe aponta para a submissão da mulher e para a salvação do homem operário.

   V. Os últimos versos do poema sugerem que o trabalho da mulher pode levar sua família à ascensão social.

   Estão corretas, apenas:

   a) I, II e V
   b) II, III e IV
   c) I, II e III
   d) II e V
   e) I e IV

3. **(PUC-Campinas-SP)** Referências a Lampião e seu bando, bem como histórias de outros grupos de cangaceiros ou de jagunços, surgem em parte significativa da ficção publicada no Brasil no último século, de que são exemplos:

   a) os romances *Angústia*, de Graciliano Ramos, e *O triste fim de Policarpo Quaresma*, de Lima Barreto.

   b) as narrativas reunidas em *Papéis avulsos*, de Machado de Assis, e as novelas de *Sagarana*, de Guimarães Rosa.

   c) os romances regionalistas de José Lins do Rego, como *Fogo morto*, e a obra-prima *Grande sertão: veredas*, de Guimarães Rosa.

   d) o romance naturalista *O cortiço*, de Aluísio Azevedo, e a saga do ciclo de cacau documentada por Jorge Amado.

   e) as narrativas da história sul-riograndense, de Érico Veríssimo, e o romance *O Ateneu*, de Raul Pompéia.

4. **(UFMG)** Leia este texto:

   > O céu, transparente que doía, vibrava tremendo feito uma gaze repuxada.
   >
   > Vicente sentia por toda parte uma impressão ressequida de calor e aspereza.
   >
   > Verde, na monotonia cinzenta da paisagem, só algum juazeiro ainda escapo à devastação da rama; mas em geral as pobres árvores apareciam lamentáveis, mostrando os cotos dos galhos como membros amputados e a casca toda raspada em grandes zonas brancas.
   >
   > E o chão, que em outro tempo a sombra cobria, era uma confusão desolada de galhos secos, cuja agressividade ainda mais se acentuava pelos espinhos.
   >
   > QUEIROZ, Rachel de. *O quinze*. São Paulo: Círculo do Livro, 1992. p. 17-18.

   Nesse texto, o narrador refere-se à seca nordestina. Identifique e explique a tendência, na literatura brasileira, de os romancistas se disporem a escrever sobre essa temática.

UNIDADE 17

O Modernismo no Brasil: terceira fase

O rigor técnico, a exploração dos elementos próprios da linguagem artística e a despreocupação em transmitir ideias ou sentimentos são algumas das marcas do Abstracionismo, tendência das artes plásticas que explora relações entre formas, cores, linhas, em vez de representar objetos do mundo concreto. No Brasil, o Abstracionismo tem seu auge no período de 1945 a 1960.

Na literatura desse mesmo período, não houve predomínio de uma tendência unificadora. As obras dialogam com várias formas de expressão artística, incluindo as vanguardas europeias, as duas fases anteriores do Modernismo e novas experiências estéticas do pós-Segunda Guerra Mundial.

Essa produção literária será estudada nesta unidade, em suas múltiplas especificidades, com destaque para as continuidades e as rupturas em relação às manifestações artísticas que a precederam.

Nesta unidade

49 A terceira fase do Modernismo – o apuro da forma

50 João Guimarães Rosa: o universal nascido do regional

51 Clarice Lispector: a iluminação do cotidiano

52 João Cabral de Melo Neto: a arquitetura da linguagem

53 Nelson Rodrigues e Ariano Suassuna: o teatro do século XX

Cordeiro, Waldemar. Sem título, 1949. Óleo sobre tela, 46,5 cm × 33 cm. Coleção particular.

CAPÍTULO 49
A terceira fase do Modernismo – o apuro da forma

O que você vai estudar

- O Brasil do pós-guerra: democratização e crescimento econômico.
- As artes plásticas: criação de importantes museus em São Paulo.
- A prosa e a poesia: imersão dos escritores na linguagem e na psicologia das personagens.
- O teatro: tragédia urbana e comédia regionalista.

No período de 1945 a 1960, o país abriu-se para o mundo em vários setores culturais, como as artes plásticas, a arquitetura e a música. Tal abertura, em maior ou menor grau, sempre existira; a novidade é que nesse período o diálogo com a cultura internacional se constituiu uma via de duas mãos, pela qual o Brasil tanto importava quanto exportava tendências artísticas e arquitetônicas.

No campo literário, a terceira fase do Modernismo representou um dos momentos mais fecundos para a arte no Brasil, revelando autores – na poesia, na prosa e no teatro – cujas obras se destacam pela complexidade estética e densidade psicológica.

Sua leitura

A seguir, você verá a reprodução de uma tela do artista holandês Piet Mondrian (1872-1944), que utilizou em seu trabalho formas simples (quadradas e retangulares) e cores primárias (vermelho, azul e amarelo), abandonando a tridimensionalidade. Você lerá também um fragmento do poema "Psicologia da composição", do brasileiro João Cabral de Melo Neto (1920-1999).

Composição A

MONDRIAN, Piet. *Composição A*, 1920. Óleo sobre tela, 90,2 cm × 90,8 cm. Galleria Nazionale d'Arte Moderna, Roma, Itália.

476

Psicologia da composição

II
Esta folha branca
me proscreve o sonho,
me incita ao verso
nítido e preciso.

Eu me refugio
nesta praia pura
onde nada existe
em que a noite pouse.

Como não há noite
cessa toda fonte;
como não há fonte
cessa toda fuga;

Como não há fuga
nada lembra o fluir
de meu tempo, ao vento
que nele sopra o tempo.

MELO NETO, João Cabral de. *Melhores poemas de João Cabral de Melo Neto*. 6. ed. São Paulo: Global, 1998. p. 34.

Vocabulário de apoio
cessar: deixar de existir
incitar: encorajar, estimular alguém a realizar alguma coisa
proscrever: afastar, proibir

Sobre os textos

1. Descreva a obra de Mondrian reproduzida na página ao lado.
2. É possível perceber alguma relação entre o quadro de Mondrian e a realidade concreta, aquela que você observa no dia a dia? Justifique.
3. Qual é o tema do poema "Psicologia da composição"? Justifique com elementos do texto.
4. Na concepção de poesia expressa em "Psicologia da composição", há lugar para o sonho e a fantasia? Comprove com um trecho do texto.
5. O que significa criar um verso "nítido e preciso"?
6. Observe as características formais do poema.
   a) Descreva a divisão em estrofes e a métrica do poema.
   b) Cite um exemplo de ocorrência de assonância.
   c) Pode-se afirmar que há relação entre o cuidado com a forma e a concepção de poesia defendida pelo eu lírico? Justifique sua resposta.
7. Há algum elemento comum ao quadro e ao poema? Para responder à questão, verifique se é possível estabelecer uma relação entre os temas tratados nas duas obras.

Lembre-se

A **métrica** diz respeito ao conjunto de regras relativas à medida, ao ritmo e à organização do verso ou da estrofe. A decomposição do verso em sílabas poéticas é chamada de **escansão**. Na poesia, a contagem das sílabas se dá de forma diferente do que acontece na gramática. Por exemplo, as vogais finais e iniciais das palavras podem se unir para formar uma única sílaba. Além disso, a contagem é feita até a última sílaba tônica do verso, sendo desconsideradas as sílabas átonas que a sucedem.

A **assonância** é uma figura de linguagem caracterizada pela repetição de vogais semelhantes ou iguais em palavras próximas, criando um efeito expressivo.

Repertório

João Cabral: reflexão sobre artes plásticas

O poeta João Cabral de Melo Neto não se preocupava apenas com questões específicas de sua arte, a poesia. Ele também se dedicou à reflexão teórica sobre as artes plásticas, da qual resultou um ensaio sobre o pintor espanhol Joan Miró. Leia um fragmento desse ensaio:

> Miró não era o primeiro pintor do mundo a abandonar a terceira dimensão. Mas talvez ele tenha sido o primeiro a compreender que o tratamento da superfície como superfície libertava o pintor de todo um conceito de composição. [...] O abandono da terceira dimensão foi seguido do abandono, quase simultâneo, da exigência de centro do quadro. [...] À ideia de subordinação de elementos a um ponto de interesse, ele substitui um tipo de composição em que todos os elementos merecem um igual destaque. Nesse tipo de composição não há uma ordenação em função de um elemento dominante, mas uma série de dominantes, que se propõem simultaneamente, pedindo do espectador uma série de *fixações* sucessivas, em cada uma das quais lhe é dado um setor do quadro.

MELO NETO, João Cabral de. *Obra completa*. Rio de Janeiro: Nova Aguilar, 1975. p. 696-697.

MIRÓ, Joan. *Composição*, 1933. Óleo sobre tela, 130 cm × 162 cm. Kunstmuseum Bern, Berna, Suíça.

❯ O contexto de produção

❯ O contexto histórico

Em 1944 e 1945, o Brasil havia enviado tropas à Itália para lutar na frente antifascista, liderada pelos Estados Unidos e formada por outros países que adotavam o regime democrático. Configurava-se assim uma contradição: o Brasil integrava-se aos países democráticos no *front* externo, mas internamente vivia sob a ditadura de Getúlio Vargas. A volta dos soldados ao Brasil trouxe comoção popular e acelerou as **pressões pela redemocratização**. Vargas acabou renunciando em outubro de 1945. Com a convocação de eleições presidenciais, para dezembro desse mesmo ano, o general Eurico Gaspar Dutra elegeu-se presidente da República e, em 1946, promulgou uma nova Constituição.

O general Dutra governou até 1951. Durante seu governo, o Brasil aliou-se aos Estados Unidos na chamada **Guerra Fria**, em que países do bloco capitalista se contrapunham aos países do bloco comunista na luta pela conquista de zonas de influência ao redor do mundo. Isso repercutiu internamente no Brasil, com a proibição de atuação política dos partidos de esquerda.

Em 1951, Getúlio Vargas voltou ao poder conduzido pelo voto direto. Seu governo retomou a política nacionalista e populista do período do Estado Novo (1937-1945). Em 1953, foi criada a Petrobras, estabelecendo o monopólio estatal na produção de petróleo. No ano seguinte, acuado por inimigos políticos, Getúlio Vargas suicidou-se, o que causou grande impacto e favoreceu a eleição de Juscelino Kubitschek para o período de 1956 a 1961.

Juscelino e os "50 anos em 5"

Logo no início do seu mandato, o novo presidente lançou um ambicioso plano nacional de desenvolvimento – **o Plano de Metas** – baseado na industrialização e na entrada de capital estrangeiro no país. O *slogan* da época – **"50 anos em 5"** – prometia desenvolver o Brasil rapidamente. Os principais objetivos econômicos estavam nas áreas de geração de energia, transporte e indústria de base, aos quais se somava a construção de Brasília (inaugurada em 1960).

Portanto, no período de 1945 a 1960, a economia brasileira experimentou dois movimentos distintos: inicialmente, vigorou a **substituição de importações**, política que tinha por objetivo implantar no Brasil a produção de bens anteriormente importados – o incentivo ao petróleo incluía-se nessa política. Simultaneamente, uma parcela da burguesia brasileira começou a se aliar ao **capital estrangeiro**, em um movimento que se acentuou durante o governo de Juscelino Kubitschek.

Além da indústria, fortaleciam-se no Brasil os **empreendimentos em comunicação**, tendo como principal figura Assis Chateaubriand, proprietário de uma vasta rede de jornais, revistas e emissoras de rádio e televisão.

Tudo isso se passou em um contexto de grande **crescimento urbano**: em meados da década de 1950, pela primeira vez o número de habitantes das cidades ultrapassou o número de habitantes da zona rural no Brasil. Com a rápida urbanização, houve ampliação da classe média e do mercado consumidor interno.

Entre os escritores da terceira fase do Modernismo, a urbanização aparece em evidência na obra de Clarice Lispector, como se observa neste trecho, em que a narradora conta um encontro que teve com sua vizinha.

Graças à expansão da indústria, um prato tipicamente brasileiro passou a ser comercializado no supermercado. A propaganda ressaltava as qualidades da feijoada, que já vinha "pronta para servir", vendendo a praticidade de um novo estilo de vida para a crescente população das cidades.

> Quanto à mãe de Ofélia, ela temia que à força de morarmos no mesmo andar houvesse intimidade e, sem saber que eu também me resguardava, evitava-me. [...] A mãe de Ofélia chegara mesmo a ser grosseira no elevador: no dia seguinte eu estava com um dos meninos pela mão, o elevador descia devagar, e eu, opressa pelo silêncio que, à outra, fortificava — dissera num tom de agrado que no mesmo instante também a mim repugnara:
> — Estamos indo para a casa da avó dele.
> E ela, para meu espanto:
> — Não perguntei nada, nunca me meto na vida dos vizinhos.
>
> LISPECTOR, Clarice. A legião estrangeira. In: *Felicidade clandestina*: contos. Rio de Janeiro: Rocco, 1998. p. 67.

■ Margens do texto

1. O elevador é um elemento estreitamente ligado ao crescimento das cidades. Explique por quê.
2. Esse trecho mostra um aspecto das relações de vizinhança que é característico das cidades grandes. O que se observa no relacionamento entre as duas vizinhas quanto a esse aspecto?

> O contexto cultural

Até a década de 1940, o Rio de Janeiro, capital federal, era o grande centro cultural do país. A **Rádio Nacional** transmitia para multidões a voz de cantores populares como Emilinha Borba, Ângela Maria e Cauby Peixoto. Tinham também sede no Rio a companhia cinematográfica **Atlântida**, muitos teatros, os principais museus de arte e os maiores jornais do país.

A partir da década de 1940, o Rio passou a dividir esse papel com São Paulo, cidade onde surgia um novo mecenato cultural, liderado pela indústria e pelas organizações de comunicação. Na década de 1920, os escritores e pintores modernistas foram "adotados" por famílias tradicionais de São Paulo, que prestigiavam os jovens artistas em seus salões, imitando os salões literários parisienses. Em contraste com esse ambiente mais restrito, o novo mecenato dos anos 1940 iniciou a criação de instituições culturais de grande alcance, tais como o **Museu de Arte de São Paulo (Masp)** e o **Museu de Arte Moderna de São Paulo (MAM)**, fundados em 1947 e em 1948, respectivamente. Instituições como essas inseriam a arte brasileira em um circuito internacional, possibilitando, ao mesmo tempo, um encontro das pessoas comuns com a arte de vanguarda produzida aqui e em outros centros de cultura. No entanto, a aceitação da arte contemporânea não estava garantida. A falta de compreensão das novidades artísticas pela população foi tema de um texto publicado no jornal *Folha da Manhã*, em 8 de outubro de 1950.

> Velhos equívocos afetam a compreensão das obras artísticas contemporâneas. A escassíssima difusão — reduzida, em geral, à literatura fácil ou a demagógicos empreendimentos — aliada à frustrada participação dos diferentes gêneros artísticos na nossa vida social, escavaram profundo sulco entre as criações plásticas e o "gosto" comum. A causa de tal fato reside, talvez, nos numerosos preconceitos que o público ainda mantém sobre a qualidade constante da linguagem artística. Nessas condições, impõe-se a necessidade de rever nossas opiniões à luz das experiências do artista, para verificar e diferenciar os elementos que realmente dão conta da beleza plástica. [...]
>
> Disponível em: <http://almanaque.folha.uol.com.br/ilustrada_08out1950.htm>. Acesso em: 1º mar. 2015.

Repertório

A Bienal de Arte de São Paulo

Acompanhando o desenvolvimento industrial brasileiro, foi realizada a primeira Bienal de Arte de São Paulo, em 1951, inspirada na Bienal de Veneza. A realização da Bienal trouxe para o país a arte que se fazia no mundo inteiro e colocou a arte brasileira no circuito internacional. Em 1954, foi inaugurado o edifício da Bienal no Parque do Ibirapuera, em São Paulo, com projeto de Oscar Niemeyer, arquiteto que posteriormente faria o projeto dos edifícios de Brasília, a nova capital do país.

Interior do Pavilhão da Bienal no Parque do Ibirapuera, em São Paulo (SP). Fotografia de 2008.

Especificamente no panorama das artes plásticas do Brasil, o MAM distinguiu-se por conferir grande destaque ao **Abstracionismo**, corrente artística em ascensão na Europa e nos Estados Unidos. Sua primeira mostra intitulou-se *Do Figurativismo ao Abstracionismo*, mas, apesar do nome, só incluía obras abstracionistas na exposição.

O **novo mecenato paulista** deixou sua marca também na indústria cinematográfica e no teatro. O industrial Ciccillo Matarazzo, em parceria com seu funcionário Franco Zampari, fundou, em 1949, a **Companhia Vera Cruz** – estúdio equipado para produzir grandes filmes – e o **Teatro Brasileiro de Comédia (TBC)**. A Vera Cruz pretendia rivalizar com a produtora carioca Atlântida, mas teve vida curta: durou até 1954. Já o TBC produziu, durante as décadas de 1950 e 1960, diversas peças que marcaram época, revelando atores e diretores importantes, como Cacilda Becker, Fernanda Montenegro, Sérgio Cardoso, Paulo Autran, Ziembinski e Gianni Rato.

Nesse contexto surgiu a televisão, em 1950, com a primeira transmissão da **TV Tupi**, empresa pertencente ao grupo de comunicação de Assis Chateaubriand. O Brasil ingressava, assim, na **era da comunicação de massa**.

Postal antigo, de cerca de 1945, com a imagem de um posto da Standard Oil, uma das maiores empresas petrolíferas do mundo. Seu controlador, Nelson Rockfeller, foi peça-chave na política de expansionismo cultural concebida pelo Departamento de Estado estadunidense, após a Segunda Guerra. Em 1951, a presença de Rockfeller em um evento promovido pelo MAM gerou protestos de forças de esquerda no Brasil.

> ## O contexto literário

A produção literária da terceira fase do Modernismo não se caracterizou pela ruptura, denúncia ou afirmação da identidade de uma nova geração. A principal contribuição dos escritores dessa fase consistiu em proporcionar desdobramentos muito consequentes dos principais temas tratados na segunda fase: o **regionalismo** e a **literatura de investigação psicológica**. Soma-se a isso a constituição do **teatro moderno** no Brasil, também ocorrida no mesmo período.

O sistema literário da terceira fase do Modernismo

Nos anos 1950, ganhou relevo o papel desempenhado pela **imprensa**, que se modernizou e se expandiu. Os jornais passaram a adotar o modelo industrial estadunidense de grandes redações que padronizavam a notícia e profissionalizavam as figuras do repórter e do redator. Muitos escritores trabalhavam na imprensa, além de atuar como professores, editores ou tradutores.

O Suplemento Dominical do *Jornal do Brasil*, criado em 1956 e editado pelo poeta Mário Faustino, esteve no centro do debate cultural da época, publicando trechos de obras e resenhas críticas. Em 1960, foi criado no mesmo jornal o Caderno B, que se tornaria padrão para os cadernos culturais na imprensa brasileira.

O intercâmbio cultural, no entanto, não se restringiu aos grandes centros como São Paulo, Rio de Janeiro e Belo Horizonte, estendendo-se também às capitais dos estados do Sul, do Nordeste e do Norte do Brasil.

Na terceira fase do Modernismo, destacam-se alguns **autores e gêneros** indicados a seguir.

João Cabral de Melo Neto, cuja poesia é marcada pela objetividade e pelo rigor formal, causou impacto com a publicação dos primeiros livros, por sua proposta estética inovadora. Posteriormente, a obra desse autor mergulhou profundamente na realidade humana e geográfica do Nordeste.

Guimarães Rosa estreou em 1946 com o livro de contos *Sagarana*, revigorando o regionalismo até então praticado pela literatura brasileira. Aliou o interesse pela cultura e pela linguagem do indivíduo do povo a um erudito trabalho de pesquisador da língua portuguesa, o que lhe permitiu explorar o potencial criativo dela. Tal criatividade atingiu o ponto mais elevado no romance *Grande sertão: veredas* (1956), considerado uma das obras mais importantes da literatura brasileira.

Clarice Lispector estreou na vida literária em 1944 com a publicação do romance *Perto do coração selvagem*. Em seus contos e romances, produziu uma literatura intimista, em que geralmente ocorrem poucos fatos externos, predominando nela os elementos da vida interior, que mostram o turbilhão de sentimentos, sensações e reflexões das personagens, tendo um cenário urbano como pano de fundo.

O contexto urbano também está presente na obra de **Nelson Rodrigues**. Jornalista, cronista e autor de folhetins, Nelson é reconhecido como o dramaturgo que fundou o teatro moderno no Brasil. Sua peça *Vestido de noiva* (1943) revolucionou a forma de fazer teatro, provocando fascínio e admiração.

Ariano Suassuna, outro dramaturgo dessa fase, privilegiou a temática regional, fundindo em suas peças as culturas popular e erudita.

Reprodução da primeira página do Suplemento Dominical do *Jornal do Brasil* de 21 mar. 1959.

Cena da primeira montagem de *Vestido de noiva*, no Teatro Municipal do Rio de Janeiro, em 1943.

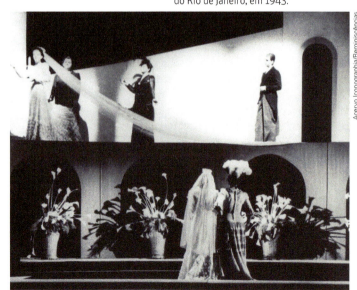

O papel da tradição

Para compreender melhor a relação entre a prosa da terceira fase do Modernismo e a tradição, é necessário rever com mais atenção a contribuição da prosa da segunda fase. O romance social regionalista dos escritores da segunda fase transformou os desamparados sociais em protagonistas, muitas vezes expondo suas incertezas e seus impasses psicológicos. Para representar esse tipo social, os escritores recorreram a técnicas narrativas vencendo a distância entre um narrador culto e as personagens desfavorecidas e oprimidas, aproximando a linguagem daquele da linguagem e da visão de mundo delas.

No contexto da tradição de nossas letras, essa postura revelou-se uma enorme inovação e exigiu um grande apuro técnico, principalmente se considerarmos o abismo que havia entre narrador e personagens na literatura regionalista romântica.

A prosa da terceira fase modernista levou adiante esse vínculo íntimo entre narrador e personagens. A **pesquisa de linguagem** capaz de aproximá-los se intensificou e aprofundou. Com Guimarães Rosa, a cultura e a linguagem do povo foram incorporadas pelo narrador praticamente sem distanciamento ou com um distanciamento pouco perceptível para o leitor em uma primeira leitura. Nessa **estreita ligação entre narrador e personagens**, não importa se o próprio narrador é sertanejo ou não. Mesmo quando ele é proveniente da cidade, sua linguagem assume de tal modo a cultura local que quase o torna indistinguível de um sertanejo. É o que se observa no trecho do conto "Corpo fechado". O narrador, um médico que mora em uma cidade pequena, encontra-se em um bar com Manuel Fulô, sujeito que gosta de uma boa conversa.

> [...]
> — Chega de beber, Manuel Fulô. Você já está ficando vesgo.
> — Bom, vamos mesmo parar, que a despesa já está alta, com tanta garrafa aberta... Só queria lhe explicar ainda, seu doutor, que, eu...
> E Manuel Fulô desceu cachoeira, narrando alicantinas, praga e ponto e ponto e praga, até que... Até que assomou à porta da venda — feio como um defunto vivo, gasturento como faca em nervo, esfriante como um sapo — Sua Excelência o Valentão dos Valentões, Targino e Tal. E foi então que de fato a história começou.
> O tigrão derreou o ombro esquerdo, limpou os pés, e riscou reto para nós, com o ar de um criado que vem entregar qualquer coisa.
> Manuel Fulô se escorregara para a beira da cadeira, meio querendo se levantar, meio curvado em mesura, visivelmente desorganizado. E eu me imobilizei, bastante digno mas com um susto por dentro, porque o ricto do fulano era mau mesmo mau.
> Manuel Fulô nem esperou que o outro chegasse perto; foi cantando:
> — Boa noite, seu Targino, com'passou?
> [...]
> GUIMARÃES ROSA, João. Corpo fechado. In: *Sagarana*. 20. ed. Rio de Janeiro: Nova Fronteira, 2001. p. 316-317.

A mesma aproximação entre narrador e personagem ocorre na obra de Clarice Lispector: a investigação da interioridade do ser humano transforma-se em investigação da própria linguagem ficcional. Sua literatura, classificada como intimista, detém-se em boa parte na observação das oscilações, angústias, dos breves acessos de felicidade ou de melancolia que marcam a existência das personagens. Assim, o narrador liga-se de maneira íntima aos devaneios e pensamentos delas. Geralmente, não há ênfase em suas condições materiais de existência; tais condições, porém, estão implícitas e desempenham um papel nas reações psicológicas dessas personagens.

■ Margens do texto

Apesar de o narrador ser um médico formado na cidade grande, observa-se no trecho que ele está mergulhado na cultura regional. Aponte e comente um elemento que comprove essa afirmação.

Vocabulário de apoio

alicantina: astúcia, trapaça
derrear: curvar
gasturento: que causa aflição
mesura: cumprimento cerimonioso
ricto: contração dos músculos da face ou da boca, dando um aspecto de riso forçado

Uma leitura

No conto "Encarnação involuntária", a narradora fala da forte relação que estabelece com pessoas desconhecidas que encontra no dia a dia. É possível interpretá-lo, para além desse sentido mais imediato, como um estudo sobre como os escritores se relacionam com suas personagens. Leia o conto e os comentários sobre alguns trechos; depois, responda às duas questões propostas.

Encarnação involuntária

Às vezes, quando vejo uma pessoa que nunca vi, e tenho algum tempo para observá-la, eu me encarno nela e assim dou um grande passo para conhecê-la. E essa intrusão numa pessoa, qualquer que seja ela, nunca termina pela sua própria autoacusação: ao nela me encarnar, compreendo-lhe os motivos e perdoo. [...]

Um dia, no avião... ah, meu Deus — implorei — isso não, não quero ser essa missionária!

Mas era inútil. Eu sabia que, por causa de três horas de sua presença, eu por vários dias seria missionária. A magreza e a delicadeza extremamente polida de missionária já me haviam tomado. [...] No avião mesmo percebo que já comecei a andar com esse passo de santa leiga: então compreendo como a missionária é paciente, como se apaga com esse passo que mal quer tocar no chão, como se pisar mais forte viesse prejudicar os outros. Agora sou pálida, sem nenhuma pintura nos lábios, tenho o rosto fino e uso aquela espécie de chapéu de missionária.

Quando eu saltar em terra provavelmente já terei esse ar de sofrimento-superado-pela-paz-de-se-ter-uma-missão. E no meu rosto estará impressa a doçura da esperança moral. Porque sobretudo me tornei toda moral. No entanto quando entrei no avião estava tão sadiamente amoral. Estava, não, estou! Grito-me eu em revolta contra os preconceitos da missionária. Inútil: toda a minha força está sendo usada para eu conseguir ser frágil. Finjo ler uma revista, enquanto ela lê a Bíblia.

Vamos ter uma descida curta em terra. O aeromoço distribui chicletes. E ela cora mal o rapaz se aproxima.

Em terra sou uma missionária ao vento do aeroporto, seguro minhas imaginárias saias longas e cinzentas contra o despudor do vento. Entendo, entendo. Entendo-a, ah, como a entendo e ao seu pudor de existir quando está fora das horas em que cumpre sua missão. Acuso, como a missionariazinha, as saias curtas das mulheres, tentação para os homens. [...]

LISPECTOR, Clarice. *Felicidade clandestina*: contos. Rio de Janeiro: Rocco, 1998. p. 151-153.

Comentários laterais:

Ao "encarnar" uma personagem, a narradora descarta seus julgamentos de valor. Ela quer conhecer a personagem, e não julgá-la.

A narradora começa a "encarnar" a personagem, o que fica evidente nas frases "já comecei a andar com esse passo de santa leiga" e "Agora sou pálida, sem nenhuma pintura nos lábios, tenho o rosto fino e uso aquela espécie de chapéu de missionária".

Nesse momento a narradora tenta reagir ao domínio da personagem. Veja a interessante solução formal com que ela expressa essa reação: "Grito-me eu em revolta contra os preconceitos da missionária". A antítese que se segue demonstra que a narradora emprega toda a sua energia para encarnar a personagem.

1. Por que a narradora manifesta resistência a "encarnar" uma missionária?

2. Aqui a "encarnação" atinge o auge. Explique o que ocorre comparando este momento com a "encarnação" descrita no terceiro parágrafo.

Ler o Modernismo da terceira fase

Você vai ler o trecho inicial de um conto de Guimarães Rosa que faz parte de *Sagarana*, primeiro livro publicado pelo autor. Observe como o narrador apresenta Turíbio Todo, o protagonista, e preste atenção às referências que ele faz à cultura local.

Duelo

Turíbio Todo, nascido à beira do Borrachudo, era seleiro de profissão, tinha pelos compridos nas narinas, e chorava sem fazer caretas; palavra por palavra: papudo, vagabundo, vingativo e mau. Mas, no começo desta estória, ele estava com a razão.

Aliás, os capiaus afirmam isto assim peremptório, mas bem que no caso havia lugar para atenuantes. Impossível negar a existência do papo: mas papo pequeno, discreto, bilobado e pouco móvel — para cima, para baixo, para os lados — e não o escandaloso "papo de mola, quando anda pede esmola"... Além do mais, ninguém nasce papudo nem arranja papo por gosto [...]. E, tão modesto papúsculo, incapaz de tentar o bisturi de um operador, não enfeava o seu proprietário: Turíbio Todo era até simpático: forçado a usar colarinho e gravata, às vezes parecia mesmo elegante.

Não tinha, porém, confiança nesses dotes, e daí ser bastante misantropo, e dali ter querido ser seleiro, para poder trabalhar em casa e ser menos visto. Ora, com a estrada de ferro, e, mais tarde, o advento das duas estradas de automóvel, rarearam as encomendas de arreios e cangalhas, e Turíbio Todo caiu por força na vadiação.

Agora, quanto às vibrissas e ao choro sem visagens, podia ser que indicassem gosto punitivo e maldade, mas com regra, o quanto necessário, não em excesso.

E, ainda assim, saibamos todos, os capiaus gostam muito de relações de efeito e causa, leviana e dogmaticamente inferidas: Manuel Timborna, por exemplo, há três ou quatro anos vive discutindo com um canoeiro do Rio das Velhas, que afirma que o jacaré-do-papo-amarelo tem o pescoço cor de enxofre por ser mais bravo do que os jacarés outros, ao que contrapõe Timborna que ele só é mais feroz porque tem a base do queixo pintada de limão maduro e açafrão. E é até um trabalho enorme, para a gente sensata, poder dar razão aos dois, quando estão juntos.

[...]

GUIMARÃES ROSA, João. *Sagarana*. 20. ed. Rio de Janeiro: Nova Fronteira, 2001. p. 175-176.

Vocabulário de apoio

bilobado: que possui dois lobos (duas partes)
cangalha: armação de madeira ou ferro em que se coloca a carga levada por animais
capiau: caipira, indivíduo rústico
dogmaticamente: de modo indiscutível, que não admite dúvida
inferido: concluído, deduzido
misantropo: aquele que tem aversão ao convívio com outras pessoas
peremptório: categórico, decidido
seleiro: aquele que fabrica selas e outros artefatos de couro
vibrissa: pelo que cresce nas narinas
visagem: careta

1. No trecho transcrito, o narrador menciona as características que os moradores do lugar atribuíam a Turíbio Todo.
    a) Quais são essas características?
    b) Após fazer essa descrição, o narrador atesta que nem todas as características atribuídas à personagem correspondem à realidade. Cite uma das correções que ele faz.

2. O narrador, aparentemente, julga-se superior aos moradores do lugar.
    a) Qual palavra usada por ele permite ao leitor perceber esse sentimento de superioridade?
    b) Apesar dessa pretensa superioridade, percebe-se que a linguagem do narrador tem afinidades com a linguagem usada naquele povoado. Identifique uma passagem do texto que comprove essa afirmação.

3. Explique com suas palavras a polêmica sobre a ferocidade do jacaré-do-papo-amarelo. Crie outro exemplo de polêmica desse tipo, relacionada a um fato da sua vida cotidiana.

O que você pensa disto?

Nos anos 1950, a industrialização acelerada, a migração do campo para a cidade e a expansão demográfica iniciaram o processo de inchaço das grandes cidades. Com o fenômeno da hiperurbanização, as cidades ficaram degradadas. Em muitas delas não há emprego, moradia, saneamento básico, transporte coletivo, saúde e educação de qualidade para todos.

- Como podemos lidar com essa realidade? O que estamos fazendo para reverter essa situação?

Vista aérea de Salvador (BA), a terceira cidade mais populosa do país, conforme o Censo IBGE 2012. Fotografia de 2011.

CAPÍTULO 50

João Guimarães Rosa: o universal nascido do regional

O que você vai estudar

- O narrador: imersão na cultura regional.
- O tempo: apagamento de fatos históricos.
- A linguagem: neologismos, arcaísmos e termos eruditos.
- A crítica: três hipóteses interpretativas.

João Guimarães Rosa fotografado na década de 1960. Apesar de sua obra mergulhar no universo do sertão brasileiro, especialmente a região do norte de Minas Gerais, oeste da Bahia e Goiás, o escritor passou a maior parte de sua vida em centros urbanos.

> Uma obra "espantosa"

Assim foi qualificado pelo crítico Alfredo Bosi o romance *Grande sertão: veredas* (1956), do contista e romancista mineiro João Guimarães Rosa (1908-1967). O adjetivo expressa o espanto e a admiração da crítica literária diante da obra, que consagrou seu autor como um dos mais importantes escritores brasileiros de todos os tempos. A literatura de Guimarães Rosa se inscreve na **vanguarda da narrativa brasileira contemporânea**, em virtude de três fatores principais: o vocabulário riquíssimo, o narrador totalmente imerso na cultura regional e as histórias variadas e surpreendentes. Por isso, é considerada grandiosa e difícil de ser interpretada desde a publicação de seu primeiro livro de contos, *Sagarana* (1946).

Quando menino, Guimarães Rosa já vivia em bibliotecas, dedicando-se com gosto à leitura. Aprendeu sozinho várias línguas estrangeiras e desenvolveu um **conhecimento erudito** sobre a língua portuguesa. Formado em medicina, exerceu a profissão em pequenas cidades, conhecendo os costumes locais e as histórias da tradição popular. Aos 26 anos, prestou concurso público e ingressou na carreira diplomática. Morou na Alemanha, na França, na Colômbia e, de volta ao Brasil, estabeleceu-se no Rio de Janeiro, promovido a embaixador.

Além de *Sagarana*, publicou também *Corpo de baile* (1956), conjunto de novelas posteriormente desmembrado em três volumes: *Manuelzão e Miguilim*; *No Urubuquaquá, no Pinhém* e *Noites do sertão*. Histórias curtas compõem os volumes *Primeiras estórias* (1962), *Tutameia – terceiras estórias* (1967) e *Estas estórias* (1969), publicado postumamente. Seus livros são permanente objeto de interesse da crítica literária, dando margem a inúmeros estudos interpretativos, que atualmente alcançam mais de 1 500 títulos.

Prestigiado e premiado no Brasil, Guimarães Rosa teve sua obra traduzida para vários idiomas. Uma de suas grandes contribuições à literatura brasileira foi trazer novamente o **regionalismo** para o centro da ficção, mas completamente **transformado** e **revitalizado**.

O alcance da obra do escritor, no entanto, vai além: ele inventou um modo próprio de se relacionar com a palavra e, ao mesmo tempo, criou um mundo que ultrapassou os limites da literatura – seus temas, suas personagens e suas histórias inspiraram diversas obras na área da música, do teatro e do cinema.

484

> O narrador e as histórias

A obra de Guimarães Rosa está impregnada de causos que lembram histórias da **tradição oral**. Manuel Fulô, protagonista do conto "Corpo fechado", é um sujeito metido a valentão. Veja como o narrador o caracteriza.

> [...]
> Agora, o Manuel Fulô, este, sim! Um sujeito pingadinho, quase menino — "pepino que encorujou desde pequeno" — cara de bobo de fazenda [...] meio surdo, gago, glabro e alvar. Mas gostava de fechar a cara e roncar voz, todo enfarruscado, para mostrar brabeza, e só por descuido sorria, um sorriso manhoso de dono de hotel.
> [...]
> GUIMARÃES ROSA, João. Corpo fechado. In: *Sagarana*. 20. ed. Rio de Janeiro: Nova Fronteira, 2001. p. 139-140.

A frase do início do trecho lembra uma conversação informal: o advérbio *agora* indica uma mudança de assunto e a expressão enfática "este, sim!" chama a atenção do interlocutor para o tópico. Outro recurso que remete à oralidade é o dito popular "pepino que encorujou desde pequeno". O **tom de oralidade** e o emprego de um **vocabulário popular** são dois elementos determinantes para a **imersão do narrador na cultura regional** do sertão. No Brasil, o sertão nomeia toda região pouco povoada, ligada à criação de gado. Abarca os estados do Nordeste, do Centro-Oeste e Minas Gerais, no Sudeste. O cenário preferencial de Guimarães Rosa é o sertão de Minas, Bahia e Goiás.

A imersão do narrador na cultura regional se evidencia também nas histórias contadas: muitas exploram o imaginário cultural e religioso do sertão. Em "Corpo fechado", por exemplo, o valentão Manuel Fulô contraria sem querer um pistoleiro perigoso. Para enfrentá-lo, recorre a um místico local, que "fecha seu corpo", isto é, torna-o imune a qualquer malefício.

O tema da história pode também ser banal, como a correção de problemas de visão com o uso de óculos. Veja como o narrador descreve o encantamento de Miguilim ao experimentar os óculos de um "doutor" da cidade.

> [...]
> — Olha, agora!
> Miguilim olhou. Nem não podia acreditar! Tudo era uma claridade, tudo novo e lindo e diferente, as coisas, as árvores, as caras das pessoas. Via os grãozinhos de areia, a pele da terra, as pedrinhas menores, as formiguinhas passeando no chão de uma distância. E tonteava. Aqui, ali, meu Deus, tanta coisa, tudo... O senhor tinha retirado dele os óculos, e Miguilim ainda apontava, falava, contava tudo como era, como tinha visto. [...] Coração de Miguilim batia descompasso, ele careceu de ir lá dentro, contar à Rosa, à Maria Pretinha, à Mãitina. [...] Quando voltou, o doutor José Lourenço já tinha ido embora.
> — "Você está triste, Miguilim?" — Mãe perguntou.
> Miguilim não sabia. Todos eram maiores do que ele, as coisas reviravam sempre dum modo tão diferente, eram grandes demais.
> [...]
> GUIMARÃES ROSA, João. *Manuelzão e Miguilim*. 9. ed. Rio de Janeiro: Nova Fronteira, 1984. p. 139-140.

Observa-se, nas histórias do escritor, o **apagamento de referências cronológicas**, o que, para a crítica, faz do sertão de Guimarães Rosa um **cenário mítico** e **atemporal** que transcende limites históricos e geográficos.

Também se nota, no trecho lido acima, a adesão do narrador à personagem. Tal adesão, promovida pelo uso do **discurso indireto livre**, faz o leitor mergulhar em um universo quase mágico: a cultura do outro.

Vocabulário de apoio

alvar: esbranquiçado; tolo
encorujar-se: esconder-se, retrair-se
enfarruscado: de aspecto sombrio, carrancudo
glabro: sem barba

Sétima arte

Mutum (Brasil/França, 2006)
Direção de Sandra Kogut
O filme *Mutum*, inspirado na novela *Campo Geral*, de Guimarães Rosa, tenta captar a sensibilidade e a doçura do menino do interior, transpondo o universo de palavras do escritor para o campo das imagens. As filmagens foram feitas no sertão de Minas Gerais, com moradores da região, que atuaram no cinema pela primeira vez.

Cartaz de divulgação do filme *Mutum*.

Vocabulário de apoio

carecer: precisar de
descompasso: descompassado, fora do ritmo

Margens do texto

1. Releia: "Aqui, ali, meu Deus, tanta coisa, tudo...". Como a construção sintática do trecho representa as sensações do menino ao experimentar os óculos?
2. Para Miguilim, as coisas "eram grandes demais". Explique em que sentidos essa afirmação pode ser entendida.

› A linguagem

A crítica classifica a obra de Guimarães Rosa como uma literatura de invenção, em que se evidenciam os **neologismos**. No conjunto de sua obra, o autor criou cerca de 8 mil palavras, o que corresponde a quase 10% do vocabulário normalmente dicionarizado. Para criar seus neologismos, usou recursos bastante variados, retomando processos criativos verificados ao longo da história da língua portuguesa – seus neologismos atualizaram procedimentos fonológicos e morfológicos que estiveram em operação desde as origens da língua até o presente.

A inovação ocorreu também pelo uso de **arcaísmos**, palavras não mais empregadas correntemente. Reaparecendo no texto literário moderno, elas adquiriram um surpreendente frescor, que lhes deu sabor de novidade. Juntam-se aos neologismos e aos arcaísmos os **termos eruditos**, muitas vezes lado a lado com vocábulos e ditos populares.

No campo da sintaxe, observa-se o domínio extremo do ritmo das frases, nas quais é possível perceber a **musicalidade da fala sertaneja**. Não se trata, porém, de uma musicalidade imitada da fala, e sim construída literariamente. Leia um trecho do conto "Dão-lalalão". Soropita é um sertanejo que, ao voltar para casa, montado em seu cavalo, vem perdido em seus pensamentos.

Vocabulário de apoio

capão: mato isolado no meio do campo
cismoso [neologismo]: do verbo *cismar*, estar absorto em pensamentos
desentreter-se [neologismo]: distrair-se
deslim [neologismo]: do substantivo *deslindamento*, solução de problemas
escorregoso [neologismo]: *escorregar + oso*, escorregadio
juriti: ave que habita o Cerrado
jururu: triste, cabisbaixo
nhenhar [neologismo]: possivelmente relacionado ao arcaísmo *inhenho*, muito velho, decrépito
roxoxol [neologismo]: possível aglutinação dos vocábulos *roxo* e *sol*
ruminação: reconsideração periódica de um mesmo assunto

> [...] Conhecia de cor o caminho, cada ponto e cada volta, e no comum não punha maior atenção nas coisas de todo tempo: o campo, a concha do céu, o gado nos pastos — os canaviais, o milho maduro — nhenhar alto de um gavião — os longos resmungos da juriti jururu — a mata preta de um capão velho — os papagaios que passam no mole e batido voo silencioso [...] — o roxoxol de poente ou oriente — o deslim de um riacho. Só cismoso, ia entrado em si, em meio-sonhada ruminação. Sem dela precisar de desentreter-se, amparava o cavalo com firmeza de rédea, nas descidas, governando-o nos trechos de fofo chão arenoso, e bambeando para ceder à vontade do animal, ladeira acima, [...] e naquelas passagens sobre clara pedra escorregosa, que as ferraduras gastam em mil anos. Sua alma, sua calma. [...]
>
> GUIMARÃES ROSA, João. Dão-lalalão. In: *Noites do sertão*. Rio de Janeiro: José Olympio, 1976. p. 13-14.

Margens do texto

"Sua alma, sua palma" é um dito popular que indica reprovação de atitude impensada ou imprudente do interlocutor. Explique que sentido o narrador acrescenta ao dito a partir do trocadilho entre as palavras *palma* e *calma*.

Outro elemento importante na linguagem do autor é o **humor**, na criação de tipos cômicos e nas piadas e anedotas de seus contos e novelas. Manuel Fulô, o valentão, tem uma relação curiosa com sua mula Beija-Flor.

Vocabulário de apoio

centaurizar [neologismo]: verbo derivado de *Centauro*, ser da mitologia grega, metade homem, metade cavalo
extremar-se: agir de maneira exagerada, com muito zelo
perpendicularidade: posição perpendicular; capacidade de ficar reto em relação ao chão
ruano: refere-se à montaria de pelagem mesclada (branca, preta e castanha)

> [...]
> O meu amigo gostava de moças, de cachaça, e de conversar fiado. Mas tinha a Beija-Flor. Ah, essa era mesmo um motivo! Uma besta ruana, de cruz preta no dorso, lisa vistosa e lustrosa, sábia e mansa — mas só para o dono. [...] e era o orgulho do Manuel Fulô. Mais do que isso, era o seu complemento. Juntos, centaurizavam gloriosamente.
> Aos domingos, Manuel Fulô era infalível [...]. Corria, um por um, todos os botequins [...].
> De tardinha, na hora de pegar a estrada, [...] ele, tonto qual jamais outro, perdia logo a perpendicularidade, e se abraçava ao pescoço da mula, que se extremava em cuidados e atenções. [...]
>
> GUIMARÃES ROSA, João. Corpo fechado. In: *Sagarana*. 20. ed. Rio de Janeiro: Nova Fronteira, 2001. p. 301-302.

O narrador usa um eufemismo com efeito cômico, dizendo que Manuel "perdia a perpendicularidade", quando, na realidade, pendurava-se na égua, formando um só corpo com o animal, de tão bêbado que estava.

Sua leitura

Este trecho é a abertura do conto "A terceira margem do rio". Quem narra a história é um homem que, ainda menino, viu seu pai partir para viver numa pequena canoa no rio. O narrador-personagem passa a vida em **função** dessa presença/ausência, até que finalmente decide ir ao encontro do pai.

A terceira margem do rio

Nosso pai era homem cumpridor, ordeiro, positivo; e sido assim desde mocinho e menino, pelo que testemunharam as diversas sensatas pessoas, quando indaguei a informação. Do que eu mesmo me alembro, ele não figurava mais estúrdio nem mais triste do que os outros, conhecidos nossos. Só quieto. Nossa mãe era quem regia, e que ralhava no diário com a gente — minha irmã, meu irmão e eu. Mas se deu que, certo dia, nosso pai mandou fazer para si uma canoa.

Era a sério. Encomendou a canoa especial, de pau de vinhático, pequena, mal com a tabuinha da popa, como para caber justo o remador. Mas teve de ser toda fabricada, escolhida forte e arqueada em rijo, própria para dever durar na água por uns vinte ou trinta anos. Nossa mãe jurou muito contra a ideia. Seria que, ele, que nessas artes não vadiava, se ia propor agora para pescarias e caçadas? Nosso pai nada não dizia. Nossa casa, no tempo, ainda era mais próxima do rio, obra de nem quarto de légua: o rio por aí se estendendo grande, fundo, calado que sempre. Largo, de não se poder ver a forma da outra beira. E esquecer não posso, do dia em que a canoa ficou pronta.

Sem alegria nem cuidado, nosso pai encalcou o chapéu e decidiu um adeus para a gente. Nem falou outras palavras, não pegou matula e trouxa, não fez a alguma recomendação. Nossa mãe, a gente achou que ela ia esbravejar, mas persistiu somente alva de pálida, mascou o beiço e bramou: — *"Cê vai, ocê fique, você nunca volte!"* Nosso pai suspendeu a resposta. Espiou manso para mim, me acenando de vir também, por uns passos. Temi a ira de nossa mãe, mas obedeci, de vez de jeito. O rumo daquilo me animava, chega que um propósito perguntei: — *"Pai, o senhor me leva junto, nessa sua canoa?"* Ele só retornou o olhar em mim, e me botou a bênção, com gesto me mandando para trás. Fiz que vim, mas ainda virei, na grota do mato, para saber. Nosso pai entrou na canoa e desamarrou, pelo remar. E a canoa saiu se indo — a sombra dela por igual, feito um jacaré, comprida longa.

Nosso pai não voltou. Ele não tinha ido a nenhuma parte. Só executava a invenção de se permanecer naqueles espaços do rio, de meio a meio, sempre dentro da canoa, para dela não saltar, nunca mais. [...]

GUIMARÃES ROSA, João. *Primeiras estórias*. Rio de Janeiro: Nova Fronteira, 2001. p. 79-80.

Vocabulário de apoio

arqueado: com forma de arco, curvado
bramar: falar colericamente, enfurecer-se
encalcar: apertar, comprimir
estúrdio: estranho, esquisito
grota: cavidade próxima à margem de um rio
matula: comida, provisões para viagem
popa: parte posterior de uma embarcação
rijo: rígido, duro
vinhático: espécie de árvore de excelente madeira de cor amarela

Sobre o texto

1. Em relação à partida do pai do narrador-personagem, este e sua mãe expressam reações diferentes. Caracterize a atitude de cada um a partir de suas falas.
2. Como se configuram o tempo e o espaço do conto, de acordo com o fragmento lido?
3. Sabendo-se que o conto estabelece uma identificação entre a presença/ausência do pai e a imagem do rio, formule algumas hipóteses para interpretar o título do conto.

Fone de ouvido

A terceira margem musicada

Inspirados no conto de Guimarães Rosa, os compositores Caetano Veloso e Milton Nascimento recriaram os temas do rio, das margens, do pai e da palavra em uma canção homônima ao conto. Essa canção foi lançada no álbum *Circuladô* (1991), de Caetano Veloso.

Capa de *Circuladô*.

› *Grande sertão: veredas*

Grande sertão: veredas, um romance de cerca de seiscentas páginas, é considerado a obra-prima de Guimarães Rosa. Trata-se de um monólogo em que Riobaldo, um ex-jagunço, conta a história de sua vida a um "doutor", homem letrado da cidade. Quando o livro começa, Riobaldo, já idoso, está estabelecido como um próspero fazendeiro. A existência e as reações do interlocutor são reveladas ao leitor exclusivamente por meio da fala de Riobaldo.

> — Nonada. Tiros que o senhor ouviu foram de briga de homem não, Deus esteja. Alvejei mira em árvore, no quintal, no baixo do córrego. Por meu acerto. Todo dia isso faço, gosto; desde mal em minha mocidade. Daí, vieram me chamar. Causa dum bezerro: um bezerro branco, erroso, os olhos de nem ser — se viu —; e com máscara de cachorro. Me disseram; eu não quis avistar. Mesmo que, por defeito como nasceu, arrebitado de beiços, esse figurava rindo feito pessoa. Cara de gente, cara de cão: determinaram — era o demo. Povo prascóvio. Mataram. Dono dele nem sei quem for. Vieram emprestar minhas armas, cedi. Não tenho abusões. O senhor ri certas risadas... Olhe: quando é tiro de verdade, primeiro a cachorrada pega a latir, instantaneamente — depois, então, se vai ver se deu mortos. O senhor tolere, isto é o sertão. [...]
>
> GUIMARÃES ROSA, João. *Grande sertão*: veredas. 19. ed. Rio de Janeiro: Nova Fronteira, 2001. p. 23.

Vocabulário de apoio

abusão: crendice, superstição
alvejar: atirar
erroso [neologismo]: monstruoso
nonada: ninharia, bobagem
prascóvio [neologismo]: tolo, ingênuo

Esse trecho de abertura apresenta ao interlocutor de Riobaldo (e também ao leitor) os grandes temas do livro: o diabo e o sertão. Ao longo de toda a narrativa, Riobaldo se pergunta obsessivamente se fez ou não fez um pacto com o diabo e se o diabo de fato existe. Esse pretenso pacto teria ocorrido quando Riobaldo vivia no "sistema jagunço" que predominava no sertão desde a época de sua infância até sua maturidade. No momento em que ele começa a contar suas peripécias, o "sistema jagunço" fora pacificado por forças legalistas, mas no trecho citado há referência a tiroteios frequentes que podem ser um resíduo dos tempos em que aquele sistema imperava.

As aventuras de Riobaldo incluem a amizade/amor por Diadorim, seu companheiro de jagunçagem; as lutas contra o bando de Hermógenes; seus encontros com mulheres; e o suposto pacto com o diabo, após o qual ele passa de jagunço a chefe de bando e comete uma série de abusos.

De aventura em aventura, a narrativa apresenta uma infinidade de personagens que constitui o **povo do sertão**. Riobaldo conta também a história deles, à maneira de "causos" da história oral, como é característico em toda a obra de Guimarães Rosa. O tema do bem e do mal aparece com frequência, e às vezes bem e mal se misturam na mesma personagem. Por exemplo, o jagunço Joé Cazuzo "vê" Nossa Senhora no meio de uma batalha, larga a jagunçagem e se torna um cidadão honesto. Outro exemplo: um certo Aleixo, "só por graça rústica", mata um velhinho que passa pedindo esmolas, mas é extremamente apegado às traíras de um açude, que alimenta todo dia à mesma hora. Mas há também aqueles em que o mal não é acompanhado de nenhum arrependimento ou ternura. Este é o caso do menino Valtêi.

> [...] Pois essezinho, essezim, desde que algum entendimento alumiou nele, feito mostrou o que é: pedido madrasto, azedo queimador, gostoso de ruim de dentro do fundo das espécies de sua natureza. Em qual que judia, ao devagar, de todo bicho ou criaçãozinha pequena que pega; uma vez, encontrou uma crioula benta-bêbada dormindo, arranjou um caco de garrafa, lanhou em três pontos a popa da perna dela. O que esse menino babeja vendo, é sangrarem galinha ou esfaquear porco. — "Eu gosto de matar..." — uma ocasião ele pequenino me disse. Abriu em mim um susto [...].
>
> GUIMARÃES ROSA, João. *Grande sertão*: veredas. 19. ed. Rio de Janeiro: Nova Fronteira, 2001. p. 29.

Repertório

O "sistema jagunço"

No romance *Grande sertão: veredas*, Riobaldo usa várias vezes a expressão "sistema jagunço", do qual ele mesmo fez parte. Jagunços são pistoleiros a serviço de fazendeiros poderosos, que constituem assim exércitos particulares, totalmente à margem das forças armadas e policiais legalmente constituídas. Ao longo da narrativa, aparecem vários fazendeiros-chefes de bando: Medeiro Vaz, Joca Ramiro, Zé Bebelo, Hermógenes e o próprio Riobaldo, que a certa altura da história progride de jagunço a chefe de bando e depois se torna um próspero fazendeiro – momento em que conta sua história ao visitante da cidade. A batalha final do romance ocorrerá entre o bando de Hermógenes, que assassinou Joca Ramiro, e o de Riobaldo, que pretende vingar aquele assassinato.

Margens do texto

Compare o menino Valtêi com outras personagens infantis que você conhece. Ele se parece com essas outras crianças ou apresenta alguma diferença significativa em relação a elas? Qual?

Vocabulário de apoio

alumiar: tornar claro; adquirir conhecimento
babejar [neologismo]: babar de prazer e fascinação
madrasto: cruel, que traz tristezas
popa da perna: parte de trás da perna

Veredas interpretativas

Os numerosos estudos interpretativos a respeito de *Grande sertão: veredas* podem ser divididos em três grupos principais.

- **Análises que situam a obra no universo geral da literatura** – esta linha destaca o vínculo de *Grande sertão* ao romance de cavalaria medieval, equiparando as personagens roseanas a guerreiros de estatura épica colocados em batalhas que envolvem honra, lealdade, amor e vingança. Contribui para essa **medievalização do sertão** o apagamento de referências a fatos históricos localizáveis cronologicamente. No caso específico da literatura brasileira, *Grande sertão* enquadra-se na vertente do **regionalismo**. Os romances regionalistas românticos tratavam os temas, as histórias e as personagens de cunho regional de forma pitoresca, ressaltando seu exotismo. Os romances regionalistas da década de 1930 enfatizavam o aspecto da denúncia social, mas já incorporavam avanços da técnica narrativa que tentavam diminuir a distância entre narrador e personagens. *Grande sertão: veredas* filia-se a essa linhagem regionalista de modo muito particular. Como apontado antes, o narrador de Guimarães Rosa se apropria da cultura e da linguagem regionais, reduzindo ao mínimo o distanciamento entre narrador e personagens.
- **Interpretações esotéricas, mitológicas e metafísicas** – estas são as mais numerosas. Destacam o caráter atemporal da narrativa, a luta entre o bem e o mal, a relação do ser humano com a divindade. Tais interpretações sustentam que o tratamento que Guimarães Rosa deu à temática regionalista transformou o **sertão em um território mítico de alcance universal**.
- **Interpretações sociológicas e políticas** – estas encaram o livro como um retrato das **relações de poder** no "sistema jagunço", comandado por latifundiários que exploram mão de obra barata tanto nas fazendas quanto nos bandos. Walnice Galvão, uma das representantes dessa tendência, afirma que *Grande sertão* constitui o mais abrangente **retrato da plebe rural** produzido pela literatura brasileira.

Em vez de optar por uma dessas tendências, talvez seja mais indicado para o leitor estar atento a mais de uma possibilidade de interpretação. E também avaliar se Riobaldo é mesmo um narrador sincero ou se conta sua história de modo a conquistar uma imagem positiva de si mesmo em relação ao interlocutor. A dúvida se justifica diante de trechos como este:

> [...]
> Sempre disse ao senhor, eu atiro bem.
> E esses dois homens, Fancho-Bode e Fulorêncio, bateram a bota no primeiro fogo que se teve com uma patrulha de Zé Bebelo. Por aquilo e isso, alguém falou que eu mesmo tinha atirado nos dois, no ferver do tiroteio. Assim, por exemplo, no circundar da confusão, o senhor sabe: quando bala raciocina. Adiante falaram que eu aquilo providenciei, motivo de evitar que mais tarde eles quisessem vir com alguma tranquibérnia ou embusteria, em fito de tirarem desforra. Nego isso, não é verdade. Nem quis, nem fiz, nem praga roguei. Morreram, porque era seu dia, deles, de boa questão. Até, o que morreu foi só um. O outro foi pego preso — eu acho — deve de ter acabado com dez anos em alguma boa cadeia. A cadeia de Montes Claros, quem sabe. Não sou assassino. Inventaram em mim aquele falso, o senhor sabe como é esse povo. Agora, com uma coisa, eu concordo: se eles não tivessem morrido no começo, iam passar o resto do tempo todo me tocaiando, mais Diadorim, para com a gente aprontarem, em ocasião, alguma traição ou maldade. [...]
>
> GUIMARÃES ROSA, João. *Grande sertão: veredas*. 19. ed. Rio de Janeiro: Nova Fronteira, 2001. p. 177.

Repertório

O último ato

Escritor consagrado, Guimarães Rosa foi eleito membro da Academia Brasileira de Letras em 1963, mas adiou a data da posse por quatro anos. Ele temia sofrer algum problema de saúde por se emocionar no grande momento. De fato, morreu três dias depois da cerimônia, aos 59 anos.

A fotografia mostra Guimarães Rosa discursando ao tomar posse como membro da Academia Brasileira de Letras, em setembro de 1967.

Margens do texto

Aponte elementos que poderiam levar o leitor a suspeitar da sinceridade de Riobaldo. Justifique cada elemento apontado.

Vocabulário de apoio

desforra: vantagem; vingança
embusteria [neologismo]: mentira, cilada
em fito de: com o propósito de
tocaiar: ficar de tocaia, espreitar
tranquibérnia: trapaça

Sua leitura

Os dois trechos a seguir pertencem ao romance *Grande sertão: veredas*. Leia-os e responda às questões propostas.

Texto 1

[...]
De primeiro, eu fazia e mexia, e pensar não pensava. Não possuía os prazos. Vivi puxando difícil de difícil, peixe vivo no moquém: quem mói no asp'ro, não fantaseia. Mas, agora, feita a folga que me vem, e sem pequenos dessossegos, estou de range rede. E me inventei neste gosto, de especular ideia. O diabo existe e não existe? Dou o dito. Abrenúncio. Essas melancolias. O senhor vê: existe cachoeira; e pois? Mas cachoeira é barranco de chão, e água se caindo por ele, retombando; o senhor consome essa água, ou desfaz o barranco, sobra cachoeira alguma? Viver é negócio muito perigoso.

Explico ao senhor: o diabo vige dentro do homem, os crespos do homem — ou é o homem arruinado, ou o homem dos avessos. Solto, por si, cidadão, é que não tem diabo nenhum. Nenhum! — é o que digo. O senhor aprova? Me declare tudo, franco — é alta mercê que me faz: e pedir posso, encarecido. Este caso — por estúrdio que me vejam — é de minha certa importância. Tomara não fosse... Mas, não diga que o senhor, assisado e instruído, que acredita na pessoa dele?! Não? Lhe agradeço. Sua alta opinião compõe minha valia. Já sabia, esperava por ela – já o campo! Ah, a gente, na velhice, carece de ter sua aragem de descanso. Lhe agradeço. Tem diabo nenhum. Nem espírito. Nunca vi. Alguém devia de ver, então era eu mesmo, este vosso servidor. Fosse lhe contar... Bem, o diabo regula seu estado preto, nas criaturas, nas mulheres, nos homens. Até: nas crianças — eu digo. Pois não é ditado: "menino — trem do diabo"? E nos usos, nas plantas, na água, na terra, no vento... Estrumes... *O diabo na rua, no meio do redemunho...*

Hem? Hem? Ah. Figuração minha, de pior pra trás, as certas lembranças. Mal haja-me! Sofro pena de contar não... Melhor, se arrepare: pois, num chão, e com igual formato de ramos e folhas, não dá a mandioca mansa, que se come comum, e a mandioca-brava que mata? Agora, o senhor já viu uma estranhez? A mandioca doce pode de repente virar azangada — motivos não sei: às vezes se diz que é por replantada no terreno sempre, com mudas seguidas, de manaíbas — vai em amargando, de tanto em tanto, de si mesma toma peçonhas. E, ora veja: a outra, a mandioca-brava, também é que às vezes pode ficar mansa, a esmo, de se comer sem nenhum mal. E que isso é? Eh, o senhor já viu, por ver, a feiura de ódio franzido, carantonho, nas faces duma cobra cascavel? Observou o porco gordo, cada dia mais feliz e bruto, capaz de, pudesse, roncar e engulir por sua suja comodidade o mundo todo? E gavião, corvo, alguns, as feições deles já representam a precisão de talhar para adiante, rasgar e estraçalhar a bico, parece uma quicé muito afiada por ruim desejo. Tudo. Tem até tortas raças de pedras, horrorosas, venenosas — que estragam mortal a água, se estão jazendo em fundo de poço; o diabo dentro delas dorme: são o demo. Se sabe? E o demo — que é só assim o significado dum azougue maligno — tem ordem de seguir o caminho dele, tem licença para campear?! Arre, ele está misturado em tudo.

GUIMARÃES ROSA, João. *Grande sertão*: veredas. 19. ed. Rio de Janeiro: Nova Fronteira, 2001. p. 26-27.

Texto 2

Agora, bem: não queria tocar nisso mais — de o Tinhoso; chega. Mas tem um porém: pergunto: o senhor acredita, acha fio de verdade nessa parlanda, de com o demônio se poder tratar pacto? Não, não é não? Sei que não há. Falava das favas. Mas gosto de toda boa confirmação. Vender sua própria alma... Invencionice falsa! E, alma, o que é? Alma tem de ser coisa interna supremada, muito mais do de dentro, e é só, do que um se pensa: ah, alma absoluta! Decisão de vender alma é afoitez vadia, fantasiado de momento, não tem a obediência legal. Posso vender essas boas terras, daí de entre as Veredas-Quatro – que são dum senhor Almirante, que reside na capital federal? Posso algum!? Então, se um menino menino é, e por isso não se autoriza de negociar... E a gente, isso sei, às vezes é só feito menino. Mal que em minha vida aprontei, foi numa certa meninice em sonhos — tudo corre e

---

Vocabulário de apoio

a esmo: ao acaso
abrenúncio: "Deus me livre!"; "sai, demônio!"
aragem: momento favorável, de boa sorte
asp'ro: áspero
assisado: ajuizado
azangado: enfeitiçado, doente
azougue: mercúrio (e, por extensão, veneno)
campear: mover-se pelos campos
carantonha: cara feia, careta
crespos: sulcos, rugas
especular: estudar, raciocinar
estúrdio: estranho, incomum
jazer: localizar-se
manaíba: pedaço do caule da mandioca usado para muda
mercê: favor
moquém: grelha em que se coloca peixe ou outro tipo de carne para assar
peçonha: substância venenosa
quicé: faca rústica
redemunho [arcaísmo]: redemoinho
retombar: ressoar, fazer estrondo
viger: vigorar, ter vigor

chega tão ligeiro; será que se há lume de responsabilidades? Se sonha; já se fez... Dei rapadura ao jumento! Ahã. Pois. Se tem alma, e tem, ela é de Deus estabelecida, nem que a pessoa queira ou não queira. Não é vendível. O senhor não acha? Me declare, franco, peço. Ah, lhe agradeço. Se vê que o senhor sabe muito, em ideia firme, além de ter carta de doutor. Lhe agradeço, portanto. Sua companhia me dá altos prazeres.

Em termos, gostava que morasse aqui, ou perto, era uma ajuda. Aqui não se tem convívio que instruir. Sertão. Sabe o senhor: sertão é onde o pensamento da gente se forma mais forte do que o poder do lugar. Viver é muito perigoso...

Eh, que se vai? Jàjá? É que não. Hoje, não. Amanhã, não. Não consinto. O senhor me desculpe, mas em empenho de minha amizade aceite: o senhor fica. Depois, quinta de-manhã-cedo, o senhor querendo ir, então vai, mesmo me deixa sentindo sua falta. Mas, hoje ou amanhã, não. Visita, aqui em casa, comigo é por três dias!
[...]

GUIMARÃES ROSA, João. *Grande sertão*: veredas. 19. ed. Rio de Janeiro: Nova Fronteira, 2001. p. 40-41.

Vocabulário de apoio

afoitez: atrevimento
lume: brilho, sinal
parlanda: parlenda, discussão importuna
tinhoso: diabo

Sobre os textos

1. No início do texto 1, o narrador descreve-se em dois períodos distintos de sua vida: antes e depois de pegar gosto pela reflexão filosófica (ou, como ele diz, por "especular ideias").
    a) Identifique as expressões que ele usa para caracterizar esses dois momentos.
    b) Aponte uma interpretação possível para cada uma dessas expressões.

2. No texto 1, em sua reflexão sobre a existência ou não do diabo, Riobaldo desenvolve uma curiosa argumentação com base em uma analogia com a cachoeira. Explique-a com suas palavras, explicitando a tese defendida por ele.

3. Que tema passa a ocupar os pensamentos e as rememorações de Riobaldo no texto 2?

4. Que função parecem ter, nos dois textos, as interrogações, interjeições e reticências na fala de Riobaldo? Explique sua resposta.

5. A fala de Riobaldo demarca dois mundos distintos: o mundo da cidade, de quem sabe muito, tem ideias firmes e carta de doutor, e o mundo do sertão, em que "não se tem convívio que instruir". No momento da narrativa, em qual desses mundos ele se encontra? Justifique.

6. A ambiguidade é um traço característico de *Grande sertão: veredas*. Aponte como ela se manifesta no texto 2.

7. "Viver é muito perigoso" é uma espécie de lema que guia a existência de Riobaldo e é repetido insistentemente ao longo de todo o livro. Indique uma possível interpretação para essa afirmação, relacionando-a ao caráter universal que o romance de Guimarães Rosa conferiu à temática regionalista.

O que você pensa disto?

A diversidade cultural é uma das maiores riquezas da humanidade. Para que ela continue a existir, é condição que os costumes regionais contem com formas legítimas e asseguradas de expressão. No entanto, o processo de globalização, os modelos econômicos e a difusão dos meios de comunicação de massa impõem a padronização dos hábitos de consumo e de modos de vida.

- O que se pode fazer para contribuir com o fortalecimento dos costumes regionais e, consequentemente, com a sobrevivência da diversidade cultural? Que medidas os governantes e a sociedade civil têm tomado para apoiar as tradições regionais?

Tomar chimarrão é um hábito das comunidades do Rio Grande do Sul ligado ao plantio da erva-mate e ao clima frio da região. O chimarrão faz parte da cultura local e está enraizado no modo de vida, no comportamento e na identidade do povo gaúcho.
Fotografia de 2010, Quaraí (RS).

CAPÍTULO 51
Clarice Lispector: a iluminação do cotidiano

O que você vai estudar

- Clarice Lispector e a ficção de vanguarda.
- Crise da subjetividade e monólogo interior.
- Cotidiano e epifania.

Clarice Lispector, em fotografia de 1975, época do lançamento de seu livro *Visão do esplendor*, uma coletânea de textos sobre Brasília.

Clarice Lispector (1920-1977) ocupa, ao lado de João Guimarães Rosa, papel central no que a crítica literária convencionou chamar de **ficção de vanguarda** brasileira. Sua obra contrasta radicalmente com o romance brasileiro da década de 1930, em que escritores como José Lins do Rego e Graciliano Ramos já haviam inovado, mas ainda privilegiavam a temática sobre a forma. Dando continuidade à narrativa de sondagem psicológica, praticada apenas incidentalmente na segunda fase do Modernismo brasileiro, Clarice levou esse trabalho às últimas consequências, "menos interessada nos fatos em si do que na repercussão desses fatos sobre o indivíduo" (palavras dela).

Filha de judeus, Clarice emigrou com a família da Ucrânia para o Brasil quando tinha dois anos. Desde que foi alfabetizada, manifestou interesse pela leitura. Ainda criança, arriscou-se a escrever uma peça de teatro (*Pobre menina rica*) e pequenas histórias que enviava para um jornal de Pernambuco, onde residia, mas que nunca foram publicadas. Diferentemente das narrativas de outras crianças, centradas em anedotas ou acontecimentos, as suas se ocupavam mais do relato de **sensações**, **impressões**, "**coisas vagas**", nas palavras da autora – traço que se consolidou como característico em sua obra.

Embora tenha se graduado em Direito, Clarice nunca advogou. A profissão que lhe deu os meios para viver foi o jornalismo, em que atuou como **cronista** e **repórter**. Foi autora de colunas em diversas revistas femininas, nas quais tratava de assuntos como moda, saúde, etiqueta, culinária, etc., mas também incitava as mulheres a uma mudança de comportamento: "Sejam vocês mesmas! Estudem cuidadosamente o que há de positivo ou negativo na sua pessoa e tirem partido disso", dizia Helen Palmer, um de seus pseudônimos.

Clarice publicou extensa obra literária, na qual se destacam romances como *Perto do coração selvagem* (1944), *O lustre* (1946), *A cidade sitiada* (1949), *A maçã no escuro* (1961), *A paixão segundo G.H.* (1964), *Uma aprendizagem* ou *O livro dos prazeres* (1969), *Água viva* (1973) e *A hora da estrela* (1977), além de livros de contos como *Laços de família* (1960), *A legião estrangeira* (1964), *Felicidade clandestina* (1971) e *A via crúcis do corpo* (1974).

A crise da subjetividade

A prosa de Clarice desce cada vez mais fundo na representação da realidade íntima do ser humano. Desfaz a linha cronológica do enredo, rompe a fronteira entre a voz do narrador e a das personagens, cria metáforas inusitadas. É tão denso o percurso que faz pela memória e pela análise do sujeito fragmentado do século XX que a própria subjetividade entra em crise, e a linguagem, não raramente, falha em representar esse conflito.

> [...] Ouve-me, ouve o silêncio. O que te falo nunca é o que eu te falo e sim outra coisa. Capta essa coisa que me escapa e no entanto vivo dela e estou à tona de brilhante escuridão. [...]
>
> LISPECTOR, Clarice. *Água viva*. Rio de Janeiro: Rocco, 1998. p. 14.

Um recurso narrativo radicaliza a imersão na intimidade das personagens da obra clariciana: o **monólogo interior**. Essa técnica apresenta o mundo a partir de um ângulo central, limitado aos sentimentos, pensamentos e percepções da personagem, geralmente utilizando o discurso indireto livre. Por meio dela, aprofunda-se a sondagem da mente. É como se o "eu" da personagem se interrogasse, num profundo processo de autoinvestigação, em que o fluxo ininterrupto de pensamentos se exprime, por vezes, em uma linguagem fragmentada, frágil em nexos lógicos, que subverte os limites de tempo e espaço.

> [...] De repente a mulher desviou o rosto: é que os olhos do macaco tinham um véu branco gelatinoso cobrindo a pupila, nos olhos a doçura da doença, era um macaco velho — a mulher desviou o rosto, trancando entre os dentes um sentimento que ela não viera buscar, apressou os passos, ainda voltou a cabeça espantada para o macaco de braços abertos: ele continuava a olhar para a frente. "Oh não, não isso", pensou. E enquanto fugia, disse: "Deus, me ensine somente a odiar".
>
> "Eu te odeio", disse ela para um homem cujo crime único era o de não amá-la. "Eu te odeio", disse muito apressada. Mas não sabia sequer como se fazia. Como cavar na terra até encontrar a água negra, como abrir passagem na terra dura e chegar jamais a si mesma? [...]
>
> LISPECTOR, Clarice. O búfalo. In: *Laços de família*. Rio de Janeiro: Francisco Alves, 1993. p. 158-159.

O monólogo interior costuma derivar de uma sensação de arrebatamento do indivíduo, a chamada **epifania**. Essa palavra remete à ideia de "manifestação ou revelação extraordinária", quase sempre desencadeada por uma situação trivial. As personagens levam uma vida ordinária até que o inesperado acontece, revelando uma imagem perturbadora e maravilhosa da vida.

> — Não esqueci de nada..., recomeçou a mãe, quando uma freada súbita do carro lançou-as uma contra a outra e fez despencarem as malas. — Ah! ah! — exclamou a mãe como a um desastre irremediável, ah! dizia balançando a cabeça em surpresa, de repente envelhecida e pobre. E Catarina?
>
> Catarina olhava a mãe, e a mãe olhava a filha, e também a Catarina acontecera um desastre? seus olhos piscaram surpreendidos, ela ajeitava depressa as malas, a bolsa, procurando o mais rapidamente possível remediar a catástrofe. Porque de fato sucedera alguma coisa, seria inútil esconder: Catarina fora lançada contra Severina, numa intimidade de corpo há muito esquecida, vinda do tempo em que se tem pai e mãe. [...]
>
> LISPECTOR, Clarice. Os laços de família. In: *Laços de família*. Rio de Janeiro: Rocco, 1998. p. 96.

O gatilho da epifania, acionado pelo cotidiano, dá início então a uma reflexão sobre a existência, capaz de misturar sensações antagônicas, como o medo e o fascínio, o desejo e a repulsa, as delícias e o sofrimento de viver.

Passaporte digital

Entrevistas de Clarice

O *site* <http://www.claricelispector.com.br> (acesso em: 5 mar. 2015) apresenta vasto material sobre a escritora, como a cronologia de sua vida e obra, correspondências, artigos escritos em sua homenagem, manuscritos, fotos e trechos de alguns de seus escritos. Na aba "Cronologia" (década de 1970), há o *link* para trechos do vídeo de uma entrevista concedida ao jornalista Júlio Lerner, da TV Cultura, em 1977. É no segundo vídeo ("Escritora profissional") que Clarice declara: "Eu não sou uma profissional, eu só escrevo quando eu quero... Eu sou uma amadora e faço questão de continuar a ser amadora. Profissional é aquele que tem uma obrigação consigo mesmo de escrever, ou então em relação ao outro. Eu faço questão de não ser uma profissional, para manter a minha liberdade".

Imagem da página "Obras" do *site* de Clarice Lispector.

Margens do texto

Severina e Catarina estão em um táxi rumo à estação, após uma visita de duas semanas da mãe à casa da filha. Que fato aparentemente banal desencadeia uma epifania no enredo? O que esse fato parece revelar sobre a relação entre as personagens?

Sua leitura

Você lerá um trecho do conto "Amor", um dos mais conhecidos de Clarice Lispector, extraído do livro *Laços de família*. Ele narra a história de Ana, uma dona de casa cuja vida pacata é subitamente afetada por um fato aparentemente banal, durante uma viagem de bonde.

Amor

Um pouco cansada, com as compras deformando o novo saco de tricô, Ana subiu no bonde. Depositou o volume no colo e o bonde começou a andar. Recostou-se então no banco procurando conforto, num suspiro de meia satisfação.

Os filhos de Ana eram bons, uma coisa verdadeira e sumarenta. Cresciam, tomavam banho, exigiam para si, malcriados, instantes cada vez mais completos. [...] Ela plantara as sementes que tinha na mão, não outras, mas essas apenas. E cresciam árvores. [...]

Certa hora da tarde era mais perigosa. Certa hora da tarde as árvores que plantara riam dela. Quando nada mais precisava de sua força, inquietava-se. No entanto sentia-se mais sólida do que nunca, seu corpo engrossara um pouco e era de se ver o modo como cortava blusas para os meninos, a grande tesoura dando estalidos na fazenda. [...] com o tempo, seu gosto pelo decorativo se desenvolvera e suplantara a íntima desordem. Parecia ter descoberto que tudo era passível de aperfeiçoamento, a cada coisa se emprestaria uma aparência harmoniosa; a vida podia ser feita pela mão do homem.

[...] Sua juventude anterior parecia-lhe estranha como uma doença de vida. Dela havia aos poucos emergido para descobrir que também sem a felicidade se vivia: abolindo-a, encontrara uma legião de pessoas, antes invisíveis, que viviam como quem trabalha — com persistência, continuidade, alegria. O que sucedera a Ana antes de ter o lar estava para sempre fora de seu alcance: uma exaltação perturbada que tantas vezes se confundira com felicidade insuportável. Criara em troca algo enfim compreensível, uma vida de adulto. Assim ela o quisera e escolhera.

[...]

O bonde se arrastava, em seguida estacava. Até Humaitá tinha tempo de descansar. Foi então que olhou para o homem parado no ponto.

A diferença entre ele e os outros é que ele estava realmente parado. De pé, suas mãos se mantinham avançadas. Era um cego.

O que havia mais que fizesse Ana se aprumar em desconfiança? Alguma coisa intranquila estava sucedendo. Então ela viu: o cego mascava chicles... Um homem cego mascava chicles.

[...] o bonde deu uma arrancada súbita jogando-a desprevenida para trás, o pesado saco de tricô despencou-se do colo, ruiu no chão [...].

Incapaz de se mover para apanhar suas compras, Ana se aprumava pálida. Uma expressão de rosto, há muito não usada, ressurgia-lhe com dificuldade, ainda incerta, incompreensível. O moleque dos jornais ria entregando-lhe o volume. Mas os ovos se haviam quebrado no embrulho de jornal. [...]

Poucos instantes depois já não a olhavam mais. O bonde se sacudia nos trilhos e o cego mascando goma ficara atrás para sempre. Mas o mal estava feito.

[...]

Ela apaziguara tão bem a vida, cuidara tanto para que esta não explodisse. [...] E um cego mascando goma despedaçava tudo isso. E através da piedade aparecia a Ana uma vida cheia de náusea doce, até a boca.

Só então percebeu que há muito passara do seu ponto de descida. [...]

[...] Enfim pôde localizar-se. Andando um pouco mais ao longo de uma sebe, atravessou os portões do Jardim Botânico. [...]

[...] E de repente, com mal-estar, pareceu-lhe ter caído numa emboscada. Fazia-se no Jardim um trabalho secreto do qual ela começava a se aperceber.

Nas árvores as frutas eram pretas, doces como mel. Havia no chão caroços secos cheios de circunvoluções, como pequenos cérebros apodrecidos. O banco estava manchado de sucos roxos. Com suavidade intensa rumorejavam as águas. No tronco da árvore pregavam-se as luxuosas patas de uma aranha. A crueza do mundo era tranquila. O assassinato era profundo. E a morte não era o que pensávamos.

[...]

Era quase noite agora e tudo parecia cheio, pesado, um esquilo voou na sombra. Sob os pés a terra estava fofa, Ana aspirava-a com delícia. Era fascinante, e ela sentia nojo.

Veridiana Scarpelli/ID/BR

Vocabulário de apoio

apaziguar: acalmar, aquietar
aprumar: ajeitar-se, endireitar o corpo
circunvolução: contorno sinuoso
fazenda: pano ou tecido
flama: chama
Humaitá: bairro do Rio de Janeiro
rumorejar: sussurrar, produzir rumor
sebe: cerca de plantas ou de arbustos secos
sumarento: que tem muito caldo, suculento

Mas quando se lembrou das crianças, diante das quais se tornara culpada, ergueu-se com uma exclamação de dor. [...]

Enquanto não chegou à porta do edifício, parecia à beira de um desastre. [...]

Não havia como fugir. [...] De que tinha vergonha? É que já não era mais piedade, não era só piedade: seu coração se enchera com a pior vontade de viver.

[...] Depois do jantar, enfim, a primeira brisa mais fresca entrou pelas janelas. Eles rodeavam a mesa, a família. Cansados do dia, felizes em não discordar, tão dispostos a não ver defeitos. Riam-se de tudo, com o coração bom e humano. As crianças cresciam admiravelmente em torno deles. E como a uma borboleta, Ana prendeu o instante entre os dedos antes que ele nunca mais fosse seu.

Depois, quando todos foram embora e as crianças já estavam deitadas, ela era uma mulher bruta que olhava pela janela. A cidade estava adormecida e quente. O que o cego desencadeara caberia nos seus dias? Quantos anos levaria até envelhecer de novo? [...]

[...] Hoje de tarde alguma coisa tranquila se rebentara, e na casa toda havia um tom humorístico, triste. É hora de dormir, disse ele, é tarde. Num gesto que não era seu, mas que pareceu natural, segurou a mão da mulher, levando-a consigo sem olhar para trás, afastando-a do perigo de viver.

Acabara-se a vertigem de bondade.

E, se atravessara o amor e o seu inferno, penteava-se agora diante do espelho, por um instante sem nenhum mundo no coração. Antes de se deitar, como se apagasse uma vela, soprou a pequena flama do dia.

LISPECTOR, Clarice. *Laços de família*. Rio de Janeiro: Rocco, 1998. p. 19-29.

Vale saber

Além de apresentar três partes sintaticamente semelhantes, esse enunciado reúne palavras do mesmo **campo semântico** – *cansados, felizes e dispostos* –, reforçando a caracterização da ordem familiar.

Sobre o texto

1. A epifania de Ana é desencadeada pela visão de um cego mascando chicle. Por que essa imagem a perturba tanto?

2. O confronto de Ana com o homem cego desencadeia uma crise em que ela se percebe impotente diante dos paradoxos e contradições da existência. Localize pelo menos três exemplos de ocorrência de paradoxos no texto.

3. Expressões construídas em torno das palavras *vida* e *viver* demarcam a trajetória da protagonista ao longo da narrativa.
   a) Releia: "Sua juventude anterior parecia-lhe estranha como uma doença de vida. [...] Criara em troca algo enfim compreensível, uma vida de adulto". Agora responda: como se explica a ideia de "doença de vida"?
   b) Ana retorna ao apartamento tomada da "pior vontade de viver". Mais tarde, seu marido segura sua mão, "afastando-a do perigo de viver". Explique o que muda na condição de Ana entre esses dois momentos.

4. Descreva o foco narrativo do conto e relacione-o ao seu caráter intimista.

5. Embora "Amor" represente um drama particular e existencial, é possível entrever nele um debate de natureza também social. Explique-o, relacionando-o à revelação epifânica experimentada pela protagonista.

Lembre-se

O **paradoxo** é um recurso linguístico que consiste na associação de ideias contraditórias e aparentemente excludentes em um mesmo enunciado. Exemplo: Um silêncio ensurdecedor chegava até nossos ouvidos.

 O que você pensa disto?

Embora Clarice Lispector rejeitasse o rótulo de feminista e a ideia de que produzia uma literatura engajada à causa feminista, sua obra teve papel importante no movimento de emancipação da mulher. O simples fato de atribuir profundidade psicológica às personagens femininas causou espanto no público masculino conservador e encorajou suas leitoras a se expressarem livre e dignamente em um mundo que as relegava ao segundo plano.

- Como você vê a situação da mulher nos tempos atuais? O preconceito de gênero ainda existe?

A fotografia mostra a atriz e militante feminista Jane Fonda participando de uma manifestação nos Estados Unidos, em 1970, contra a Guerra do Vietnã.

CAPÍTULO 52
João Cabral de Melo Neto: a arquitetura da linguagem

O que você vai estudar
- A poesia como construção.
- As duas vertentes da obra de João Cabral.

O pernambucano João Cabral de Melo Neto (1920-1999) é contemporâneo dos poetas da chamada geração de 1945, que retomam os modelos clássicos de composição. Cabral compartilha com eles o **formalismo** no tratamento da linguagem. Em sua poesia, no entanto, o rigor é muito mais que a volta a convenções consagradas; representa uma maneira de compreender a própria realização do fenômeno artístico. João Cabral é o idealizador de uma **poesia calculadamente arquitetada** para apreender a emotividade que há nas coisas do mundo, sem que o poeta tenha de, para isso, partir de uma emoção pessoal.

João Cabral de Melo Neto autografa livro em São Paulo (SP). Fotografia de 1997.

Uma poesia racional

Os dois últimos livros publicados por João Cabral se intitulam *Sevilha andando* (1989) e *Andando Sevilha* (1990). O jogo de simetrias sugerido pelos títulos é um bom exemplo da preocupação de João Cabral em equacionar rigorosamente em texto a desordem do mundo e da intimidade sentimental. Por conta dessa busca da **construção racional da poesia**, as imagens do arquiteto e do engenheiro são frequentemente associadas ao poeta.

A luz, o sol, o ar livre
envolvem o sonho do engenheiro.
O engenheiro sonha coisas claras:
superfícies, tênis, um copo de água.

O lápis, o esquadro, o papel;
o desenho, o projeto, o número:
o engenheiro pensa o mundo justo,
mundo que nenhum véu encobre.

(Em certas tardes nós subíamos
ao edifício. A cidade diária
como um jornal que todos liam,
ganhava um pulmão de cimento e vidro.)

A água, o vento, a claridade,
de um lado o rio, no alto as nuvens,
situavam na natureza o edifício
crescendo de suas forças simples.

MELO NETO, João Cabral de. O engenheiro. In: *Melhores poemas de João Cabral de Melo Neto*. 6. ed. São Paulo: Global, 1998. p. 19.

A concepção da poesia como construção racional leva à recusa do sentimentalismo lírico e a certa **despersonalização da expressão poética**. Outra consequência é a rejeição da ideia de inspiração, o que remete o fazer poético ao campo do **trabalho intelectual**.

❯ *Duas águas*: a poesia e o Nordeste

Em 1956, João Cabral de Melo Neto lançou *Duas águas*, livro em que reunia toda sua obra publicada até então – *Pedra do sono* (1942), *Os três mal-amados* (1943), *O engenheiro* (1945), *Psicologia da composição com a fábula de Anfion e Antiode* (1947) e *O cão sem plumas* (1950) – e também os inéditos *O rio* (1954), *Morte e vida severina* (1956), *Paisagens com figuras* (1956) e *Uma faca só lâmina* (1956). Depois disso, Cabral lançaria mais 11 livros de poemas. Desde a coletânea de 1956, porém, já era possível identificar duas linhas de interesse, mais nitidamente delineadas nos anos 1950, que marcariam a obra do poeta: a natureza da linguagem poética e o drama nordestino.

As primeiras obras de Cabral, compreendidas até a publicação do livro *Psicologia da composição*, permitem antever a primeira linha, tendo como preocupação de fundo uma **questão metalinguística**. A influência da pintura surrealista do primeiro livro vai cedendo espaço à **dessublimação da poesia** e do eu lírico, à retirada da aura sublime e elevada do fazer poético.

É mineral o papel
onde escrever
o verso; o verso
que é possível não fazer.
[...]

É mineral, por fim,
qualquer livro:
que é mineral a palavra
escrita, a fria natureza
da palavra escrita.

MELO NETO, João Cabral de. Psicologia da composição. In: *Melhores poemas de João Cabral de Melo Neto*. 6. ed. São Paulo: Global, 1998. p. 37.

Nesses versos, ao qualificar como "minerais" o papel e a palavra escrita, instrumentos da expressão poética, o eu lírico afirma também a "mineralidade" da subjetividade – portanto, a voz do poema é dura, pétrea, despersonalizada.

Essa forma de conceber a poesia mantém-se presente nas obras posteriores a *Psicologia da composição*, mas nelas o assunto preferencial passa a ser o **drama nordestino**.

A inserção decisiva da realidade social ocorre a partir de *O cão sem plumas* e *O rio*. A aproximação metafórica entre o rio Capibaribe, a miséria da população ribeirinha e a imagem degradada de um cão sem plumas ecoa posteriormente na história sofrida de um homem nordestino, Severino, protagonista do livro *Morte e vida severina*. Ele é um fugitivo da seca do sertão, e sua vida representa metonimicamente a história de todo um povo, o que se traduz na transformação do nome da personagem (*Severino*) em adjetivo (*severina*).

Nas obras posteriores, as duas linhas de interesse sugeridas por *Duas águas* (a **reflexão sobre a composição do poema** e a **expressão do drama nordestino e humano**) continuam a ser trabalhadas em cada obra, definindo cada vez mais precisamente o **projeto poético** de João Cabral.

O ponto culminante dessa investigação encontra-se no livro *A educação pela pedra*, de 1966. Nele, a busca pela simetria na composição é levada às últimas consequências. Com 48 poemas, a obra é dividida em quatro seções de 12 textos cada, organizadas pela forma (poemas de 16 versos nas duas primeiras seções, e de 24 versos nas outras duas) e pela temática (social em duas seções intituladas "Nordeste" e de temas variados nas outras duas, chamadas "Não Nordeste").

É com essa lucidez e vigilância racionalista que João Cabral tenta apreender da pedra sertaneja uma lição de aspereza, incorporando-a à sua poética. Assim, realiza uma das mais importantes obras da literatura brasileira, pela intensa pesquisa estilística que elabora, pela denúncia da miséria do povo nordestino, pela reflexão sobre o drama humano e pela mensagem de resistência que extrai de uma **observação árida da vida**.

[...]
um rio precisa de muita água em fios
para que todos os poços se enfrasem:
se reatando, de um para outro poço,
em frases curtas, então frase e frase,
até a sentença-rio do discurso único
em que se tem voz a seca ele combate.

MELO NETO, João Cabral de. Rios sem discurso. In: *Melhores poemas de João Cabral de Melo Neto*. 6. ed. São Paulo: Global, 1998. p. 191.

Vocabulário de apoio

enfrasear-se: tornar-se frase

■ **Margens do texto**

De que maneira a aproximação simbólica entre rio e discurso representa uma alternativa de resistência contra o drama da seca?

Sua leitura

Nesta página, estão transcritos trechos do livro *O cão sem plumas* (texto 1).

Na página seguinte, há dois trechos extraídos do começo e do fim de *Morte e vida severina* (um "auto de Natal pernambucano"). O primeiro trecho (texto 2) apresenta o protagonista Severino, retirante que foge do sertão em direção ao Recife. O segundo (texto 2), última passagem da obra, traz a fala do carpinteiro Mestre José, que tenta fazer Severino desistir da ideia de suicídio.

Texto 1

O cão sem plumas

I. (Paisagem do Capibaribe)
A cidade é passada pelo rio
como uma rua
é passada por um cachorro;
uma fruta
por uma espada.

O rio ora lembrava
a língua mansa de um cão,
ora o ventre triste de um cão,
ora o outro rio
de aquoso pano sujo
dos olhos de um cão.

Aquele rio
era como um cão sem plumas.
Nada sabia da chuva azul,
da fonte cor-de-rosa,
da água do copo de água,
da água de cântaro,
dos peixes de água,
da brisa na água.

Sabia dos caranguejos
de lodo e ferrugem.
Sabia da lama
como de uma mucosa.
Devia saber dos polvos.
Sabia seguramente
da mulher febril que habita as ostras.
[...]

II. (Paisagem do Capibaribe)
Entre a paisagem
o rio fluía
como uma espada de líquido espesso.

Como um cão
humilde e espesso.

Entre a paisagem
(fluía)
de homens plantados na lama;
de casas de lama
plantadas em ilhas
coaguladas na lama;
paisagem de anfíbios
de lama e lama.

Como o rio
aqueles homens
são como cães sem plumas
(um cão sem plumas
é mais
que um cão saqueado;
é mais
que um cão assassinado.

Um cão sem plumas
é quando uma árvore sem voz.
É quando de um pássaro
suas raízes no ar.
É quando a alguma coisa
roem tão fundo
até o que não tem).

O rio sabia
daqueles homens sem plumas.
Sabia
de suas barbas expostas,
de seu doloroso cabelo
de camarão e estopa.
[...]

MELO NETO, João Cabral de. *Melhores poemas de João Cabral de Melo Neto*. 6. ed. São Paulo: Global, 1998. p. 44-49.

Vocabulário de apoio

cântaro: espécie de vaso usado para transportar líquidos
estopa: tecido composto de fios grossos e usado para limpar
lodo: terra misturada à matéria de decomposição no fundo das águas dos rios, mares, etc.
mucosa: membrana úmida que recobre as cavidades do corpo humano
saqueado: assolado, devastado

Sobre o texto

1. Pela leitura dos trechos de *O cão sem plumas*, o que você acha que a imagem do título sugere? A quais elementos do poema ela estaria relacionada? Explique.

2. A primeira estrofe apresenta duas comparações para a passagem do rio pela cidade.
   a) Quais são essas comparações?
   b) Qual delas é mais desenvolvida no trecho reproduzido?
   c) Na sua opinião, qual é a importância da outra comparação?

3. Explique a relação de contraste entre a terceira e a quarta estrofes da primeira parte de *O cão sem plumas*. Em seguida, comente qual é a importância desse contraste para a ideia desenvolvida pelo poema a partir da simbologia do título.

Texto 2

Morte e vida severina

O retirante explica ao leitor quem é e a que vai

— O meu nome é Severino,
não tenho outro de pia.

[...]

Somos muitos Severinos
iguais em tudo na vida:
na mesma cabeça grande
que a custo é que se equilibra,
no mesmo ventre crescido
sobre as mesmas pernas finas,
e iguais também porque o sangue
que usamos tem pouca tinta.
E se somos Severinos
iguais em tudo na vida,
morremos de morte igual,
mesma morte severina:
que é a morte de que se morre
de velhice antes dos trinta,
de emboscada antes dos vinte,
de fome um pouco por dia
(de fraqueza e de doença
é que a morte severina
ataca em qualquer idade,
e até gente não nascida).
Somos muitos Severinos
iguais em tudo e na sina:
a de abrandar estas pedras
suando-se muito em cima,
a de tentar despertar
terra sempre mais extinta,
a de querer arrancar
algum roçado da cinza.
Mas, para que me conheçam
melhor Vossas Senhorias
e melhor possam seguir
a história de minha vida,
passo a ser o Severino
que em vossa presença emigra.

[...]

O carpina fala com o retirante que esteve de fora, sem tomar parte em nada

— Severino retirante,
deixe agora que lhe diga:
eu não sei bem a resposta
da pergunta que fazia,
se não vale mais saltar
fora da ponte e da vida;
nem conheço essa resposta,
se quer mesmo que lhe diga;
é difícil defender,
só com palavras, a vida,
ainda mais quando ela é
esta que vê, severina;
mas se responder não pude
à pergunta que fazia,
ela, a vida, a respondeu
com sua presença viva.

E não há melhor resposta
que o espetáculo da vida:
vê-la desfiar seu fio,
que também se chama vida,
ver a fábrica que ela mesma,
teimosamente, se fabrica,
vê-la brotar como há pouco
em nova vida explodida;
mesmo quando é assim pequena
a explosão, como a ocorrida;
mesmo quando é uma explosão
como a de há pouco, franzina;
mesmo quando é a explosão
de uma vida severina.

MELO NETO, João Cabral de. *Melhores poemas de João Cabral de Melo Neto*. 6. ed. São Paulo: Global, 1998. p. 85 e 122.

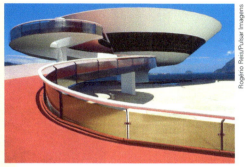

Museu de Arte Contemporânea de Niterói (RJ), projetado por Oscar Niemeyer. Fotografia de 2000.

Vale saber

A poesia de João Cabral é constantemente comparada, inclusive pelo autor, à racionalidade construtiva do trabalho do arquiteto. Isso, no entanto, não deve servir como um rótulo reducionista de sua obra, pois ela também tem, por trás do cuidado na estruturação formal do texto, profundo conteúdo poético.

Da mesma forma, a arquitetura não é só racionalidade. Além de dar a necessária atenção aos aspectos materiais e funcionais da construção (firmeza, resistência, capacidade de atender aos objetivos de uso, etc.), o arquiteto se preocupa com a qualidade estética de suas obras.

Sobre o texto

1. O protagonista comenta que, "de pia" (de batismo), só possui o nome Severino, mas explica que este não é suficiente para defini-lo, já que há outras pessoas com o mesmo nome. A existência de vários outros Severinos de batismo alude a que problemática desenvolvida no restante da passagem lida do poema?
2. Quais são os elementos que definem a vida de um "Severino"? Responda com base no texto.
3. Diante da desilusão de Severino, que tipo de resposta o carpina dá ao protagonista e ao drama que este representa? Qual é a essência dessa resposta?

CAPÍTULO

53 Nelson Rodrigues e Ariano Suassuna: o teatro do século XX

O que você vai estudar
- Nelson Rodrigues: as tragédias do indivíduo comum.
- Ariano Suassuna: a estética nacional popular.

› Nelson Rodrigues: pelo buraco da fechadura

O dramaturgo Nelson Rodrigues em sua casa, no Rio de Janeiro (RJ). Fotografia de 1980.

Escritor e jornalista, Nelson Rodrigues (1912-1980) é considerado **o pai do teatro moderno brasileiro**. Nascido em Recife, mudou-se ainda criança para o Rio de Janeiro, onde viveu desde então. A **ironia**, o **humor** e o **deboche** que lhe eram peculiares escondiam, no entanto, uma biografia marcada por tragédias familiares. Uma delas, na opinião do próprio autor, foi determinante para sua criação artística: Roberto, seu irmão, foi baleado em 26 de dezembro de 1929 na redação do jornal de propriedade da família, onde Nelson também trabalhava.

Em 1942, a encenação de *Vestido de noiva*, segunda peça de Nelson Rodrigues, sob direção de Ziembinski, revolucionou a dramaturgia brasileira e fez um estrondoso sucesso. A montagem inovou ao trazer para o palco três planos simultâneos, divididos entre a realidade, a memória e a alucinação de Alaíde, personagem principal, que fora atropelada após ter mantido uma relação adúltera com o marido de sua irmã. Essa mistura de planos rompeu com a cronologia linear usual nas peças de teatro, permitindo à plateia uma imersão tanto na trama quanto no subconsciente da personagem.

O teatro de Nelson Rodrigues representa quase sempre uma realidade pequeno-burguesa e, por meio de temas como o sexo, o adultério, o ciúme, o incesto, o suicídio, o assassinato, desvenda a tragédia que se encena na vida do **indivíduo comum**, deixando entrever a **corrupção moral** por trás de seu comportamento. Como o próprio escritor se definiu certa vez, "o buraco da fechadura é, realmente, minha ótica de ficcionista. Sou (e sempre fui) um anjo pornográfico".

Assim, pelo buraco da fechadura, Nelson espiou e desnudou o que há de mais sórdido no comportamento do ser humano em sociedade.

O crítico e dramaturgo Sábato Magaldi (1927-) dividiu o teatro de Nelson Rodrigues em três núcleos, que frequentemente se interpenetram: as **peças psicológicas**, como *Vestido de noiva*, em que os episódios da trama cedem espaço à encenação do drama psicológico das personagens; as **peças míticas**, como *Álbum de família*, que desnudam, sem censura, os aspectos mais baixos da natureza humana; e as **tragédias cariocas**, como *Beijo no asfalto*, que encenam o drama da vida ordinária da sociedade suburbana do Rio de Janeiro.

Sua leitura

Você vai ler um trecho do primeiro ato de *Vestido de noiva*. A passagem mistura os três planos em que a história se alterna: o da alucinação da personagem Alaíde (em que imagina uma conversa com Madame Clessi, autora de um diário encontrado no sótão de sua casa quando criança); o da memória (em que relembra uma conversa entre seus pais); e o da realidade (a mesa de operação na qual se encontra após ser atropelada).

Vocabulário de apoio

osteossíntese: cirurgia em osso fraturado
rugina: instrumento cirúrgico

[...]
(Apaga-se o plano da memória. Luz no plano da alucinação.)
ALAÍDE *(preocupada)* — Mamãe falou em Lúcia. Mas quem é Lúcia? Não sei. Não me lembro.
[...]
ALAÍDE *(animada)* — Pedro mandou reformar tudo, pintar. Ficou nova, a casa. *(noutro tom)* Ah! eu corri ao sótão, antes que mamãe mandasse queimar tudo!
CLESSI — Então?
ALAÍDE — Lá vi a mala — com as roupas, as ligas, o espartilho cor-de-rosa. E encontrei o diário. *(arrebatada)* Tão lindo, ele!
CLESSI *(forte)* — Quer ser como eu, quer?
ALAÍDE *(veemente)* — Quero, sim. Quero.
CLESSI *(exaltada, gritando)* — Ter a fama que tive. A vida. O dinheiro. E morrer assassinada?
ALAÍDE *(abstrata)* — Fui à Biblioteca ler todos os jornais do tempo. Li tudo!
CLESSI *(transportada)* — Botaram cada anúncio sobre o crime! Houve um repórter que escreveu uma coisa muito bonita!
ALAÍDE *(alheando-se bruscamente)* — Espera, estou-me lembrando de uma coisa. Espera. Deixa eu ver! Mamãe dizendo a papai.

(Apaga-se o plano da alucinação. Luz no plano da memória. Pai e mãe.)

MÃE — Cruz! Até pensei ter visto um vulto — ando tão nervosa. Também esses corredores! A alma de madame Clessi pode andar por aí... e...
PAI — Perca essa mania de alma! A mulher está morta, enterrada!
MÃE — Pois é...

(Apaga-se o plano da memória. Luz no plano da alucinação.)

MADAME CLESSI — Mas o que foi?
ALAÍDE — Nada. Coisa sem importância que eu me lembrei. *(forte)* Quero ser como a senhora. Usar espartilho. *(doce)* Acho espartilho elegante!
CLESSI — Mas seu marido, seu pai, sua mãe e... Lúcia?
HOMEM *(para Alaíde)* — Assassina!

(Apaga-se o plano da alucinação. Luz no plano da realidade. Sala de operação.)

1º MÉDICO — Pulso?
2º MÉDICO — 160.
1º MÉDICO — Rugina.
2º MÉDICO — Como está isso!
1º MÉDICO — Tenta-se uma osteossíntese!
3º MÉDICO — Olha aqui.
1º MÉDICO — Fios de bronze.

(Pausa.)

[...]

RODRIGUES, Nelson. Vestido de noiva. In: *Teatro completo I: peças psicológicas*. Rio de Janeiro: Nova Fronteira, 1981. p. 116-117.

Sobre o texto

1. No teatro, a **rubrica** é o texto que não faz parte do diálogo (e por isso em geral se destaca graficamente dos diálogos), mas indica aspectos importantes da cena. Pelas rubricas entre as falas das personagens, explique o modo pelo qual o dramaturgo sugere a montagem da cena e o aproveitamento do cenário para representação de uma trama fragmentada.

2. Alaíde se coloca de maneira diferente em cada um dos três planos. Explique o que a personagem faz em cada plano.

3. A parte do trecho que se passa no plano da realidade indica que a personagem se encontra em uma situação-limite: em uma cama de hospital, entre a vida e a morte, prestes a ser operada. A relação entre os outros dois planos sugere uma intimidade que ameaça se diluir entre a lembrança do passado e o delírio progressivo que vai tomando conta da personagem, à medida que se aproxima da morte. Como essa diluição entre os dois planos é sugerida?

❯ Suassuna: o erudito a partir do popular

Em uma vertente diversa da de Nelson Rodrigues, Ariano Suassuna (1927-2014) reinventou, à sua maneira, a **dramaturgia nacional** e o **regionalismo** dos anos 1930.

Sua carreira começou na década de 1950, já praticando o que sistematizaria vinte anos depois sob o nome de Movimento Armorial. Tal proposta fundia elementos da tradição canônica (os grandes clássicos da literatura) e da tradição regional, principalmente nordestina, com o objetivo de criar uma **estética nacional popular**.

O conceito de *armorial* está ligado à heráldica, isto é, ao conjunto de emblemas, brasões, escudos e bandeiras de um povo. A função desses símbolos é representar e evocar a identidade cultural daqueles que os utilizam.

A **cultura popular nordestina** era a bandeira de Ariano Suassuna. Sua proposta consistia em revalorizá-la e distingui-la da cultura de massa, que se caracteriza pela produção feita para atender a uma demanda de mercado. Para isso, Suassuna reuniu às características da cultura nordestina elementos da **tradição clássica ocidental** (popular e erudita).

A **intertextualidade** é a característica mais marcante da dramaturgia de Ariano. Rechaçando a ideia de autoria como produção exclusiva de uma só pessoa, o dramaturgo retomou livremente temas e técnicas de folhetos de cordel do interior de Pernambuco, assim como do universo circense, das peças populares da Idade Média portuguesa, da *Commedia dell'arte* do Renascimento italiano e do Barroco espanhol.

Sua obra mais conhecida, o *Auto da compadecida*, de 1955, é o melhor exemplo da mescla entre os **elementos satíricos**, o **fundo moral religioso** das peças populares medievais, como as de Gil Vicente, e a **literatura de cordel** dos cantadores nordestinos.

João Grilo, o protagonista, é ao mesmo tempo a figura típica do sertanejo nordestino (pobre, faminto, mas resistente), presente nas narrativas cantadas da região, e a encarnação regional da figura do pícaro, anti-herói que transita entre a ordem e a desordem, a fim de transformar a própria miséria em sustento.

Com essa combinação de influências, o *Auto da compadecida* alcançou amplo sucesso no Brasil e no exterior – em livro, em suas diversas montagens teatrais e em sua versão cinematográfica. Isso demonstra que a forte marca regional das propostas de Suassuna não restringiu o interesse pelas suas obras a um público que tenha as mesmas referências culturais nelas trabalhadas.

Seguindo a mesma chave da combinação no plano da temática, o teatro de Ariano Suassuna, ao retratar a situação de miséria e exploração do povo nordestino, acabou representando uma problemática mais ampla: a **corrupção social de valores cristãos**, como a solidariedade, em um mundo movido pelo interesse.

Sétima arte

O auto da compadecida
(Brasil, 2000)
Direção de Guel Arraes

Embora fosse uma peça premiada já na década de 1950, o *Auto da compadecida* atinge de fato o grande público com sua adaptação para a televisão, em minissérie, que depois ganhou as telas do cinema no ano 2000.

Capa do DVD *O auto da compadecida*.

Repertório

Nóbrega, um artista completo

Na década de 1970, o músico, dançarino, ator e escritor pernambucano Antonio Nóbrega (1952-) foi violinista do Quinteto Armorial, um conjunto idealizado por Ariano Suassuna que fundia elementos da música erudita e da tradição popular do Nordeste.

Desde então, Nóbrega aprofundou-se cada vez mais na busca de uma arte brasileira popular e com especial inspiração na figura do artista da tradição medieval, que transita por todas as linguagens: a música (voz, composição e instrumento), a palavra, a dança e a representação. Assim como as obras de Suassuna, seus espetáculos obtêm ótima receptividade no Brasil inteiro e em vários outros países.

Capa do DVD *Nove de frevereiro*, do multiartista Antonio Nóbrega, lançado em 2008.

Sua leitura

Você vai ler o trecho inicial da peça *Auto da compadecida*, de Ariano Suassuna. A ação se passa em Taperoá, cidadezinha situada na Paraíba.

[...]
Toque de clarim.

PALHAÇO — Ao escrever esta peça, onde combate o mundanismo, praga de sua igreja, o autor quis ser representado por um palhaço, para indicar que sabe, mais do que ninguém, que sua alma é um velho catre, cheio de insensatez e de solércia. Ele não tinha o direito de tocar nesse tema, mas ousou fazê-lo, baseado no espírito popular de sua gente, porque acredita que esse povo sofre, é um povo salvo e tem direito a certas intimidades.

Toque de clarim.

PALHAÇO — Auto da Compadecida! O ator que vai representar Manuel, isto é, Nosso Senhor Jesus Cristo, declara-se também indigno de tão alto papel, mas não vem agora, porque sua aparição constituirá um grande efeito teatral e o público seria privado desse elemento de surpresa.

Toque de clarim.

PALHAÇO — Auto da Compadecida! Uma história altamente moral e um apelo à misericórdia.

JOÃO GRILO — Ele diz "à misericórdia", porque sabe que, se fôssemos julgados pela justiça, toda a nação seria condenada.
[...]
PALHAÇO — O distinto público imagine à sua direita uma igreja, da qual o centro do palco será o pátio. A saída para a rua é à sua esquerda. [...] O resto é com os atores.

Aqui pode-se tocar uma música alegre e o Palhaço sai dançando. Uma pequena pausa e entram Chicó e João Grilo.

JOÃO GRILO — E ele vem mesmo? Estou desconfiado, Chicó. Você é tão sem confiança!
CHICÓ — Eu, sem confiança? Que é isso, João, está me desconhecendo? Juro como ele vem. Quer benzer o cachorro da mulher para ver se o bicho não morre. A dificuldade não é ele vir, é o padre benzer. O bispo está aí e tenho certeza de que o Padre João não vai querer benzer o cachorro.
JOÃO GRILO — Não vai benzer? Por quê? Que é que um cachorro tem de mais?
CHICÓ — Bom, eu digo assim porque sei como esse povo é cheio de coisas, mas não é nada de mais. Eu mesmo já tive um cavalo bento.
JOÃO GRILO — Que é isso, Chicó? *(Passa o dedo na garganta.)* Já estou ficando por aqui com suas histórias. É sempre uma coisa toda esquisita. Quando se pede uma explicação, vem sempre com "não sei, só sei que foi assim".
CHICÓ — Mas se eu tive mesmo o cavalo, meu filho, o que é que eu vou fazer? Vou mentir, dizer que não tive?
[...]

SUASSUNA, Ariano. *Auto da compadecida*. 29. ed. Rio de Janeiro: Agir, 1955. p. 23-27.

Vocabulário de apoio

catre: cama rústica e simples
compadecido: que sente e inspira compaixão
clarim: instrumento musical parecido com uma corneta
mundanismo: que é mundano, que se satisfaz com prazeres e bens materiais
solércia: astúcia, esperteza

Sobre o texto

1. Surgido na Europa por volta do século XII, o **auto** é uma composição que funde elementos cômicos e intenção moralizadora. Como esses dois aspectos aparecem no trecho lido?
2. Na primeira fala reproduzida, o autor justifica a maneira como se fez representar na peça e o assunto dela. Quais são os seus argumentos?
3. Que elementos nesse trecho inicial revelam a valorização da cultura popular?

O que você pensa disto?

Você viu como o teatro de Nelson Rodrigues e o de Ariano Suassuna refletem e denunciam o comportamento humano moralmente corrompido por uma sociedade movida por interesses.
- Pensando nisso, você acha que a nossa teledramaturgia tem se aventurado no debate de temas importantes de nossa realidade ou é apenas um reflexo daquilo que o preconceito social, associado à lógica de mercado, permite transmitir?

Ferramenta de leitura

A caracterização da personagem teatral

Crítico literário, professor e ensaísta, o paulistano Décio de Almeida Prado foi um dos mais importantes estudiosos do teatro no Brasil. Fotografia de 1995.

No ensaio a seguir, Décio de Almeida Prado (1917-2000) discorre sobre a proximidade entre o romance e a dramaturgia. Após essa aproximação e o estudo de um elemento que lhes é comum – a personagem –, Décio destaca as diferenças e capacidades específicas de cada gênero no que diz respeito à expressão do drama íntimo do ser humano.

A personagem no teatro

As semelhanças entre o romance e a peça de teatro são óbvias; ambos, em suas formas habituais, narram uma história, contam alguma coisa que supostamente aconteceu em algum lugar, em algum tempo, a um certo número de pessoas. A partir desse núcleo, muitas vezes proporcionado pela vida real, pela história ou pela legenda, é possível imaginar alguém que escreva indiferentemente um romance ou uma peça, conforme a sua formação ou a sua inclinação pessoal. [...]

Mas o que nos interessa no momento são as diferenças — e a personagem, de certa maneira, vai ser o guia que nos permitirá distinguir os dois gêneros literários. No romance, a personagem é um elemento entre vários outros, ainda que seja o principal. [...] Em suma, tanto o romance como o teatro falam do homem — mas o teatro o faz através do próprio homem, da presença viva e carnal do ator.

Poderíamos dizer a mesma coisa de outra maneira, já agora começando a aprofundar um pouco mais essa visão sintética inicial, notando que teatro é ação e romance narração. [...]

A personagem teatral, portanto, para dirigir-se ao público, dispensa a mediação do narrador. A história não nos é contada, mas mostrada como se fosse de fato a própria realidade. Essa é, de resto, a vantagem específica do teatro, tornando-o particularmente persuasivo às pessoas sem imaginação suficiente para transformar, idealmente, a narração em ação: frente ao palco, em confronto direto com a personagem, elas são por assim dizer obrigadas a acreditar nesse tipo de ficção que lhes entra pelos olhos e pelos ouvidos. [...]

Como caracterizar, em teatro, a personagem? Os manuais de *playwriting* indicam três vias principais: o que a personagem revela sobre si mesma, o que faz, e o que os outros dizem a seu respeito. [...]

A primeira solução só oferece algum interesse, alguma dificuldade de ordem técnica, quando se trata de trazer à tona esse mundo semissubmerso de sentidos e reflexões mal formuladas que não chegamos a exibir aos olhos alheios ou do qual nem chegamos a ter plena consciência. No romance é possível apanhar esse "fluxo de consciência", que alguns críticos apontam como o "aspecto mais característico da ficção do século vinte" (EDEL, Leon. *The modern psychological novel*. New York: Grove Press, 1955. p. 9.) [...] No teatro, todavia, torna-se necessário, não só traduzir em palavras, tornar consciente o que deveria permanecer em semiconsciência, mas ainda comunicá-lo de algum modo através do diálogo, já que o espectador, ao contrário do leitor do romance, não tem acesso direto à consciência moral ou psicológica da personagem. [...]

ALMEIDA PRADO, Décio de. In: CANDIDO, Antonio et al. *A personagem de ficção*. 10. ed. São Paulo: Perspectiva, 2000. p. 83-88.

Vocabulário de apoio

persuasivo: que convence
playwriting: em inglês, dramaturgia

Ainda no mesmo texto, Almeida Prado detalha os meios de que o teatro, sua especialidade, lança mão para expressar, com a ação e o diálogo, o que se passa na intimidade das personagens.

A seguir, você vai ler outros trechos de textos já vistos nesta unidade. Após a leitura, responda às questões.

Amor

A rede de tricô era áspera entre os dedos, não íntima como quando a tricotara. A rede perdera o sentido e estar num bonde era um fio partido; não sabia o que fazer com as compras no colo. E como uma estranha música, o mundo recomeçava ao redor. O mal estava feito. Por quê? Teria esquecido de que havia cegos? A piedade a sufocava, Ana respirava pesadamente. Mesmo as coisas que existiam antes do acontecimento estavam agora de sobreaviso, tinham um ar mais hostil, perecível... O mundo se tornara de novo um mal-estar. Vários anos ruíam, as gemas amarelas escorriam. Expulsa de seus próprios dias, parecia-lhe que as pessoas na rua eram periclitantes, que se mantinham por um mínimo equilíbrio à tona da escuridão – e por um momento a falta de sentido deixava-as tão livres que elas não sabiam para onde ir. Perceber uma ausência de lei foi tão súbito que Ana se agarrou ao banco da frente, como se pudesse cair do bonde, como se as coisas pudessem ser revertidas com a mesma calma com que não o eram.

LISPECTOR, Clarice. *Laços de família*. Rio de Janeiro: Rocco, 1998. p. 22.

Vocabulário de apoio

periclitante: que está em perigo
sobreaviso: acautelado, em alerta

Vestido de noiva

(Trevas. Disco de derrapagem, grito, ambulância. Luz no plano da alucinação. Pedro, Alaíde e Lúcia de noivas. Cruz.)
   LÚCIA *(furiosa, punho erguido)* — Diga bem alto, para todo mundo ouvir: "Roubei o namorado de Lúcia".
   ALAÍDE — Digo sim!
   LÚCIA — Diga, quero ver!
   ALAÍDE *(em alto e bom som)* — Roubei o namorado de Lúcia!
   LÚCIA *(excitada)* — Viu, Pedro? Ela disse! Não teve vergonha de dizer!
   ALAÍDE *(agressiva)* — Digo quantas vezes quiser!
   PEDRO *(cínico)* — Briguem à vontade! Não faz mal!
   ALAÍDE *(repreensiva)* — Você não devia dizer isso, Pedro. É cinismo.
   LÚCIA *(sardônica)* — Mas oh! Só agora você soube que ele era cínico! Me admira muito!
   ALAÍDE *(dolorosa)* — Sempre soube.
   LÚCIA *(com desprezo)* — Então por que tirou Pedro de mim?
   ALAÍDE — Você sempre com esse negócio de tirou – tirou! *(num transporte)* É tão bom tirar o namorado das outras. *(irônica)* Então de uma irmã...

RODRIGUES, Nelson. *Teatro completo I: peças psicológicas*. Rio de Janeiro: Nova Fronteira, 1981. p. 151-152.

Vocabulário de apoio

sardônico: sarcástico, zombeteiro

Vestido de noiva em montagem feita em 2008 pelo grupo teatral paulista Os Satyros.

Sobre os textos

1. O conto "Amor" e a peça *Vestido de noiva* representam a realidade íntima de suas personagens. Explique como se dá essa representação nos textos 1 e 2.

2. O crítico Décio de Almeida Prado comenta que, por colocar a ação diante do espectador, o texto teatral precisa criar estratégias próprias para exteriorizar a consciência moral ou psicológica das personagens e estas diferem daquelas usadas nos romances e contos.
   a) No texto 2, qual é a causa do drama interior de Alaíde, segundo o trecho lido? Qual é o impacto dele sobre a personagem?
   b) O conflito interno de Ana, no texto 1, é exteriorizado para que o leitor possa reconhecer sua dimensão. Como o impacto sofrido pela personagem é evidenciado por suas ações?

Entre textos

A grande diferença entre os escritores contemplados nesta unidade aponta, curiosamente, para uma semelhança entre eles: a originalidade de suas obras. Cada um, à sua maneira, foi responsável por um movimento de renovação da literatura dentro dos gêneros que praticavam, e suas obras não encontram referências literárias muito precisas nem sucessores explicitamente diretos. A seleção a seguir busca apontar possíveis referências literárias de alguns desses escritores.

TEXTO 1

A escultura folheada

Aqui está um livro
Um livro de gravuras coloridas;
Na parte superior da capa deste livro
Há um ponto-furo: um simples ponto
                    simples furo

E nada mais.

Abro a capa do livro e
Vejo por trás da mesma que o furo continua;
Folheio as páginas, uma a uma.
— Vou passando as folhas, devagar,
                o furo continua.

Noto que, de repente, o furo vai se alargando
Se abrindo, florindo, emprenhando,
Compondo um volume vazio, irregular, interior e
                            [conexo:
Superpostas aberturas recortadas nas folhas do livro.
Têm a forma rara de uma escultura vazia e fechada,
Uma variedade, uma escultura guardada dentro de
                            [um livro,
Escultura de nada: ou antes, de um pseudo-não;
Fechada, escondida, para todos os que não quiserem
Folhear o livro.

Mas, prossigo desfolhando:
Agora a forma vai de novo se estreitando

Se afunilando, se reduzindo, desaparecendo/surgindo.
E na capa do outro lado se tornando
                novamente
Um ponto-furo, um simples ponto
                simples furo

E nada mais.

Os seres que a construíram, simples formigas aladas,
Evoluíam sob o sol de uma lâmpada
Onde perderam as asas. Caíram.
As linhas de voo, incertas e belas, aluíram;
Mas essas linhas volantes, a princípio, foram
Se reproduzindo nas folhas do livro, compondo
                            [desenhos
De fazer inveja aos mais "sábios artistas".
Circunvagueando, indecisas nas primeiras páginas,
À procura da forma formante e formada.
Seus voos transcritos, "refletidos" nessas primeiras
                            [linhas,
Enfim se aprofundam, se avolumam no vazio
De uma escultura escondida, no escuro do interno;
Somente visível, "de fora", por dois pontos;
Dois pontos-furos: simples pontos
                simples furos

E nada mais.

CARDOZO, Joaquim. Poemas. In: *Poesias completas*. Rio de Janeiro: Civilização Brasileira, 1971. p. 208-209.

Vocabulário de apoio

alado: que possui asas, que voa
aluir: cair, abater-se
circunvaguear: circunvagar, vagar em círculos
emprenhar: tornar prenhe, engravidar
formante: constituinte, formador
superposto: sobreposto
volante: que voa, errante

Uma das principais referências da obra de João Cabral de Melo Neto (1920-1999) é o poeta recifense Joaquim Cardozo (1897-1978), a quem o autor dedica *O cão sem plumas*. O equilíbrio na composição e a temática nordestina, que, eventualmente, compareçem em sua obra, são os pontos a partir dos quais é possível considerá-lo uma referência para João Cabral. Embora não possua o rigor construtivo cabralino, há na obra de Joaquim Cardozo uma estética do esforço, da elaboração processual de algo, mesmo que demolidor, como se pode ver no poema acima, em que um livro, ao se decompor roído pelas traças, vai aos poucos desenhando uma obra nova dentro de si.

TEXTO 2

Crônica da casa assassinada

1ª
Diário de André
(conclusão)

8 de... de 19... — (... meu Deus, que é a morte? Até quando, longe de mim, já sob a terra que agasalhará seus restos mortais, terei de refazer neste mundo o caminho do seu ensinamento, da sua admirável lição de amor, encontrando nesta o aveludado de um beijo — "era assim que ela beijava" — naquela um modo de sorrir, nesta outra o tombar de uma mecha rebelde dos cabelos — todas, todas estas inumeráveis mulheres que cada um encontra ao longo da vida, e que me auxiliarão a recompor, na dor e na saudade, essa imagem única que havia partido para sempre? [...]
[...]

2ª
Primeira carta de Nina a Valdo Meneses

... Não se assuste, Valdo, ao encontrar esta entre seus papéis. Sei que há muito você não espera mais notícias minhas, e que para todos os efeitos me considera uma mulher morta. Ah, Deus, como as coisas se modificam neste mundo. Até o vejo, num esforço que paralisa a mão com que escrevo, sentado diante de seu irmão e de sua cunhada, na varanda, como costumavam fazer antigamente, e dizendo entre dois grandes silêncios: "Afinal, aquela pobre Nina seguiu o único caminho que deveria seguir..."

CARDOSO, Lúcio. *Crônica da casa assassinada*. 2. ed. São Paulo: Edusp; Rio de Janeiro: UFRJ, 1996. p. 5; 31-32.

O ficcionista mineiro Lúcio Cardoso (1912-1968) iniciou sua carreira literária na década de 1930, quando predominava a tendência regionalista no romance brasileiro. Sua literatura, porém, investia em narrativas mais preocupadas com uma análise da dimensão íntima das personagens. Essa preocupação o levou inclusive à fragmentação da estrutura cronológica da narrativa, como se pode ver pelo trecho ao lado, extraído de sua obra-prima, o romance *Crônica da casa assassinada*. Clarice (1920-1977), que levou a narrativa introspectiva de Lúcio Cardoso a um novo patamar, influenciou outros romancistas e contistas interessados na observação do drama íntimo do ser humano e na fragmentação da personagem em face de uma sociedade e de um cotidiano igualmente fragmentados.

Vocabulário de apoio

soberba: orgulho, arrogância

O projeto estético da obra de Ariano Suassuna (1927-2014) rompeu com a ideia de autoria individual e incorporou a lógica da produção artística popular, em que a apropriação livre da tradição, em vez de plágio, é considerada motivo de respeito e orgulho tanto para o aprendiz quanto para o mestre. Os três atos da peça *Auto da compadecida*, de Ariano, têm por núcleos temáticos três histórias extraídas de folhetos de cordel. O trecho citado ao lado, atribuído ao cantador Anselmo Vieira de Sousa (1867-1926), corresponde ao centro da ação do terceiro ato da peça de Ariano, em que João Grilo se vê julgado pelo tribunal divino. Na obra, assim como na cultura popular, não há constrangimento em se confessar a fonte. Pelo contrário, o autor colocou a passagem ao lado como uma das epígrafes da peça e se orgulhou de poder resgatar em seu teatro a tradição de um universo do qual ele se sentia parte.

TEXTO 3

O castigo da soberba

O DIABO
Lá vem a compadecida!
Mulher em tudo se mete!

MARIA
Meu filho, perdoe esta alma,
Tenha dela compaixão!
Não se perdoando esta alma,
Faz-se é dar mais gosto ao cão:
Por isto absolva ela,
Lançai a vossa bênção.

JESUS
Pois minha mãe leve a alma,
Leve em sua proteção.
Diga às outras que recebam,
Façam com ela união.
Fica feito o seu pedido,
Dou a ela a salvação.

ANÔNIMO. O castigo da soberba (folheto de cordel recolhido por Leonardo Mota com o cantador Anselmo Vieira de Sousa).
In: SUASSUNA, Ariano. *Auto da compadecida*. 29. ed. Rio de Janeiro: Agir, 1995. p. 15.

Vestibular e Enem

(Enem)

> Quem é pobre, pouco se apega, é um giro-o-giro no vago dos gerais, que nem os pássaros de rios e lagoas. O senhor vê: o Zé-Zim, o melhor meeiro meu aqui, risonho e habilidoso. Pergunto: — Zé-Zim, por que é que você não cria galinhas-d'angola, como todo o mundo o faz? — Quero criar nada não... — me deu resposta: — Eu gosto muito de mudar... [...] Belo um dia, ele tora. Ninguém discrepa. Eu, tantas, mesmo digo. Eu dou proteção. [...] Essa não faltou também à minha mãe, quando eu era menino, no sertãozinho de minha terra. [...] Gente melhor do lugar eram todos dessa família Guedes, Jidião Guedes; quando saíram de lá, nos trouxeram junto, minha mãe e eu. Ficamos existindo em território baixio da Sirga, da outra banda, ali onde o de-Janeiro vai no São Francisco, o senhor sabe.
>
> ROSA, J. G. **Grande sertão**: veredas. Rio de Janeiro: José Olympio. Fragmento.

1. Na passagem citada, Riobaldo expõe uma situação decorrente de uma desigualdade social típica das áreas rurais brasileiras marcadas pela concentração de terras e pela relação de dependência entre agregados e fazendeiros. No texto, destaca-se essa relação porque o personagem-narrador:
a) relata a seu interlocutor a história de Zé-Zim, demonstrando sua pouca disposição em ajudar seus agregados, uma vez que superou essa condição graças à sua força de trabalho.
b) descreve o processo de transformação de um meeiro — espécie de agregado — em proprietário de terra.
c) denuncia a falta de compromisso e a desocupação dos moradores, que pouco se envolvem no trabalho da terra.
d) mostra como a condição material da vida do sertanejo é dificultada pela sua dupla condição de homem livre e, ao mesmo tempo, dependente.
e) mantém o distanciamento narrativo condizente com sua posição social, de proprietário de terras.

(UFTM-MG) Leia o trecho de *A hora da estrela*, de Clarice Lispector, para responder às questões de números 2 e 3.

> Olímpico de Jesus trabalhava de operário numa metalúrgica e ela nem notou que ele não se chamava de "operário" e sim de "metalúrgico". Macabéa ficava contente com a posição social dele porque também tinha orgulho de ser datilógrafa, embora ganhasse menos que o salário mínimo. Mas ela e Olímpico eram alguém no mundo. "Metalúrgico e datilógrafa" formavam um casal de classe. A tarefa de Olímpico tinha o gosto que se sente quando se fuma um cigarro acendendo-o do lado errado, na ponta da cortiça. O trabalho consistia em pegar barras de metal que vinham deslizando de cima da máquina para colocá-las embaixo, sobre uma placa deslizante. Nunca se perguntara por que colocava a barra embaixo. A vida não lhe era má e ele até economizava um pouco de dinheiro: dormia de graça numa guarita em obras de demolição por camaradagem do vigia.

2. A partir da leitura do texto, pode-se concluir que Olímpico, ao apresentar-se como *metalúrgico* em vez de *operário*:
a) revela ser um homem culto e com bom nível de instrução.
b) pretende conferir melhor *status* ao trabalho que exerce.
c) mostra ser um homem humilde e despretensioso.
d) atribui destaque ao fato de realizar um serviço braçal.
e) demonstra ter vergonha de trabalhar no ramo dos metais.

3. Uma característica que *A hora da estrela* compartilha com outros textos produzidos pelo Neomodernismo brasileiro (ou Geração Modernista pós 1945) é:
a) o enfoque histórico, retratando o passado brasileiro.
b) o propósito nacionalista, com heróis idealizados.
c) o uso de uma linguagem distante do cotidiano.
d) a criação de personagens burlescos e pouco complexos.
e) o tom intimista, de investigação psicológica.

(Uenp-PR) Leia os versos:

> E se somos severinos
> iguais em tudo na vida
> morremos de morte igual
> mesma morte Severina.

4. Quais são as causas dessa morte elencadas por João Cabral de Melo Neto em *Morte e Vida Severina*?
 I. Fraqueza e doença em qualquer idade.
 II. Emboscada antes dos trinta.
 III. Envelhecimento precoce.
 IV. Fome um pouco por dia.
 V. Uso indiscriminado de narcóticos na adolescência.
Estão corretas apenas as causas:
a) I, II e V.
b) I, III e IV.
c) I, III e V.
d) II, III e IV.
e) III, IV e V.

Tendências da literatura brasileira contemporânea

A gravura abaixo, do artista paulistano Gregório Gruber (1951-), capta a cena urbana por meio de linhas, volumes e cores. O espaço das metrópoles, com seus reflexos sobre o ser humano, é a matéria principal da arte a partir dos anos 1960, quando as produções ora se engajaram politicamente, ora se desapegaram da realidade social para se tornar a expressão angustiada do fragmentado indivíduo contemporâneo.

Na era do consumo, da cultura de massa e da alta tecnologia, a arte e a literatura ultrapassam os limites dos museus e das livrarias, saem da solidão dos escritórios, dos conservatórios e dos ateliês para se misturar à multidão. Como você verá nesta unidade, uma grande variedade de tendências, estilos, projetos e propostas marcam essa produção.

UNIDADE 18

Nesta unidade

54 — A literatura brasileira atual – multiplicidade de recursos

GRUBER, Gregório. Sem título, 1990. Gravura, 47 cm × 60 cm. Coleção do artista.

CAPÍTULO 54
A literatura brasileira atual – multiplicidade de recursos

O que você vai estudar

- O mundo dividido.
- O Brasil contemporâneo.
- Música popular, Cinema Novo e artes plásticas.
- Novos rumos da literatura.

A literatura produzida no Brasil nas últimas décadas apresenta grande diversidade. Isso dificulta uma tentativa de abordagem definitiva, sobretudo por não haver, ainda, distanciamento suficiente para avaliá-la.

Nesse período, encontramos manifestações tão distintas quanto poemas que exploram profundamente a disposição gráfica do texto no papel; e poemas curtíssimos, que se assemelham aos haicais japoneses e aos poemas-piada modernistas. Na prosa, o tema da urbanização aparece como ponto comum em grande parte da produção do período, mas as soluções estéticas adotadas pelos escritores são extremamente variadas.

Apesar da diversidade, podem-se traçar algumas linhas de força, destacando autores e tendências que permitem construir parâmetros para uma compreensão mais organizada dessa produção. É o que faremos neste capítulo.

Sua leitura

A seguir, você analisará um autorretrato do fotógrafo estadunidense Robert Mapplethorpe (1946-1989) e lerá um poema do escritor brasileiro Mário Faustino (1930-1962).

Autorretrato

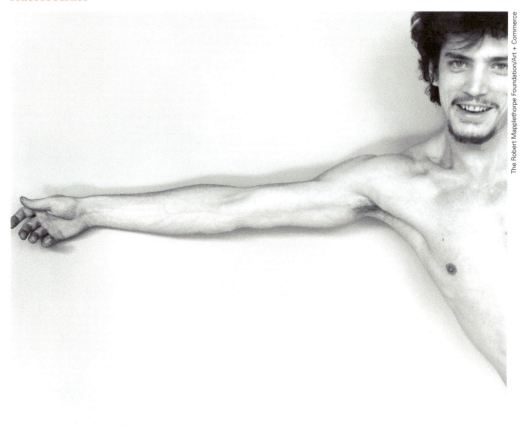

Robert Mapplethorpe foi um dos maiores expoentes da arte estadunidense dos anos 1960 a 1980. Dotado de grande capacidade técnica, criou fotos em branco e preto em que se percebe a busca do equilíbrio entre luz e sombra para conferir aos objetos retratados um delineamento preciso, aproximando-os de formas escultóricas. Entre seus temas recorrentes estão os retratos, as flores e o corpo humano.

MAPPLETHORPE, Robert. *Autorretrato*, 1975. Fotografia. Fundação Robert Mapplethorpe, Nova York, EUA.

Soneto

Necessito de um ser, um ser humano
Que me envolva de ser
Contra o não ser universal, arcano
Impossível de ler

À luz da lua que ressarce o dano
Cruel de adormecer
A sós, à noite, ao pé do desumano
Desejo de morrer.

Necessito de um ser, de seu abraço
Escuro e palpitante
Necessito de um ser dormente e lasso

Contra meu ser arfante:
Necessito de um ser sendo ao meu lado
Um ser profundo e aberto, um ser amado.

FAUSTINO, Mário. In: LYRA, Pedro (Org.). *Sincretismo*: a poesia da geração 60. Rio de Janeiro: Topbooks, 1995. p. 185.

Vocabulário de apoio

arcano: mistério ou misterioso, secreto
arfante: que respira com dificuldade
lasso: relaxado, frouxo, gasto
palpitante: que pulsa
ressarcir: reparar, compensar

Sobre os textos

1. O poema de Mário Faustino tem por título a palavra *Soneto*. Que semelhanças e diferenças você observa entre a forma tradicional do soneto e a forma utilizada pelo poeta?

2. Copie no caderno a alternativa correta.
   O lirismo que se observa no poema "Soneto", de Mário Faustino, pode ser entendido como:
   a) um lirismo social, pois coloca em discussão uma visão contestatória da realidade histórica.
   b) um lirismo participativo, pois evoca o leitor a revolucionar os costumes burgueses.
   c) um lirismo ostensivamente erotizado, representando o desejo de empreender uma revolução sexual que caracterizou sua geração.
   d) um lirismo metapoético, na medida em que o poema parece tratar do próprio fazer poético.
   e) um lirismo existencial, no qual o eu lírico coloca em questão as dúvidas existenciais que marcaram essa geração.

3. A poesia de Mário Faustino tem um forte elemento dramático. A perspectiva existencial do eu lírico aborda um modo trágico de compreender a natureza humana – sempre disposta, contudo, a encontrar na figura do outro uma ponte para ultrapassar a solidão contemporânea. Essa tendência é observada no poema "Soneto"? Justifique com exemplos.

4. Observe o autorretrato de Robert Mapplethorpe. Que aspectos chamam a atenção na postura da figura humana retratada?

5. Do ponto de vista formal, quais são os elementos que compõem a imagem fotográfica?

6. O poema e a fotografia possuem alguns traços em comum: ambos são composições formais que se fixam em poucos elementos e fazem uma abordagem subjetiva do eu. Em sua opinião, qual dos versos do poema transcritos a seguir melhor se associa à fotografia? Justifique.
   a) "Necessito de um ser sendo ao meu lado".
   b) "Necessito de um ser, um ser humano".
   c) "Necessito de um ser, de seu abraço".

❯ O contexto de produção

Do início da década de 1960 ao primeiro decênio do século XXI, o Brasil sofreu uma série de transformações. Da antiga feição agrário-exportadora, o país passou a produtor e consumidor de grande diversidade de bens de consumo, integrando-se de forma decisiva no **contexto do mundo globalizado**.

Embora as desigualdades sociais e regionais ainda não tivessem sido superadas, houve uma significativa alteração no **perfil social** e uma evolução nos indicadores de **qualidade de vida**.

A seguir, você conhecerá alguns marcos que dão indício dessas e de outras transformações do período. Eles são decisivos para a compreensão das formas de representação social captadas pela literatura contemporânea.

› O contexto histórico

O período histórico que se prolongou do final da Segunda Guerra Mundial até ao menos o início da década de 1970 foi caracterizado, no plano mundial, pela **Guerra Fria**, uma disputa de poder protagonizada por duas **superpotências**: os Estados Unidos, representantes do **capitalismo**, e a hoje extinta União das Repúblicas Socialistas Soviéticas (URSS), grupo de países em que se destacava a atual Rússia, representante do **comunismo**.

De um lado, os estadunidenses propagandeavam para o mundo seu modelo de vida baseado em uma lógica de mercado e de consumo; de outro, a cúpula comunista alardeava que o capitalismo mostrava sinais de decadência, defendendo a tese de que o comunismo não seria apenas uma alternativa ao capitalismo, mas sim o ponto de chegada da História.

A **iminência de um confronto** entre os Estados Unidos e a antiga URSS povoou a imaginação de muitas gerações. A possibilidade de um enfrentamento entre países armados com dispositivos nucleares gerou um clima apocalíptico, particularmente nos países ocidentais.

Nesse mundo dividido, o posicionamento ideológico alinhado ao capitalismo ou ao comunismo não se resumia a uma discussão entre países; também atingia a população mundial nas adesões a este ou àquele grupo. Nesse contexto, alguns países ficaram conhecidos como **Terceiro Mundo**, por serem considerados subdesenvolvidos ou ainda em vias de desenvolvimento. Nesse grupo, encontravam-se alguns países asiáticos, os países africanos e os países latino-americanos.

Explosão de bomba nuclear estadunidense em Nagasaki, no Japão, na Segunda Guerra Mundial, em 1945.

Repertório

Existencialismo e as influências dos anos 1960

A cultura surgida na década de 1960 recebeu múltiplas influências: a psicanálise, a revalorização de ideias vindas do Oriente, o marxismo, a religiosidade, o Surrealismo, a redescoberta da cultura popular. Somada a isso, uma perspectiva existencial e filosófica esteve presente em muitas produções artísticas relevantes desse período. Para diversos intelectuais, o existencialismo correspondia a um novo humanismo, uma filosofia que pregava que o ser humano se define pelo seu presente e não por qualquer forma de determinismo natural. Dizendo de outro modo, ser humano é ir além dos condicionamentos da natureza em busca da realização de uma experiência particular e histórica. O ser humano, enfim, não é fruto de uma experiência que poderia ser medida cientificamente, mas sim de uma vivência não uniforme e imprevisível.

O escritor Albert Camus (1913-1960), assim como o filósofo Jean-Paul Sartre, exerceu grande influência sobre os intelectuais e artistas pela perspectiva existencialista presente em suas obras. Fotografia de 1952.

Crises econômicas mundiais e fim da URSS

Com as crises econômicas mundiais de 1973 e 1978 e as sucessivas recessões em regiões antes prósperas, algumas estruturas políticas aparentemente sólidas foram se decompondo.

Os líderes da URSS sentiram de perto as dificuldades econômicas da década de 1980, que exigiam novas formas de conduzir os destinos políticos de países antes dominados pela força e pela ameaça de intervenção militar. Assim, passaram a repensar o pacto existente entre os países comunistas que compunham a chamada **Cortina de Ferro**, uma barreira social e econômica erguida contra o Ocidente capitalista.

Em 1989, a **queda do Muro de Berlim** simbolizou esse novo tempo. Desde o fim da Segunda Guerra Mundial, esse muro separava a Alemanha em dois blocos (um capitalista e outro socialista).

Com o impulso tecnológico nas áreas da comunicação e da circulação de bens, ocorrido de forma mais profunda a partir dos últimos anos do século XX, a integração comercial, política, econômica e cultural entre os países se intensificou. Do ponto de vista ideológico, prevaleceu uma sensação de encolhimento do tempo e do espaço, assim como de uma dependência maior entre as populações mundiais, resultado de uma **reestruturação produtiva** e do avanço do **pensamento neoliberal**.

Destruição de parte do Muro de Berlim em novembro de 1989: o evento simbolizou o início de um novo momento histórico.

Brasil: otimismo, repressão e abertura

O Brasil estava sensível ao impacto dos impasses históricos do mundo dividido pela Guerra Fria. De meados dos anos 1950 até quase a década de 1980, o país passou por dois momentos que demandaram dos intelectuais e artistas posicionamentos distintos.

Otimismo desenvolvimentista com JK

O primeiro momento esteve relacionado ao novo projeto de Brasil que marcou a presidência de Juscelino Kubitschek, de 1956 a 1961. Nesse período, foi implantado um modelo de crescimento centrado na atração de empresas estrangeiras que desejassem se fixar em território brasileiro, com o intuito de fazer o país ingressar mais rapidamente no mundo desenvolvido. Como resultado desse processo, destacam-se a **euforia com o desenvolvimento** do país e, também, a grande **dependência do capital externo** e a intensa transferência de **trabalhadores rurais para as grandes cidades**.

A construção de Brasília (DF) talvez tenha sido o maior marco dos "anos otimistas" que antecederam o conturbado período do regime militar. Na fotografia, vista aérea do Palácio da Alvorada em construção, em 1958.

Vista aérea do Palácio da Alvorada, na margem do lago Paranoá, em fotografia de 2013. O lago artificial foi construído durante o governo de Juscelino Kubitschek. Atualmente, é um local de esporte e lazer na cidade, além de abrigar rica fauna.

A importação de bens culturais, fruto da dependência do Brasil em relação aos países desenvolvidos, foi percebida de várias maneiras nas últimas décadas. Como sugere a canção a seguir, datada de 1959 e interpretada por Jackson do Pandeiro, a mistura de referências nacionalistas e "importadas" começava a ocupar um espaço importante na cultura brasileira.

Chiclete com banana

Eu só ponho *bebop*
No meu samba
Quando Tio Sam pegar o tamborim
Quando ele pegar no pandeiro
E no zabumba
Quando ele aprender

Que o samba não é rumba
Aí eu vou misturar
Miami com Copacabana
Chicletes eu misturo com banana
E o meu samba vai ficar assim

[...]

GOMES, José; GORDURINHA. Chiclete com banana. Intérprete: Jackson do Pandeiro. In: *Jackson do Pandeiro*. Rio de Janeiro: Columbia, 1959.

Margens do texto

A fusão entre a cultura estadunidense e a brasileira é o tema da canção ao lado. Que postura política se pode depreender do jogo de misturas presente nessa letra?

Vocabulário de apoio

bebop: estilo do *jazz*
rumba: dança popular afro-cubana
Tio Sam: símbolo estadunidense personificado na figura de um senhor de barba, fraque e cartola com elementos da bandeira dos EUA
zabumba: tipo de tambor

Repressão e censura no regime militar

Em 1964, teve início outro momento histórico que causou grande impacto na cultura das últimas décadas. Naquele ano, após um período de instabilidade política, as classes conservadoras – temendo a aproximação do Brasil de países socialistas – apoiaram o golpe de Estado que iniciou um **regime militar**.

A partir de 1968, instaurou-se um período de grande **repressão** aos que se manifestavam contra os que estavam no poder. Meios de comunicação e artistas ficaram submetidos à **censura** prévia, que proibiu numerosas obras e publicações. Opositores do regime militar foram torturados e exilados.

Com os direitos políticos e constitucionais suspensos e sofrendo ameaças, grupos políticos iniciaram atividades de guerrilha e luta armada, no campo e nas cidades, com vistas a derrubar o regime militar.

Várias foram as manifestações contra o regime militar. Muitos intelectuais, artistas e escritores estiveram entre os manifestantes. Os anos mais duros do regime, entre 1969 e 1974, foram denominados "anos de chumbo". Na fotografia, a Passeata dos Cem Mil, Rio de Janeiro (RJ), junho de 1968.

Repertório

A imprensa nanica e o teatro alternativo

Nos anos de terror do regime militar, surgiram algumas publicações que desafiavam os mecanismos de repressão política e cultural. Jornais como *O Pasquim*, *Opinião* e *Movimento* apresentavam a seus leitores — a parcela intelectual da sociedade — textos que afrontavam os donos do poder. No teatro, jovens formados por companhias teatrais que haviam sido sumariamente fechadas atuavam em palcos improvisados para um público comum.

Primeira página do jornal *O Pasquim*, de 14 jan. 1971, mostra sua equipe sendo libertada após 60 dias de detenção.

Redemocratização e anistia na abertura

A partir de 1978, o processo de **redemocratização** no país possibilitou que políticos, artistas e intelectuais exilados pela ditadura começassem a retornar ao Brasil em virtude da **lei de Anistia**. Um clamor popular pelo fim do regime militar ganhou corpo. A má condução da economia, as greves de trabalhadores e o fortalecimento de lideranças políticas civis foram alguns dos fatores de pressão contra o modelo de governo centralizador dos militares.

Em 1985, Tancredo Neves foi eleito indiretamente presidente da República, o primeiro civil desde 1964, iniciando o restabelecimento da democracia no país. O Brasil entrava em um período de estabilidade política.

Desde o início da década de 1990, o crescente estreitamento das relações político-econômicas em nível mundial, conhecido como **globalização**, determinou diversas mudanças no Brasil.

Nos dias de hoje, uma literatura de caráter cada vez mais urbano capta os desafios desse mundo marcado pelo dinamismo, pela desigualdade e pela velocidade das transformações.

> O contexto cultural

A juventude vivenciou, na década de 1960, eventos impactantes: a Guerra do Vietnã, a afirmação da cultura de massa e a difusão da televisão, as guerrilhas urbanas, a luta pelos direitos humanos, o feminismo. Nesse contexto, surgiu a **contracultura**, movimento cultural de contestação das formas de opressão socialmente estabelecidas.

Boa parte dessa efervescência atravessou a década seguinte e, com ela, surgiram variadas formas de expressão artística: o Minimalismo, a *Op Art*, a Arte Cinética, o Novo Realismo, a *Pop Art*, o Construtivismo e o Abstracionismo. A cidade, especialmente a metrópole, torna-se palco privilegiado dos conflitos da vida contemporânea e pós-moderna. Sem ter um programa específico, sem estabelecer tendências dominantes, a arte e a cultura das décadas de 1960 e 1970 romperam os limites do circuito tradicional de circulação, invadindo a vida comum através dos meios de comunicação de massa. A moda, os costumes, os modelos de família e o papel político do indivíduo passaram a ser questionados e revistos.

A contracultura foi um marco dos anos 1960, do qual fizeram parte os *hippies* (jovens que pregavam a liberdade como um valor acima de todos os outros). Na fotografia, jovens durante o festival de Woodstock, em 1969.

O Brasil viveu o período amargo da repressão política, em que a arte era vista quase sempre como **subversiva** e, por isso, estava sob constante ameaça de censura. Em contrapartida, esse foi um momento de **grande produção artística e de contestação** das formas de expressão identificadas com os segmentos conservadores da sociedade, como se pode ver neste poema.

Toda casa de burguês
é um lar
ou melhor, um patrimônio
que se nutre do trabalho
daquele que não lhe habita.

BARROSO, Oswaldo. A casa. In: LYRA, Pedro (Org.). *Sincretismo*: a poesia da geração de 60. Rio de Janeiro: Topbooks, 1995. p. 601.

■ Margens do texto

Na estrofe ao lado, o eu lírico confere à casa dois significados bastante distintos: de "lar" e de "patrimônio". De que modo esses dois sentidos se associam à imagem da burguesia?

As **produções cinematográficas** também se voltaram à realidade brasileira, denunciando a alienação cultural e aprofundando propostas do Cinema Novo, da década de 1950. A herança dessa década também pode ser vista na música, com o aproveitamento da Bossa Nova nas canções populares transmitidas ao vivo pela TV, em festivais de música ou em programas como *Jovem Guarda*.

O Tropicalismo (Tropicália ou Movimento Tropicalista) manifestou-se principalmente na música, cujos maiores representantes foram Caetano Veloso, Gal Costa, Gilberto Gil, Torquato Neto, Os Mutantes e Tom Zé. Esse movimento propôs uma associação entre manifestações originais da cultura brasileira e referências eruditas ou populares estrangeiras, buscando uma inovação estética radical. Entre suas fontes estavam a Antropofagia modernista, a *Pop Art* e o Concretismo.

Em paralelo, as novas tecnologias abriram espaço para **manifestações estéticas** organizadas em novos meios. Nas décadas de 1960 e 1970, criaram-se novas relações entre o público e a arte, em função de manifestações, como:

- as **instalações** – disposições artísticas de um espaço, em geral permitindo que o público literalmente "entrasse" na obra;
- o **grafite** – intervenção visual no espaço urbano;
- as **performances** – eventos artísticos de caráter geralmente cênico, com a presença física de artistas diante do público durante certo tempo.

Na fotografia, de 1968, da esquerda para a direita, Os Mutantes, Gilberto Gil, Caetano Veloso, Gal Costa (sentada) e Jorge Ben.

A condição pós-moderna

A partir dos anos 1980, começou-se a discutir quais pressupostos estéticos caracterizariam a arte nas últimas décadas do século XX. Nessa sociedade globalizada, com amplo acesso à informação e uma visão da obra de arte como mercadoria, um conceito se tornou central para a compreensão dos rumos da literatura: a **condição pós-moderna**.

Tal condição imprimiu na obra artística traços – em geral fragmentários e misturados – do universo *pop*, do registro erudito de uma cultura canônica, dos espetáculos em dimensão global. Entretanto, revelou modos subjetivos de ser em contraposição à celebração de personalidades.

> O contexto literário

A literatura produzida nas últimas décadas é muito variada e heterogênea. O estatuto do livro também mudou, uma vez que ele se insere, hoje, em um contexto de cultura de massa. Você verá a seguir como esses elementos se relacionam na produção atual.

O sistema literário da literatura brasileira contemporânea

A **mudança de paradigmas no sistema literário brasileiro** é notória em tempos de pós-modernidade e de mundo globalizado. Isso se deu, ao longo das últimas décadas, em função de uma série de fatores: o surgimento de novas formas de expressão e de novos tipos de suporte para os textos; o acesso cada vez mais garantido ao livro e à literatura; a consolidação de um forte mercado editorial; e a consequente transformação da literatura em objeto de consumo, seguindo a lógica de **mercantilização da informação, do entretenimento e do saber**. Tudo isso contribuiu para redefinir as relações entre o autor, sua obra e seu público.

Da década de 1960 para cá, não se pode mais falar em uma geração de artistas, mas sim em grupos, correntes, estilos, tendências, modas e até movimentos nos quais as interações com o público se particularizam.

Durante o regime militar, por exemplo, houve uma vertente da produção poética, denominada **poesia marginal**, que via na literatura um instrumento de protesto e de denúncia social. O caráter contestatório dessa corrente se estendia à forma de circulação de sua produção: como alternativa às restrições do mercado editorial e da censura, era comum que essa poesia circulasse, artesanalmente, em **cópias mimeografadas** (feitas no mimeógrafo – veja a fotografia ao lado) e distribuídas fora do circuito das livrarias, muitas vezes pelas mãos do próprio poeta.

O mimeógrafo era uma máquina de reprodução de originais em papel, acionada manual ou mecanicamente, que foi muito utilizada pelos poetas marginais nos anos 1960 a 1980. Fotografia de 1955.

Mais recentemente, outra forma alternativa de circulação da literatura surgiu com a difusão do acesso à internet, por meio dos *blogs*, que se tornaram um canal de divulgação muito utilizado por escritores – especialmente de gêneros como a poesia e a crônica –, com a vantagem de possibilitar a interação direta com os leitores.

Nos dias de hoje, ganham força os **dispositivos portáteis de leitura digital** que, além de ampliar enormemente o acesso à leitura, permitem ao leitor fazer anotações e trocar impressões sobre a obra com outros usuários.

Por esses e outros motivos, é possível dizer que, ao longo das últimas décadas, o **leitor** vem tornando-se cada vez **mais ativo e participativo**. Nesse ponto, a internet também tem papel importante, ao facilitar o acesso à informação sobre a literatura (permitindo saber onde encontrar livros, por exemplo) e aos próprios textos literários digitalizados, contribuindo para a democratização da cultura.

Além da facilidade do acesso à informação, há alterações importantes no sistema literário nas últimas décadas, como a **democratização atual da produção literária** com o surgimento de novos autores, e também a diminuição dos índices de analfabetismo no país e o consequente **aumento do público potencial** da literatura, especialmente entre as classes sociais menos favorecidas.

Um dos exemplos da produção de textos de novos autores é o livro *Literatura marginal: talentos da escrita periférica*. Leia um trecho da abertura desse livro, escrita por seu organizador, o paulistano Ferréz (1975-), que se refere aos "autores do gueto", da literatura "presente na favela".

> [...] estamos na área, e já somos vários, estamos lutando pelo espaço para que no futuro os autores do gueto sejam também lembrados e eternizados, mostramos as várias faces da caneta que se faz presente na favela [...].
>
> FERRÉZ. Terrorismo literário. In: *Literatura marginal*: talentos da escrita periférica. Rio de Janeiro: Agir, 2005. p. 11.

Livro aberto

Literatura marginal: talentos da escrita periférica

O livro *Literatura marginal: talentos da escrita periférica* foi lançado em 2005 pela editora Agir. Essa obra, organizada por Ferréz, pode ser considerada um dos exemplos da democratização atual da produção literária.

Capa do livro *Literatura marginal*.

Passaporte digital

Cyberpoemas e poemas visuais

Na internet, é possível encontrar *sites* de poemas visuais e de *cyberpoemas*, alguns com possibilidade de interação *on-line*.
Um desses *sites* está disponível em: <http://www.ciberpoesia.com.br/>.
Acesso em: 7 mar. 2015.

Visualização da página inicial do *site*.

Uma leitura

Nos textos de João Antônio (1937-1996), nota-se a preocupação em capturar a linguagem típica das ruas da periferia dos grandes centros urbanos. Esse e outros aspectos foram comentados ao longo do trecho do conto "Frio", a seguir. Outros, ainda, serão indicados para que você possa comentá-los.

> Ao longo da narrativa, revelam-se elementos de um universo urbano marginal que passou a ser um dos temas de escritores comprometidos em registrar o modo de vida de grupos sociais mais carentes.

[...] Pequeno, feio, preto, magrelo. Mas Paraná havia-lhe mostrado todas as virações de um moleque. Por isso ele o adorava. Pena que não saísse da sinuca e da casa daquela Nora, lá na Barra Funda. Tirante o que, Paraná era branco, ensinara-lhe engraxar, tomar conta de carro, lavar carro, se virar vendendo canudo e coisas dentro da cesta de taquara. E até ver horas. O que ele não entendia eram aqueles relógios que ficam nas estações e nas igrejas — têm números diferentes, atrapalhados. Como os outros, homens e mulheres, podem ver as horas naquelas porcarias?

> Nessa passagem, observa-se a solidariedade entre pessoas que vivem à margem do sistema capitalista.

Paraná era cobra lá no fim da Rua João Teodoro, no porão onde os dois moravam. Dono de briga. Quando ganhava muito dinheiro se embriagava. Não era bebedeira chata, não. Como a do Seu Rubião ou a do Anibal alfaiate.

— Nego, hoje você não engraxa.

> A linguagem aprofunda algumas das lições do Modernismo inicial: o narrador se vale de uma linguagem prosaica, cotidiana, fato que aproxima o leitor da realidade que se quer descrever.

Compravam "pizza" e ficavam os dois. Paraná bebia muita cerveja e falava, falava. No quarto. Falava. O menino se ajeitava no caixãozinho de sabão e gostava de ouvir. Coisas saíam da boca do homem: perdi tanto, ganhei, eu saí de casa moleque, briguei, perdi tanto, meu pai era assim, eu tinha um irmão, bote fé, hoje na sinuca eu sou um cobra. Horas, horas. O menino ouvia, depois tirava a roupa de Paraná. Cada um na sua cama. Luz acesa. Um falava, outro ouvia. Já tarde, com muita cerveja na cabeça, é que Paraná se alterava:

> **1.** O tema do preconceito racial tem lugar na literatura contemporânea. Como a questão é introduzida no conto?

— Se algum te põe a mão... se abre! Qu'eu ajusto ele.

Paraná às vezes mostrava mesmo a tipos bestas o que era a vida.

O menino sabia que Paraná topava o jeito dele. E nunca lhe havia tirado dinheiro.

Vocabulário de apoio

cobra: alguém que é bom naquilo que faz
Barra Funda: bairro da cidade de São Paulo que era habitado por segmento pobre da população
espigado: reto, esticado
girar: passear sem destino
groja: gratificação
paralelepípedo: tipo de pedra usado no calçamento de ruas
sopa: algo fácil de se fazer
taquara: tipo de bambu
tirante: excetuado, excluído
turfe: corrida de cavalos
varar madrugada: passar a noite toda acordado
viração: modo de ganhar dinheiro

Só por último é que ele passava os dias fora, girando. Era aquela tal Nora e era a sinuca. A sinuca, então... Paraná entrava pelas noites, varava madrugada, em volta da mesa. Voltava quebrado, voltava que voltava verde, se estirava na cama, dormia quase um dia, e não queria que o menino o acordasse.

Só por último é que andava com fulanos bem vestidos, pastas bonitas debaixo do braço. Mãos finas, anéis, sapatos brilhando. Provavelmente seriam sujeitos importantes, cobras de outros cantos. O menino nunca se metera a perguntar quem fossem, porque davam-lhe grojas muito grandes, à toa, à toa. Era só levar um recado, buscar um maço de cigarros... Os homens escorregavam uma de cinco, uma de dez. Uma sopa. Ademais, Paraná não gostava de curioso. Mas eram diferentes de Paraná, e o menino não os topava muito.

> **2.** Pensando no modo pelo qual o conto mostra a realidade dos malandros que vivem à margem da sociedade, qual é o papel dos "fulanos bem vestidos"?

Ele sempre sentia um pouco de medo quando Paraná estava girando longe. Fechava-se, metia um troço pesado atrás da porta. Ficava até tarde, olhando os cavalos de revista de turfe de Paraná. Muito altos, espigados, as canelas brancas, tão superiores ao burro Moreno de Seu Aluísio padeiro. Só com soldados, à noite, é que via coisa igual. Fortes e limpos. Fazendo um barulhão nos paralelepípedos.

— Que panca!

Muita vez, sonhava com eles. [...]

ANTÔNIO, João. Frio. In: BOSI, Alfredo (Org.). *O conto brasileiro contemporâneo*. 14. ed. São Paulo: Cultrix, 1997. p. 267-268.

› Novos caminhos literários

Com seu caráter contestador, a **poesia marginal** (mencionada na página 517) ganhou destaque no ambiente de restrições imposto nos anos da ditadura militar (1964-1985). Essa poesia era caracterizada pelo uso de linguagem direta e curta, própria da coloquialidade, mas também por um firme diálogo com as obras de escritores nacionais e estrangeiros que antecederam essa geração. Tal diversidade de referências literárias e culturais marca também outras vertentes da literatura contemporânea do Brasil, como se verá a seguir.

› A poesia concreta e as "palavras-coisa"

Em 1951, ocorreu a I Bienal Internacional de São Paulo, financiada pelas elites econômicas que desejavam reafirmar o Brasil como um país industrializado e promissor. A Bienal tinha como proposta a busca de uma linguagem que expressasse o mundo contemporâneo. Essa proposta deu origem, cinco anos depois, à Exposição Nacional de Arte Concreta, com ampla exposição de obras pictóricas, cartazes-poemas, esculturas, desenhos, palestras e conferências.

Das discussões em torno da arte concreta, despontou em São Paulo o **Concretismo**, movimento que propunha, em sintonia com as tendências contemporâneas, romper com a poesia de cunho sentimentalista e subjetivista, que gozava, então, de grande prestígio. Defendia uma poesia feita com "palavras-coisa", uma **poesia** que fosse um **objeto em si e por si mesma**, com a palavra tornada "coisa" absoluta. O Concretismo explorou em grau máximo a relação entre som, sentido e forma.

Leia este poema do poeta, tradutor e ensaísta **Augusto de Campos** (1931-), em que a composição gráfica do texto forma uma imagem que se relaciona aos sentidos do poema.

```
                ovo
              novelo
           novo no velho
         o filho em folhas
       na jaula dos joelhos
         infante em fonte
           feto   feito
            dentro do
             centro
```

CAMPOS, Augusto de. Ovonovelo, 1956. In: *Teoria da poesia concreta*: textos críticos e manifestos 1950-1960. São Paulo: Duas Cidades, 1975. p. 133.

O surgimento dessa poesia provocou adesões e reações. Uma das reações mais importantes foi o Manifesto Neoconcretista, em que o poeta Ferreira Gullar (1930-) criticou o que considerava uma redução da arte à categoria de objeto ou de máquina, preferindo uma experiência entre sujeito e texto. Em obras posteriores, o poeta empreenderia uma luta contra a perda de identidade dos indivíduos sujeitos a realidades desumanas e corrompidas.

› O conto contemporâneo e o elemento cotidiano

A brevidade, a concisão e a infinidade de temas fazem do conto um desafio, uma espécie de exercício de escrita para o escritor contemporâneo. Na literatura brasileira, uma das linhas mais cultivadas é a exploração de acontecimentos cotidianos, revelando aspectos da realidade da vida nas cidades grandes que passam ao largo da percepção comum.

O escritor paranaense **Dalton Trevisan** (1925-) destaca-se ao extrair de situações banais significados universais. Em seu conto "O ciclista", por exemplo, um entregador de sorvetes (ou seja, um trabalhador comum) ganha traços míticos, heroicos, ao enfrentar com sua bicicleta o perigoso trânsito da cidade, em que carros ganham o *status* de monstros temíveis.

Em alguns contos, o elemento escondido sob a aparente normalidade da vida diária é o próprio absurdo. **Lygia Fagundes Telles** (1923-), também conhecida por seus romances, é uma escritora de destaque nessa linha. Em contos como "As formigas", elementos corriqueiros ganham valor simbólico e evidenciam a vulnerabilidade das personagens, até então tranquilas em sua rotina.

› A amplitude do romance

O romance trilhou caminhos semelhantes aos do conto das últimas décadas. A **prosa longa de ficção** renovou-se, ocupando-se em descrever a realidade de modo direto e documental ou adotando por vezes uma expressão introspectiva, explorando as dimensões psíquicas do eu.

Essa viagem interior da personagem, que se perde por vezes em seus devaneios, constitui uma opção radical de outro importante romance contemporâneo: *Um copo de cólera*, de **Raduan Nassar** (1935-).

Seu enredo é simples: após uma noite de amor, dois amantes tomam calmamente o café; o homem observa, ensandecido, que algumas formigas estragam a cerca viva que ele cultivara em seu quintal. A situação resvala para uma intensa discussão entre o casal, trazendo à tona sentimentos e frustrações que se encontravam latentes. O sentimento de fúria despropositada encontra uma equivalência na forma pela qual o texto é narrado.

> [...] "você me deixa perplexa" ela ainda comentou com a mesma gravidade, "perplexa!", mas segurei bem as pontas, fiquei um tempo quieto, me limitando a catar calado duas ou três achas do chão, abastecendo com lenha enxuta o incêndio incipiente que eu puxava (eu que vinha – metodicamente – misturando razão e emoção num insólito amálgama de alquimista), afinal, ela ainda não tinha entrado no carro, eu a conhecia bem, ela não fazia o gênero de quem fala e entra, ela pelo contrário era daquelas que só dão uma alfinetada na expectativa sôfrega de levar uma boa porretada, tanto assim que ela, na hora da picada, estava era de olho na gratificante madeira do meu fogo, de qualquer forma eu tinha sido atingido, ou então, ator, eu só fingia, a exemplo, a dor que realmente me doía, eu que dessa vez tinha entrado francamente em mim, sabendo, no calor aqui dentro, de que transformações era capaz [...]
>
> NASSAR, Raduan. *Um copo de cólera*. 5. ed. São Paulo: Companhia das Letras, 1992. p. 39.

Vocabulário de apoio

acha: pequeno pedaço de madeira usado como lenha
amálgama: mistura de elementos diferentes que formam um todo
incipiente: que se inicia
insólito: raro, incomum
segurar as pontas: aguentar firme, dar conta de uma situação
sôfrego: ansioso

A cidade violenta e decadente, contaminada pela corrupção e pelo crime que atravessa todas as classes sociais, é a matéria de outros renomados romancistas.

Inspirado em uma atmosfera de detetives e delinquentes, tomada de empréstimo do cinema estadunidense das décadas de 1940 e 1950, o escritor **Rubem Fonseca** (1925-) escreve narrativas que se estruturam como romances policiais. O maior valor de sua obra encontra-se justamente no retrato da sociedade brutalizada que está por trás do crime. A violência cometida por motivos geralmente banais é um índice de uma sociedade que toma o ser humano como objeto inexpressivo.

Elenco principal da adaptação do romance *As meninas*, de Lygia Fagundes Telles, para o teatro. A encenação da peça, da dramaturga Maria Adelaide Amaral, aconteceu em São Paulo (SP) em outubro de 2009. A imagem de uma geração esperançosa de um futuro promissor e a violência imposta pelos "anos de chumbo" compõem o universo ficcional do romance, que conta o percurso de três jovens universitárias que se conhecem em um pensionato de freiras em São Paulo no período do golpe militar.

Ler a — Literatura brasileira contemporânea

Um dos focos da produção literária nas últimas décadas tem sido a vida na metrópole, marcada pela violência, pela corrupção e pela desumanização das pessoas.

Leia um fragmento do conto "O segredo", publicado em 2000 pelo escritor mineiro Luiz Ruffato (1961-).

[...]
O professor amanheceu em Caratinga, vindo num ônibus São Paulo-Salvador, que tinha tomado em Leopoldina. Demorara a se decidir, e agora, quando estava prestes a concluir seu intento, titubeava. Seria pecado matar a cobra que tinha se instalado sob a cama? Não seria aquela a Serpente do Paraíso? Aquela cujo veneno o asfixiava pouco a pouco? E se, não tendo coragem para matar a cobra com suas próprias mãos, contratasse alguém para o fazer, seria pecado? Estava ali, num restaurante à beira da Rio-Bahia, um maço de notas no bolso esquerdo do paletó, pronto para entregá-lo àquele que poria fim a seus infortúnios, àquele que daria cabo à caninana. Estaria agindo errado? Quem pode saber? Deus não nos manda mensagens se estamos ou não no caminho justo. É o remorso que os indica. É a culpa que nos suplicia. Quantas noites sem dormir passara, tentando decifrar sinais que nunca chegavam... [...]

RUFFATO, Luiz. O segredo. In: (os sobreviventes). São Paulo: Boitempo Editorial, 2000. p. 76.

Vocabulário de apoio

caninana: serpente não venenosa, de cerca de 2,5 m de comprimento, negra e com tarjas amarelas

Caratinga e Leopoldina: municípios de Minas Gerais (MG)

intento: intenção, objetivo

Rio-Bahia: rodovia BR-116, uma das principais estradas brasileiras, que liga os estados do Rio de Janeiro e da Bahia e passa por importantes municípios de Minas Gerais

supliciar: fazer sofrer

titubear: vacilar, hesitar, ficar em estado de incerteza

1. A personagem demonstra hesitação em encomendar a morte de uma pessoa que a atormenta. Ao longo do trecho, essa pessoa é associada de modo recorrente à figura de uma cobra. Baseando-se nesse dado, copie no caderno a afirmação errada.
   a) A personagem que deve ser morta é uma mulher.
   b) A referência à cama e à cobra explicitam um componente sexual.
   c) A personagem hesita em cometer o crime.
   d) A personagem em foco é um assassino frio e calculista.
   e) Sem coragem para cometer o delito, a personagem espera que outro possa fazê-lo.

2. Por meio desse fragmento de conto, percebe-se uma característica da prosa de Ruffato: o escritor propõe uma espécie de aproximação entre os dilemas das personagens e o leitor. Que recursos são utilizados para que isso aconteça no trecho lido?

3. O dilema vivido pela personagem remete a um embate entre o desejo pessoal de vingança e os valores que cercaram sua formação.
   a) Como tais valores se revelam nesse trecho do conto? Explique sua resposta no caderno.
   b) O que a desconsideração ou a minimização desses valores evidencia sobre a sociedade contemporânea? Justifique.

Livro aberto

Concerto carioca e Quarup, de Antonio Callado

Diferentemente da abordagem centrada na consciência do eu, outros romances apresentam um recorte ficcional de cunho mais voltado à vida urbana e seus tipos sociais. Nesse campo temático, destaca-se a obra *Concerto carioca*, de 1985, de Antonio Callado. Apesar de a trama situar-se em um recorte específico da zona sul do Rio de Janeiro, incorpora elementos que se encontram dispersos em todo o território nacional. Em outra linha, destaca-se *Quarup*, de 1967, o mais famoso romance de Callado. Nele, o jovem padre Nando tem o grande desejo de criar, nos confins da Amazônia, uma comunidade utópica, à semelhança das missões jesuíticas. A narrativa perpassa um período da história política do Brasil que vai de 1954 a 1964. A utopia de Nando, nesse intervalo de tempo, é associada à esperança de um Brasil desenvolvido, humanitário e socialmente justo, e ao seu extremo, ou seja, uma ação de cunho comunista. No contato com os indígenas, Nando reavalia seu modo de ver o mundo.

Capas de *Concerto carioca* e *Quarup*.

▶ Três autores exemplares

O estudo da literatura contemporânea pressupõe a comparação de obras e projetos literários, a avaliação de novas produções e a abertura de espaço para novos escritores. Falaremos brevemente sobre três autores que exemplificam algumas vertentes da produção dos últimos anos.

▸ Milton Hatoum: identidade e diferença

A **família que se desfaz**: segundo parte da crítica, esse é um tema recorrente da prosa do amazonense Milton Hatoum (1952-). O desencontro no interior da casa espelha o deserto do indivíduo contemporâneo, que busca em suas origens um sentido para sua vida. A região **amazônica** – a floresta, os mangues, o regime das chuvas – é espaço primordial na narrativa de Hatoum.

> [...]
> Naquela época, quando Omar saiu do presídio, eu ainda o vi num fim de tarde. Foi o nosso último encontro.
> O aguaceiro era tão intenso que a cidade fechou suas portas e janelas bem antes do anoitecer. Lembro-me de que estava ansioso naquela tarde de meio-céu. Eu acabara de dar minha primeira aula no liceu onde havia estudado e vim a pé para cá, sob a chuva, observando as valetas que dragavam o lixo, os leprosos amontoados, encolhidos debaixo dos outizeiros. Olhava com assombro e tristeza a cidade que se mutilava e crescia ao mesmo tempo, afastada do porto e do rio, irreconciliável com o seu passado.
> [...]
>
> HATOUM, Milton. *Dois irmãos*. São Paulo: Companhia das Letras, 2000. p. 264.

■ Margens do texto

No fragmento ao lado, o narrador experimenta dois sentimentos opostos: um associado ao passado e outro, ao futuro. Quais são esses sentimentos?

Vocabulário de apoio

aguaceiro: chuva muito forte
dragar: limpar um caminho navegável
liceu: escola de Ensino Médio
outizeiro: (oitizeiro) árvore típica da vegetação brasileira, comum nas regiões Norte e Nordeste
valeta: pequena vala para escoamento das águas

As transformações da "cidade que se mutilava" podem ser entendidas como um reflexo das mudanças internas das personagens.

▸ Os tipos sociais de Luiz Ruffato e a fala direta de Marçal Aquino

O mineiro Luiz Ruffato (1961-) e o paulistano Marçal Aquino (1958-) são outros dois exemplos da literatura de hoje. Ruffato aborda as classes baixa e média da população. Seus **tipos sociais** convivem com as marcas da miséria econômica, que se estende para outros campos simbólicos e psicológicos, como mostrou o trecho de "O segredo" estudado na página 521.

A obra de Marçal Aquino contempla produções jornalísticas, roteirísticas e literárias. Trata de **forma despojada e direta** as personagens e situações, em tramas cercadas de violência. No texto a seguir, dois matadores se preparam para um assassinato.

> [...]
> Aos poucos, Berenice se instalou no apartamento. Ele percebeu o que acontecia, mas não fez nada a respeito. Gostava dela, ou ao menos pensou que gostava. Não do jeito que gostara, gostara?, de Marlene. Menos.
> Brito tinha esperança de que a coisa aumentasse de intensidade com o tempo. Era só tirar os comprimidos de cena.
> Berenice dava festas, recebia amigos para jantar. Gente colorida, alegre, cuja noção de futuro não ia muito além da programação das noites da semana. Brito e Marlene nunca recebiam ninguém no apartamento, e ele ficou em dúvida se o isolamento dos dois não contribuíra para o fim.
> Os convidados de Berê o divertiam. Eram todos bem mais jovens do que ele, mas o tratavam de igual para igual, e Brito gostava daquilo. Uma vez, numa festa, um barbudo cheio de brincos e anéis perguntou como ele ganhava a vida.
> Eu mato gente.
> [...]
>
> AQUINO, Marçal. *Cabeça a prêmio*. São Paulo: Cosac & Naify, 2003. p. 173-174.

A fala direta, sem rebuscamento, mostra o universo da criminalidade sem atribuir a ele qualquer valor depreciativo inicial, como se coubesse ao leitor tecer as próprias considerações.

Sua leitura

Neste fragmento do romance *Órfãos do Eldorado*, de Hatoum, o narrador-personagem conta sua busca por Dinaura, moça de origem indígena por quem ele se apaixonara perdidamente e que desaparecera sem explicações. Quando menino, o narrador fora criado por uma empregada que o familiarizara com o cotidiano dos indígenas e seus relatos sobre a região e seus rios.

> [...]
> Saímos de Manaus numa lancha pequena, e no meio da manhã navegamos no coração do arquipélago das Anavilhanas. A ânsia de encontrar Dinaura me deixou desnorteado. A ânsia e as lembranças da Boa Vida. A visão do rio Negro derrotou meu desejo de esquecer o Uaicurapá. E a paisagem da infância reacendeu minha memória, tanto tempo depois. Costelas de areia branca e estriões de praia em contraste com a água escura; lagos cercados por uma vegetação densa; poças enormes, formadas pela vazante, e ilhas que pareciam continente. Seria possível encontrar uma mulher naquela natureza tão grandiosa? No fim da manhã alcançamos o paraná do Anum e avistamos a ilha do Eldorado. O prático amarrou os cabos da lancha no tronco de uma árvore; depois, procuramos o varadouro indicado no mapa. A caminhada de mais de duas horas na floresta foi penosa, difícil. No fim do atalho, vimos o lago do Eldorado. A água preta, quase azulada. E a superfície lisa e quieta como um espelho deitado na noite. Não havia beleza igual. Poucas casas de madeira entre a margem e a floresta. Nenhuma voz. Nenhuma criança, que a gente sempre vê nos povoados mais isolados do Amazonas. O som dos pássaros só aumentava o silêncio. Numa casa com teto de palha pensei ter visto um rosto. Bati à porta, e nada. Entrei e vasculhei os dois cômodos separados por um tabique da minha altura. Um volume escuro tremia num canto. Fui até lá, me agachei e vi um ninho de baratas-cascudas. Senti um abafamento; o cheiro e o asco dos insetos me deram um suadouro. Lá fora, a imensidão do lago e da floresta. E silêncio. Aquele lugar tão bonito, o Eldorado, era habitado pela solidão. [...]
>
> HATOUM, Milton. *Órfãos do Eldorado*. São Paulo: Companhia das Letras, 2008. p. 102.

Vocabulário de apoio

abafamento: falta de ar
arquipélago: conjunto de ilhas
asco: nojo
costela: irregularidade de um terreno
estrião: que possui o formato de estrias, que possui sulcos, traços
paraná: braço de um rio mais ou menos caudaloso separado do tronco principal por uma série de ilhas
prático: condutor de embarcação
suadouro: ato ou efeito de suar
tabique: divisória entre dois quartos, parede frágil feita geralmente de madeira
Uaicurapá: nome de um rio amazônico
varadouro: lugar de descanso ou de conversa; lugar onde se consertam ou se guardam os barcos
vazante: movimento de esvaziamento da maré

Sobre o texto

1. As personagens de Hatoum associam-se aos espaços em que vivem ou no qual se encontram. Que características do espaço de Eldorado podem ser associadas a Dinaura?

2. Releia.

   > Aquele lugar tão bonito, o Eldorado, era habitado pela solidão.

   Que recurso expressivo se observa na passagem? Que efeito é criado por tal recurso?

3. O cenário externo pode ser entendido como um reflexo da condição interna do narrador.
   a) Que elementos propiciam certa tranquilidade ao narrador, apesar de sua ansiedade? Explique sua resposta.
   b) Que elemento do cenário reflete a turbulência interna do narrador?

4. A linguagem usada na narrativa contemporânea costuma se aproximar da fala cotidiana. O texto lido tem essa característica? Justifique.

O que você pensa disto?

A violência urbana é um dos temas recorrentes de boa parte da literatura contemporânea. Descrita de várias formas e a partir de pontos de vista inusitados — cômico, documental, dramático, etc. —, a violência, tal como retratada na literatura, traz à tona variadas formas de opressão, muitas delas aceitas socialmente.

- Para você, a sociedade atual é complacente com algumas formas de violência? Com quais? Por quê?

O roteiro do filme *O invasor* (2001), de Beto Brant, é uma adaptação do livro homônimo do escritor contemporâneo Marçal Aquino, em que a violência é tema central.

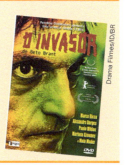

Ferramenta de leitura

A condição pós-moderna

O geógrafo britânico David Harvey participa da 9ª edição do Fórum Social Mundial em Belém (PA). Fotografia de 2009.

Vocabulário de apoio

efemeridade: qualidade do que é efêmero (passageiro, temporário, transitório)

imaterial: que não tem existência palpável

Uma maneira totalmente nova de vivenciar o tempo e o espaço parece caracterizar as últimas décadas: uma mensagem circula entre países em extremos do planeta em segundos; um especialista na Austrália acompanha em tempo real uma cirurgia realizada na Inglaterra; uma seca no Sul do Brasil interfere na bolsa de valores de Tóquio, etc.

David Harvey (1935-) destaca-se no estudo desse efeito de **compressão do tempo e do espaço**, relacionando-o às formas culturais pós-modernas nascidas no modo capitalista de produção. Leia o fragmento a seguir.

> A história da mudança social é em parte apreendida pela história das concepções de espaço e de tempo, bem como dos usos ideológicos que podem ser dados a essas concepções. Além disso, todo projeto de transformação da sociedade deve apreender a complexa estrutura da transformação das concepções e práticas espaciais e temporais.
> [...]
> A flexibilidade pós-modernista, por seu turno, é dominada pela ficção, pela fantasia, pelo imaterial (particularmente do dinheiro), pelo capital fictício, pelas imagens, pela efemeridade, pelo acaso e pela flexibilidade em técnicas de produção, mercados de trabalho e nichos de consumo [...].
>
> HARVEY, David. *Condição pós-moderna*: uma pesquisa sobre as origens da mudança cultural. São Paulo: Loyola, 2009. p. 201; 304-305.

Para Harvey, o espaço e o tempo deixaram de ser elementos estáveis. O mundo tornou-se cheio de rupturas, ambiguidades e contradições. Considere essas ideias na leitura deste trecho de um romance de Bernardo Carvalho (1960-).

> Foram cinco anos sem que ninguém a visse na rua, desde que chegou no carro azul com o advogado, até aparecer aquele homem, o morto, e ela sair para vê-lo depois de mais de meia hora parada na janela, do lado de dentro, a observá-lo. O homem, o morto, tinha ligado antes (o advogado disse que ela ainda lhe telefonou, perguntando o que devia fazer, mas a secretária não conseguiu localizá-lo). O morto explicou-lhe ao telefone quem era (disse que era o sobrevivente), queria vê-la. Ela não sabia o que podia querer mais de vinte anos depois do acidente. Pediu que não viesse, mas ele respondeu que iria assim mesmo. Ela o esperava, portanto, contra a sua vontade. Por isso, deve ter ficado na janela. Dissera-lhe, ao telefone, que não via razões para conhecê-lo. Preferia não vê-lo. Mesmo assim ele veio. Os dois ficaram se olhando, ela na janela e ele na rua. Não era só ela que temia. Quando resolveu sair finalmente, caminhou decidida até ele. Falou-lhe qualquer coisa que não pude ouvir. Na verdade, não entendi do que falavam. Falavam de uma criança. Ele lhe perguntou se ela se lembrava de um homem e de um outro menino que estavam com a criança quando o avião caiu. [...]
>
> CARVALHO, Bernardo. *Os bêbados e os sonâmbulos*. São Paulo: Companhia das Letras, 1996. p. 109-111.

Sobre o texto

1. O que ocorreu no passado envolvendo as duas personagens do trecho?
2. O narrador ora parece saber tudo o que se passa com as personagens, ora só sabe daquilo que vê. Justifique essa afirmação com dois exemplos.
3. A narração dos eventos temporais não é linear. Exemplifique.
4. A que traços da pós-modernidade os efeitos observados nos itens 2 e 3 se relacionam? Explique sua resposta.

Entre textos

Uma das formas possíveis de pensar a literatura das últimas décadas é procurar entender a influência que textos produzidos em lugares e tempos distantes exerceram sobre os textos contemporâneos, particularmente os mais radicais e inventivos. A procura por influências, aliás, é um exercício infindável.

A seguir, você lerá um poema e um texto em prosa de autores do século XIX que dialogam com a literatura contemporânea.

TEXTO 1

Os cegos

Contempla-os, ó minha alma; eles são pavorosos!
Iguais aos manequins, grotescos, singulares,
Sonâmbulos talvez, terríveis se os olhares,
Lançando não sei onde os globos tenebrosos.

Suas pupilas, onde ardeu a luz divina,
Como se olhassem a distância, estão fincadas
No céu; e não se vê jamais sobre as calçadas
Se um deles a sonhar sua cabeça inclina.

Cruzam assim o eterno escuro que os invade,
Esse irmão do silêncio infinito. Ó cidade!
Enquanto em torno cantas, ris e uivas ao léu,

Nos braços de um prazer que tangencia o espasmo,
Olha! também me arrasto! e, mais do que eles pasmo,
Digo: que buscam estes cegos ver no Céu?

BAUDELAIRE, Charles. *As flores do mal*. Edição bilíngue. Trad. Ivan Junqueira. Rio de Janeiro: Nova Fronteira, 1985. p. 343.

Em um ensaio de 1863, o poeta Charles Baudelaire (1821-1867) define os tempos de modernidade: "é o transitório, o efêmero, o contingente; é uma metade da arte, sendo a outra o eterno e o imutável". Baudelaire talvez tenha sido um dos primeiros artistas a observar, na realidade ainda marcada pela presença de formas e ideias do passado medieval, um indivíduo totalmente voltado para o urbano e o moderno. A transitoriedade e a provisoriedade que o poeta vê no mundo é uma das matrizes do pensamento pós-moderno. Nesse sentido, os "cegos" do poema são uma metáfora grotesca do ser humano do passado, que olha para o céu sem o enxergar e, ao mesmo tempo, tropeça nas calçadas das cidades.

Vocabulário de apoio

afluência: fluxo intenso de coisas ou pessoas
aniquilamento: destruição, anulação
ao léu: à toa, a esmo
bulevar: rua ou avenida larga, em geral com árvores
contemplar: observar com atenção, fixamente
espasmo: contração involuntária dos músculos em momento de exaltação
pasmar: ficar admirado, assombrar-se
tangenciar: estar muito perto de, beirar

A forma pela qual Balzac (1799-1850) retratou a cidade em seus textos instituiu uma espécie de categoria: os chamados **romances de espaço**. Neles, a cidade se torna como que uma personagem. Essa concepção do elemento espacial e de sua importância no conjunto do texto serve como referência para vários escritores contemporâneos.

TEXTO 2

As ilusões perdidas

Durante o seu primeiro passeio vagabundo através dos bulevares e da rua da Paz, Luciano, como todos os recém-chegados, ocupou-se mais das coisas que das pessoas. Em Paris, o conjunto das construções e das atividades urbanas chamam logo atenção: o luxo das lojas, a altura das casas, a afluência das carruagens, os permanentes contrastes que apresentam o extremo luxo e a extrema miséria, antes de tudo despertam o interesse. Surpreendido por aquela multidão à qual se sentia estranho, aquele homem de imaginação sentiu como que uma imensa diminuição de si mesmo. As pessoas que, no interior, gozavam de certa consideração, e que ali a cada passo encontram provas de sua importância, não se acostumam de modo algum a essa perda total e súbita de seu valor. Ser algo em sua terra e ser nada em Paris são dois estados que requerem transições; e aqueles que passam muito bruscamente de um para o outro caem numa espécie de aniquilamento. Para o jovem poeta habituado a encontrar eco para cada um de seus sentimentos, um confidente para todas as suas ideias, uma alma para compartilhar as suas menores sensações, Paris ia ser um espantoso deserto.

BALZAC, Honoré de. *As ilusões perdidas*. Trad. Ernesto Pelanda e Mário Quintana. São Paulo: Abril Cultural, 1978. p. 93.

525

Vestibular

(PUC-MG) As questões 1, 2 e 3 referem-se ao texto a seguir, de Millôr Fernandes.

> ### O capitalismo mais reacionário
>
> Tragédia em um ato
> Personagens – o patrão e o empregado
> Época – atual
> **Ato único**
>
> Empregado — Patrão, eu queria lhe falar seriamente. Há quarenta anos que trabalho na empresa e até hoje só cometi um erro.
> Patrão — Está bem, meu filho, está bem. Mas de agora em diante tome mais cuidado.
> (Pano bem rápido)
>
> FERNANDES, Millôr. *Trinta anos de mim mesmo.*
> Rio de Janeiro: Nórdica, 1974. p. 15.

1. O narrador do texto acima é:
   a) onisciente.
   b) inexistente.
   c) narrador.
   d) personagem.

2. O texto lido organiza-se segundo o modelo do gênero literário que se define por:
   a) ser produzido para a encenação pública.
   b) narrar os fatos notáveis da história de um povo.
   c) expressar as emoções e estados de alma do autor.
   d) ridicularizar os vícios e atitudes reprováveis dos seres humanos.

3. Não é correto afirmar que o texto:
   a) provoca efeito de humor.
   b) parodia a tragédia clássica.
   c) explora a ironia em sua construção.
   d) endossa um ponto de vista reacionário.

4. **(ITA-SP)** O poema abaixo, sem título, é um haicai de Paulo Leminski:

   > lua à vista
   > brilhavas assim
   > sobre auschwitz?
   >
   > LEMINSKI, Paulo. *Distraídos venceremos.*
   > São Paulo: Brasiliense, 1987.

   I. Há contraste entre a imagem natural e o fato histórico.
   II. O contraste entre "lua" e "auschwitz" provoca uma reação emotiva no sujeito lírico.
   III. O caráter interrogativo revela a perplexidade do sujeito lírico.

   Está(ão) correta(s):

   a) Apenas I e II.
   b) Apenas I e III.
   c) Apenas II e III.
   d) Apenas III.
   e) Todas.

5. **(PUC-PR)** Leia os fragmentos abaixo, retirados do poema "Muitas vozes", de Ferreira Gullar, para responder à questão.

   > Meu poema
   > é um tumulto:
   > a fala
   > que nele fala
   > outras vozes
   > arrasta em alarido.
   > (...)
   > A água que ouviste
   > num soneto de Rilke
   > os ínfimos rumores no capim
   > o sabor
   > do hortelã
   > (...)
   > da manhã
   > tudo isso em ti
   > se deposita
   > e cala.
   > Até que de repente
   > um susto
   > ou uma ventania
   > (que o poema dispara)
   > chama
   > esses fósseis à fala.
   > Meu poema
   > é um tumulto, um alarido:
   > basta apurar o ouvido.

   I. É um exemplo de metapoesia, um dos vários temas recorrentes nesta obra.
   II. A intertextualidade surge como uma das muitas vozes presentes no poema.
   III. Fósseis, no poema, é uma referência aos mortos do eu poético, que também são vozes do poema.
   IV. Apurar o ouvido, no último verso, remete à percepção do material de que se compõe o poema.
   V. Esse é um dos poucos poemas de Ferreira Gullar, nesta obra, em que a morte se faz presente.

   Assinale a alternativa correta:

   a) Somente as assertivas I e IV são verdadeiras.
   b) As assertivas I, II e V são verdadeiras.
   c) Somente a assertiva I é falsa.
   d) As assertivas I, II, III, IV são verdadeiras.
   e) Todas as assertivas são verdadeiras.

UNIDADE 19

Panorama das literaturas africanas de língua portuguesa

A herança da colonização portuguesa é um fator de aproximação entre o Brasil e Moçambique, Angola, Cabo Verde, São Tomé e Príncipe e Guiné Bissau, países do continente africano. A evidência mais forte dessa herança comum é o caráter oficial da língua portuguesa em todos esses países, em convivência com línguas nativas que resistiram à dominação europeia. Também há pontos de contato na produção cultural e artística. O Brasil deve muito de sua cultura aos milhões de africanos escravizados que foram trazidos para cá entre os séculos XVII e XIX.

Nesta unidade, você conhecerá o contexto de produção dos países africanos lusófonos, bem como alguns autores de Angola, Moçambique e Cabo Verde cuja produção literária de língua portuguesa alcançou projeção na atualidade.

Nesta unidade

55 Literaturas africanas – reconstrução de identidades

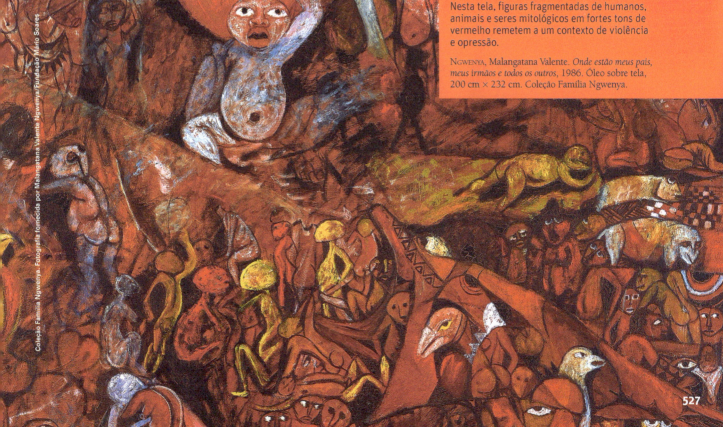

Nesta tela, figuras fragmentadas de humanos, animais e seres mitológicos em fortes tons de vermelho remetem a um contexto de violência e opressão.

NGWENYA, Malangatana Valente. *Onde estão meus pais, meus irmãos e todos os outros*, 1986. Óleo sobre tela, 200 cm × 232 cm. Coleção Família Ngwenya.

CAPÍTULO 55

Literaturas africanas – reconstrução de identidades

O que você vai estudar

- O colonialismo português e as lutas pela liberdade.
- Heranças da assimilação e tradição oral.
- A literatura "neoafricana": "africanidade", oraturização e remitologização.
- A produção de Pepetela, Agualusa e Mia Couto.

Para conhecer a África, é preciso desfazer estereótipos e abandonar ideias preconcebidas; buscar, para além da percepção desse conjunto como um bloco homogêneo e uniforme, as singularidades de cada grupo social que, durante séculos, foram sufocadas pela sujeição política, econômica e social.

A África é um continente "em movimento", e isso também pode ser dito sobre suas literaturas.

Sua leitura

Conheça, a seguir, um desenho do moçambicano Malangatana Valente Ngwenya (1936--2011) e um poema do angolano António Cardoso (1933-2006). Observe a proximidade temática entre eles e as particularidades de linguagem e estilo de cada um.

A cela

O trabalho do artista plástico moçambicano Malangatana Valente Ngwenya é diversificado. Suas obras incluem pinturas, desenhos, aquarelas, gravuras, cerâmicas, tapeçarias. Preso pela polícia secreta portuguesa (Pide) na época da luta pela independência de Moçambique, Malangatana esteve encarcerado por 18 meses. Desse período, surgiram desenhos em que o artista retratou os horrores da prisão. Após a independência, Malangatana tornou-se deputado e membro da Assembleia Municipal de Maputo, capital de Moçambique. Artista de renome internacional, também teve importante inserção social como um dos fundadores do Movimento para a Paz, da Associação do Centro Cultural de Matalana, e como colaborador do Fundo das Nações Unidas para a Infância (Unicef). Morreu em 2011, aos 74 anos.

NGWENYA, Malangatana Valente. *A cela*, s. d. Tinta da china sobre papel, 44,5 cm × 33,5 cm. Coleção Família Ngwenya.

528

Drama na cela disciplinar

A aranha monstruosa está com apepsia:
Dou-lhe a aprazada mosca sempre à hora habitual,
Mas não galga o violino como já fazia,
Solerte, amarela e negro, para a fatal
Deglutição. E só já reage à terceira
Fumarada do meu cigarro. Enfim, zangada:
Não me lembrei ver se aquela insulta rameira,
Já tonta, que lhe dei, estaria tocada
Pelo inseticida de horas antes. Farricoco
De moscardos à boa vida ou domador
Falhado, restam-me as paredes e eu — oco
No cerne — estes fonemas a doer, o calor
E o frio, a loucura, os janízaros bem pouco
Amigos, a colite, os versos sem valor...

CARDOSO, António. In: APA, L.; BARBEITOS, A.; DÁSKALOS, M. A. (Org.). *Poesia africana de língua portuguesa*: antologia. Rio de Janeiro: Lacerda, 2003. p. 96.

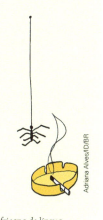

Vocabulário de apoio
apepsia: indigestão
aprazado: a ser feito no prazo estabelecido
cerne: centro, âmago
colite: inflamação do cólon (parte do intestino grosso)
farricoco: indivíduo que carregava o caixão em um enterro
galgar: escalar, subir
janízaro: antigo soldado de elite turco
moscardo: mosca grande
rameira: prostituta
solerte: esperto, malandro

Sobre os textos

1. Toda obra de arte cria modos de representação do mundo e do ser humano, relacionando-se, em alguma medida, a elementos pertencentes a uma certa realidade. Tendo isso em mente, descreva o desenho de Malangatana quanto ao tema, ao tipo de traço utilizado e à disposição dos elementos no espaço, apontando como se manifesta nele uma determinada representação da realidade.

2. No fundo do desenho, vê-se a imagem de uma porta meio aberta, na qual se identifica a figura de um olho. Que relação é possível fazer entre esses elementos e a ideia de liberdade?

3. Assim como no desenho, percebe-se no poema a existência de dois "planos", ou seja, algumas imagens que são oferecidas ao leitor de imediato e outras que só aparecem em um segundo momento.
   a) Quais são as imagens representadas em "primeiro plano" e o que se encontra no "plano de fundo" do poema?
   b) Qual é o efeito expressivo produzido por essa disposição dos elementos em cada plano? Explique.

4. Considerando os diferentes sentidos associados à palavra *drama*, comente o título do poema em relação ao seu desenvolvimento.

5. O poema e o desenho apresentam uma visão sofrida dos oprimidos pela política do colonialismo português em dois países: Angola e Moçambique. Que recursos em comum são utilizados pelo poeta e pelo artista para representar essa realidade?

Colônia penal de Tarrafal, também conhecida como campo de concentração do Tarrafal. Inaugurada pelo governo colonial português em 1936, na ilha de Santiago, uma das que compõem o arquipélago de Cabo Verde. Destinava-se, sobretudo, a confinar presos políticos de Portugal e das colônias. Entre eles, o escritor angolano António Cardoso. Fotografia de 2008.

❯ O contexto de produção

O escritor moçambicano Mia Couto (1955-) certa vez atribuiu ao continente africano uma "tripla condição restritiva": ele seria prisioneiro de um passado inventado por outros, estaria amarrado a um presente imposto pelo exterior e seria refém de metas construídas por instituições internacionais no comando da economia.

Se é possível falar em uma "**identidade africana**" em meio à diversidade dos processos históricos vividos pelas sociedades daquele continente, ela reside na luta contra a violência física e simbólica imposta pelo colonialismo europeu.

A herança do **colonialismo português** é um ponto de aproximação entre o Brasil e a África lusófona. Ainda que se assinalem a diversidade e a riqueza dos processos históricos anteriores à entrada europeia no continente africano, a configuração da África hoje revela marcas profundas do **imperialismo colonial**, do **racismo** e da **luta pela liberdade**.

❯ O contexto histórico

Podem-se assinalar quatro grandes períodos da história da África lusófona a partir da entrada de Portugal no continente, no século XVI:
- o **período da exploração ultramarina**, até meados do século XIX;
- o **período colonial**, até a primeira metade do século XX;
- as **lutas pela independência**, nas décadas de 1960 e 1970;
- o **período pós-independência**, que se estende até a contemporaneidade.

No primeiro momento, **teses racistas** defenderam a superioridade biológica dos europeus sobre os africanos, considerados "selvagens" e "primitivos". Tais teses sustentaram o tráfico de trabalhadores escravizados das "colônias ultramarinas" portuguesas, o qual financiou a colonização da América. Embora movimentos de resistência africanos tivessem marcado todo o desenrolar do imperialismo europeu, não puderam se sobrepor à força bélica dos exploradores, dentre os quais os portugueses, ainda presentes no continente após a Independência brasileira, em 1822.

Na fotografia, uma multidão comemora a independência de Angola, em novembro de 1975.

O controle direto europeu na África, que se manteve limitado até 1880, passou a ser mais efetivo a partir da **Conferência de Berlim**, negociações diplomáticas que conferiram ao continente africano uma divisão geopolítica que desconsiderava as especificidades culturais, religiosas e linguísticas de seus povos.

A partir do fim da **Segunda Guerra Mundial**, estimulados por forte sentimento nacionalista, intelectuais e grupos civis da África lusófona engajaram-se na **Guerra de Libertação**.

Em abril de 1974, a **Revolução dos Cravos** depôs em Portugal o regime totalitário de Salazar. Nesse mesmo ano, a independência de Guiné Bissau foi reconhecida pela comunidade internacional. Em 1975, foi a vez de Angola, Cabo Verde, Moçambique e São Tomé e Príncipe.

À esquerda na foto, Samora Machel (à dir.), comandante-chefe do movimento pela libertação de Moçambique e primeiro presidente do país, e Marcelino dos Santos (à esq.) comemoram com um abraço a assinatura da Constituição de Moçambique, em 25 de junho de 1975.

Leia o poema de Almicar Cabral (1924-1973), considerado um dos maiores responsáveis pela independência de Cabo Verde e Guiné Bissau. O contato estreito com a terra e sua gente motivou muitos de seus versos, como o poema "Regresso".

> Dizem que o campo se cobriu de verde.
> Da cor mais bela, porque é a cor da esp'rança.
> Que a terra, agora, é mesmo Cabo Verde.
> — É a tempestade que virou bonança...
>
> CABRAL, Amilcar. Regresso. In: APA, L.; BARBEITOS, A.; DÁSKALOS, M. A. (Org.). *Poesia africana de língua portuguesa*: antologia. Rio de Janeiro: Lacerda, 2003. p. 183.

Mesmo imbuídas do espírito da reconstrução, as elites políticas africanas pouco questionaram as divisões geopolíticas impostas pela Conferência de Berlim; com isso, numerosos conflitos e guerras civis permaneceram nos países pós-independência.

> O contexto cultural

A violência vivida pelos povos africanos não foi apenas física, mas também simbólica. Por meio da **política de assimilação**, os colonizadores europeus impuseram aos africanos um modo de vida, uma fé, uma cultura e uma língua, aniquilando sua identidade e origens.

A política de assimilação obrigava o africano a abandonar seus costumes e a submeter-se aos padrões de conduta dos europeus. Tal política era imposta por Portugal desde o século XVI e foi transformada em lei pela ditadura de Salazar em 1926.

A denúncia da assimilação pode ser percebida no poema abaixo, do angolano Alexandre Dáskalos (1927-1961).

> #### Que é São Tomé
>
> Este mente, aquele mente
> outro mente... tudo igual.
> O sítio da minha embala
> onde fica afinal?
>
> A terra que é nossa cheira
> e pelo cheiro se sente
> A minha boca não fala
> a língua da minha gente.
>
> DÁSKALOS, Alexandre. In: APA, L.; BARBEITOS, A.; DÁSKALOS, M. A. (Org.). *Poesia africana de língua portuguesa*: antologia. Rio de Janeiro: Lacerda, 2003. p. 52-53.

A lamentação do eu lírico pela perda de unidade do povo, inclusive no uso da língua, revela a importância da **tradição oral** para a cultura do continente africano. Ela ainda é preservada e transmitida pelos chamados "guardiões da palavra falada" e pelos *griots* ou diélis, contadores públicos de histórias, de narrativas míticas que simbolizam a origem dos povos africanos e suas trajetórias.

O escritor estadunidense Alex Haley ganha abraço de Binta Kinte Fofana, uma contadora *griot*. Fotografia de 1977.

Vale saber

Amilcar Cabral

Profundo conhecedor das péssimas condições sociais da população, em 1959 Almicar Cabral fundou clandestinamente o Partido Africano para a Independência de Guiné e Cabo Verde (PAIGC). Participou das lutas armadas em prol da libertação de Guiné. Em 1973, foi assassinado por um membro de seu partido.

Vocabulário de apoio

embala: casebre, choupana feita de materiais leves e coberta de folhas onde habita o soba, chefe ou líder de determinados grupos sociais ao sul da Angola

sítio: lugar

A **língua portuguesa** tem uma relação com as **línguas nativas da África**, conforme se pode perceber no texto a seguir.

> A língua portuguesa trava diálogo "intenso e tenso" com as línguas nativas africanas, segundo o estudioso Maurício Pedro da Silva. Em Angola, convive com o umbundu, o kikongo, o chokwe-lunda, o kioko-lunda e o kimbundu; em Cabo Verde, com o cabo-verdiano; em Guiné-Bissau, com o bissau e o cacheu; em Moçambique, com as línguas do grupo bantu, sobretudo o emakhuwa, o xichangana e o elomwe; em São Tomé e Príncipe, com o forro, o angolar, o tonga e o monto.
>
> Enquanto em Angola e Moçambique a língua portuguesa foi incorporada ao cotidiano de boa parte da população como língua materna ou segunda língua, nos outros países lusófonos está restrita ao ensino, à imprensa, ao âmbito administrativo e às relações internacionais.
>
> No dia a dia, as relações sociais se dão nas línguas nativas ou nos falares crioulos – mescla de português arcaico com as línguas africanas.
>
> SILVA, Maurício Pedro da. Novas diretrizes curriculares para o estudo da História e da Cultura afro-brasileira e africana: a Lei 10 639/03. *EccoS*, São Paulo, v. 9, n. 1, p. 39-52, jan./jul. 2007; MEDEIROS, Adelardo A. D. A língua portuguesa. Disponível em: <http://www.linguaportuguesa.ufrn.br>. Acesso em: 12 mar. 2015.

Veja também um trecho da letra de uma das canções interpretadas em crioulo pela cabo-verdiana Cesária Évora (1941-2011) e, ao lado, a tradução dessa letra.

Sorte

Trinta e cinco óne despôs
El tchega na mim
El rodeá na bêra d'muto caboverdeano
Moda borleta
El sentá na mim
Li el otchá mel el otchá fel
Qu'm tava ta guardá'l
El otchá-me pronto pá el

Sorte di nha vida
'M tava ta esperó-be
Já bô tchega, dali bô ca tá bai
[...]

[tradução]

Trinta e cinco anos depois
Ela chega a mim
Ela girava em torno de muito cabo-verdiano
Tal uma borboleta
Ela pousa em mim
Ela aspergiu em mim mel e fel
Eu estava a guardá-la
E estava pronta para ela

Sorte de minha terra
Eu a estava esperando
Você já chegou e agora
Você não sairá mais daqui
[...]

SICITE, Nika; CHANTRE, Teofilo. Sorte. Intérprete: Cesária Évora. In: *Café Atlântico*. Paris: Lusafrica, 1999. 1 CD. Faixa 5.

Vale saber

Cesária Évora

Cesária Évora foi considerada pela crítica uma das mais expressivas cantoras da chamada *World Music* e a "rainha da Morna", canção tradicional de Cabo Verde. Ela também foi embaixadora da boa vontade pela Unesco.

Cesária Évora em *show* na Holanda, em 2005.

> O contexto literário

As literaturas africanas de expressão portuguesa abrangem obras que, perante séculos de domínio português "europeizante", traduzem certa "africanidade" em temáticas específicas do período pós-colonial.

Os sistemas literários africanos

O desenvolvimento do ensino oficial e a expansão do particular, a instalação da imprensa e a conquista da liberdade de expressão criaram condições para a criação dos **sistemas literários africanos** a partir da década de 1940.

Espontaneidade da minha alma (1940), do angolano José da Silva Maria Ferreira, foi o primeiro livro impresso na África lusófona. Embora escrita na língua do colonizador, a obra já não o tomava como centro.

As produções posteriores mesclavam a língua portuguesa aos idiomas locais, dirigindo-se aos nativos e afastando-se do leitor europeu. Entre 1940 e 1970, as lutas pela independência caracterizaram uma produção literária de forte **marca ideológica**.

Após 1975, embora essa preocupação social persistisse, ganharam espaço nas obras algumas **temáticas mais existenciais**. A África passou a se reescrever em suas literaturas e a se reposicionar em relação à língua portuguesa.

Esse novo discurso não sustentou mais sua "autenticidade" na visão de mundo dividido entre o explorador e o colonizado; passou a abranger muitas formas de ver a realidade. Como disse o angolano José Eduardo Agualusa, os escritores africanos finalmente puderam se posicionar como escritores, e não como militantes.

Não obstante, essas literaturas ainda circulam em espaços restritos do continente africano, em que a língua portuguesa e a cultura escrita não fazem parte do cotidiano de grande parte da população. Em Portugal e no Brasil, escritores de Angola, Moçambique e Cabo Verde ganham projeção cada vez maior, mas a produção literária de Guiné Bissau e São Tomé e Príncipe ainda é pouco conhecida.

O papel da tradição

As **literaturas ultramarina** e **colonial**, inscritas na tradição literária portuguesa, retratavam a África pela ótica do português colonizador. A **literatura neoafricana** rompe com essa tradição, buscando um modo próprio de se relacionar com as culturas africanas e a língua portuguesa.

Para tanto, estabelece um intenso diálogo com a **tradição oral**. Esse processo é caracterizado por

- **oraturização** – apropriação dos elementos da oralidade pela escrita;
- **remitologização** – recurso ao fantástico como forma de denunciar o absurdo da realidade, mas também de revelar princípios considerados imutáveis e eternos.

Esse diálogo foi sintetizado em declaração do artista angolano Ondjaki: "a arte é expressão da modernidade, e a modernidade é via de manutenção da tradição".

Também é digna de nota a relação entre as **literaturas africanas** e a **literatura brasileira**. Sobre essa proximidade, assim se manifesta o moçambicano José Craveirinha:

> [...] Nós, na escola, éramos obrigados a passar por um João de Deus, Dom Dinis etc., os clássicos de lá [Portugal]. Mas chegava a uma certa altura que nós nos libertávamos e então enveredávamos para uma literatura "errada": Graciliano Ramos e por aí afora. [...] A nossa literatura tinha reflexos da literatura brasileira. Então, quando chegou o Jorge Amado, estávamos em casa. [...]
>
> Entrevista: José Craveirinha. In: CHAVES, Rita. *Angola e Moçambique*: experiência colonial e territórios literários. São Paulo: Ateliê Editorial, 2005. p. 226.

Fone de ouvido

O funaná

A música e a dança cabo-verdianas possuem uma diversidade considerável. O **funaná** surgiu de estilos musicais portugueses introduzidos em Cabo Verde no início do século XX. Segundo fontes orais, o funaná derivou-se da importação do acordeão como substituto barato aos órgãos, principalmente para a realização de liturgias religiosas.

Jovens cabo-verdianos dançam funaná. Fotografia de 2007.

Uma leitura

Você fará uma leitura do trecho inicial de um conto do escritor moçambicano Mia Couto, um dos mais conhecidos autores da África lusófona. Leia todo o texto, observando atentamente os comentários em destaque. Em seguida, responda às questões propostas.

> O conto articula dois registros: de um lado, o antigo, representado pela figura do velho Sicrano (o morto) e sua esposa Estrelua; de outro, a modernidade, simbolizada pelo aparelho de televisão. Essa articulação já é apontada no título.

Enterro televisivo

"Uns olham para a televisão. Outros olham pela televisão" (Dito de Sicrano)

Estranharam quando, no funeral do avô Sicrano, a viúva Estrelua proclamou:
— Uma televisão!
— Uma televisão o quê, avó?
— Quero que me comprem uma televisão.

Aquilo, assim, de rompante em plenas orações. Dela se esperava mais ajustado desejo, um ensejo solene de tristeza, um suspiro anunciador do fim. Mas não, ela queria naquele mesmo dia receber um aparelho novo.
— Mas o aparelho que vocês tinham avariou?
— Não. Já não existe.
— Como é isso, então? Foi roubado?
— Não, foi enterrado.
— Enterrado?
— Sim, foi junto com o corpo do vosso falecido pai.

Tudo havia sido congeminado junto com o coveiro. A televisão, desmontada nas suas quantas peças, tinha sido embalada no caixão. Era um requisito de quem ficava, selando a vontade de quem estava indo.

Na cerimônia, todos se entreolharam. O pedido era estranho, mas ninguém podia negar. O tio Ricardote ainda teve a lucidez de inquirir:
— E a antena?

Esperassem, fez ela com a mão. Tudo estava arquitetado. O coveiro estava instruído para, após a cerimônia, colocar a antena sobre a lápide, amarrada na ponta da cruz, em espreitação dos céus. Aquela mesma antena, feita de tampas de panela, ampliaria as electrônicas nos sentidos do falecido. O velho Sicrano, lá em baixo, captaria os canais. É um simples risco a diferença entre a alma e a onda magnética. Por razão disso, a viúva Estrelua pediu que não cavassem fundo, deixassem o defunto à superfície.
— Para apanhar bem o sinal — explicou a velha.

O padre Luciano se esforçou por disciplinar a multidão, ele que representava a ordem de uma só voz divina. Com uns tantos berros e ameaças ele reconduziu a multidão ao silêncio. Mas foi sossego de pouca dura. Logo, Estrelua espreitou em volta, e foi inquirindo os condoídos presentes:
— E o Bibito, onde está?
— O Bibito? — se interrogaram os familiares.

Ninguém conhecia. Foi o bisneto que esclareceu: Bibito era o personagem da novela brasileira. A das seis, acrescentou ele, feliz por lustrar conhecimento.
— E a Carmenzita que todas as noites nos visita e agora não comparece!

De novo, o bisneto fez luz: mais uma figura de uma telenovela. Só que mexicana. O filho mais velho tentou apaziguar as visões da avó. Mas qual Bibito, qual Carmen?! Então os filhos de osso e alma estavam ali, lágrima empenhada, e ela só queria saber de personagem noveleira?
— Sim, mas esses ao menos nos visitam. Porque a vocês nunca mais os vimos.
[...]

Couto, Mia. Enterro televisivo. In: *O fio das missangas*: contos. São Paulo: Companhia das Letras, 2009. p. 121-123.

> A presença de uma **epígrafe** (frase inicial que serve de mote ao texto) semelhante a um **dito proverbial** sugere que o conto encerra uma espécie de lição, como uma narrativa exemplar que ilustra um ensinamento típico da sabedoria popular.

1. Há certa ironia na fala do narrador ao descrever a atitude do tio Ricardote. Explique essa afirmação.

A partir de certo momento, Estrelua passa a cobrar a presença de figuras reconhecidas pelo bisneto como personagens de novela. Assim, o conto problematiza os limites entre o real e o imaginário, o lógico e o ilógico, o que está presente e o que já morreu.

2. Esta fala da viúva Estrelua inaugura um novo momento na narrativa, em que ela deixa de ser vista meramente como uma senhora exótica e fantasiosa. O que parece estar por trás dos seus delírios a respeito da televisão? Como isso se relaciona ao dito de Sicrano na epígrafe do conto?

Vocabulário de apoio

avariar: estragar
condoído: comovido, que sentiu compaixão
congeminado: combinado, harmonizado
ensejo: ocasião favorável, momento
espreitação: vigia, contemplação
inquirir: perguntar, indagar

Ler as Literaturas africanas de língua portuguesa

Você vai ler um trecho de um conto do escritor angolano José Eduardo Agualusa (1960-).

A noite em que prenderam Papai Noel

O velho Pascoal tinha uma barba comprida, branca, esplendorosa, que lhe caía em tumulto pelo peito. Estilo? Não: era apenas miséria. Mas foi por causa daquela barba que ele conseguiu trabalho. Por isso e por ter nascido albino, pele de osga e piscos olhinhos cor-de-rosa, sempre escondidos por detrás de uns enormes óculos escuros. Naquela época já nem pensava mais em procurar emprego, certo de que morreria em breve numa rua qualquer da cidade, mais de tristeza que de fome, pois para se alimentar bastava-lhe a sopa que todas as noites lhe dava o General, e uma ou outra côdea de pão descoberta nos contentores. [...]

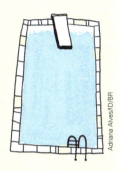

Tinha trabalhado quarenta anos na piscina — desde o primeiro dia! — como zelador. Sabia ler, contar, e ainda todas as devoções que aprendera na Missão, sem falar na honestidade, higiene, amor ao trabalho. Os brancos gostavam dele, era Pascoal por aqui, Pascoal para ali, confiavam-lhe as crianças pequenas, alguns até o convidavam para jogar futebol (foi um bom goleiro), outros faziam confidências, pediam o quarto emprestado para fazer namoros.

[...] Os brancos davam-lhe palmadas nas costas:
— Pascoal, o único preto de Angola que tem casa com piscina.
Riam-se:
— Pascoal, o preto mais branco de África.
Contavam piadas sobre albinos.
— Conheces aquela do soba, no Dia da Raça, que foi convidado para discursar? O gajo subiu ao palanque, afinou a voz e começou: Aqui em Angola somos todos portugueses, brancos, pretos, mulatos e albinos, todos portugueses.

Os pretos, pelo contrário, não gostavam de Pascoal. As mulheres muxoxavam, cuspiam quando ele passava, ou, pior do que isso, fingiam nem sequer o ver. [...]

Quando os portugueses fugiram, Pascoal compreendeu que os dias felizes haviam chegado ao fim. Assistiu com desgosto à entrada dos guerrilheiros, aos tiros, ao saque das casas. O que mais lhe custou, nos meses seguintes, foi vê-los entrar na piscina, camarada para aqui, camarada para ali, como se já ninguém tivesse nome. As crianças, as mesmas que antigamente Pascoal expulsava a tiros de chumbinho, faziam xixi do alto das pranchas. Até que numa certa tarde faltou água. Não veio no dia seguinte, nem no outro, nem nunca mais. [...]

Uma espécie de cansaço desceu por sobre as casas e a cidade começou a morrer. África — vamos chamar-lhe assim — voltou a apoderar-se do que fora seu. [...]

AGUALUSA, José Eduardo. *Manual prático de levitação*: contos. Rio de Janeiro: Gryphus, 2005. p. 5-7.

Vocabulário de apoio

albino: indivíduo que apresenta albinismo (ausência total ou parcial de pigmentação da pele, dos pelos e dos olhos)
côdea: pedaço de pão endurecido
contentor: lata de lixo
gajo: o mesmo que fulano, alguém cujo nome não se sabe
muxoxar: fazer muxoxo; demonstrar pouco caso
osga: lagartixa
pisco: piscante, que pisca muito
soba: chefe de pequeno Estado africano, especialmente ao sul de Angola

Sobre o texto

1. A narrativa assinala dois períodos distintos na vida de Pascoal, delimitados por um marco histórico significativo. Caracterize cada período, relacionando-os a esse marco.

2. Segundo o narrador, Pascoal, um negro albino, não era benquisto pelos "pretos". No entanto, a sua aceitação pelos brancos revela outra forma de preconceito. Explique.

3. Embora o olhar do narrador se encontre identificado com a visão de Pascoal, sua voz por vezes deixa entrever outro ponto de vista sobre os mesmos fatos. Ilustre essa afirmação com um exemplo do texto, relacionando-o à política de assimilação imposta por Portugal.

4. Elabore uma leitura interpretativa para o último parágrafo, relacionando-o ao contexto de produção africano que você estudou neste capítulo.

❯ Três autores exemplares

Para compreender a literatura produzida atualmente nos países africanos de língua portuguesa, é importante considerar:
- o **diálogo** com **tradições externas** (europeias e brasileiras);
- o sentimento de **afirmação da própria nacionalidade**;
- a expressão de formas de ser e de sentir originadas da **mistura de várias etnias**;
- a preocupação com a **forma literária**.

Conheça três escritores que são notórios representantes dessa produção.

❯ Vozes de Angola: Pepetela e Agualusa

A prosa e os textos teatrais de **Pepetela** (1941-), cujo nome verdadeiro é Arthur Maurício Pestana dos Santos, giram em torno da história antiga e contemporânea de Angola, abordando principalmente os **conflitos causados pela colonização**.

Em romances como *As aventuras de Ngunga* (1979) e *Mayombe* (1980), o autor retrata a vida dos guerrilheiros do Movimento Popular de Libertação de Angola (MPLA), que testemunhou por ter se juntado às frentes de guerrilha. Um tema recorrente é a **rivalidade étnica e ideológica** evidenciada durante a luta contra o colonizador e após a independência, quando Angola mergulhou na guerra civil. Nas obras mais recentes, predomina a **ironia** na crítica às disputas pelo poder e à corrupção.

José Eduardo Agualusa (1960-), autor bastante conhecido no Brasil, também se concentra no **processo histórico** de Angola, focando **tensões** entre as tradições ancestrais do país, a colonização portuguesa e os conflitos civis do período pós-colonial. O tema da identidade é um dos mais importantes em sua obra.

Em *O vendedor de passados* (2004), a personagem Félix tem o ofício de construir passados para aqueles que não estão satisfeitos com o que tiveram. Nessa reconstrução, evidenciam-se os traumas da sociedade angolana, o desejo de autoconstrução de uma nova identidade e a impossibilidade de esquecer o que está na memória individual e coletiva.

Ora valendo-se do **realismo social**, ora aproximando-se do **realismo fantástico**, a literatura angolana propõe uma leitura apurada e crítica da realidade de seu povo. Nas palavras do escritor Pepetela, a literatura nacional é vista como "um elemento indispensável, tão importante como outro qualquer, para a consolidação da independência".

O escritor angolano Pepetela. Fotografia de 1999.

O escritor angolano José Eduardo Agualusa. Fotografia de 2011.

❯ Mia Couto: língua e identidade nacional

O moçambicano **Mia Couto** (1955-) revela, em seus poemas, contos, crônicas e romances, inquietações com o contexto do país após o período colonial. O escritor aprofunda o tema da **identidade moçambicana**, que passa pela compreensão da **memória cultural** africana. Nesse processo, ganha destaque o **uso da língua portuguesa**, que, reinventada, aparece permeada pelo léxico de várias regiões do país, por neologismos e marcas de oralidade.

Essa experiência formal apresenta a um só tempo elementos que apontam para um estilo contemporâneo e para aspectos da tradição dos povos de Moçambique e contribui para a superação da imagem de uma África única, cujo atrativo principal seria a condição pitoresca. Também pela linguagem, a literatura cria a identidade nacional e se afasta dos sistemas simbólicos do colonizador.

O escritor moçambicano Mia Couto. Fotografia de 2011.

Sua leitura

Mayombe é dos mais emblemáticos romances angolanos. Na floresta de Mayombe, região de Cabinda, ocorreram muitos combates entre o exército português e os revolucionários do Movimento Popular de Libertação de Angola (MPLA). Embora ficcional, o romance se baseia na experiência do autor na luta armada e realiza uma "observação participante" da realidade do país.

Eu, narrador, sou milagre

Nasci em Quibaxe, região kimbundo, como o Comissário e o Chefe de Operações, que são dali próximo.

Bazuqueiro, gosto de ver os caminhões carregados de tropa serem travados pelo meu tiro certeiro. Penso que na vida não pode haver maior prazer.

A minha terra é rica em café, mas o meu pai sempre foi um pobre camponês. E eu só fiz a Primeira Classe, o resto aprendi aqui, na Revolução. Era miúdo na altura de 1961. Mas lembro-me ainda das cenas de crianças atiradas contra as árvores, de homens enterrados até o pescoço, cabeça de fora, e o trator passando, cortando as cabeças com a lâmina feita para abrir terra, para dar riqueza aos homens. Com que prazer destruí há bocado o buldôzer! Era parecido com aquele que arrancou a cabeça do meu pai. O buldôzer não tem culpa, depende de quem o guia, é como a arma que se empunha. Mas eu não posso deixar de odiar os tratores, desculpem-me.

E agora o Lutamos fala aos trabalhadores. Talvez explique que os quis avisar antes, mas que foi descoberto. E deixam-no falar! O Comandante não liga, ele não estava em Angola em 1961, ou, se estava, não sofreu nada. Estava em Luanda, devia ser estudante, que sabe ele disso? E o Comissário? Nestas coisas o Comissário é um mole, ele pensa que é com boas palavras que se convence o povo de Cabinda, este povo de traidores. Só o Chefe de Operações... Mas esse é o terceiro no Comando, não tem força.

E eu fugi de Angola com a mãe. Era um miúdo. Fui para Kinshasa. Depois vim para o MPLA, chamado pelo meu tio, que era dirigente. Na altura! Hoje não é, foi expulso. O MPLA expulsa os melhores, só porque eles se não deixam dominar pelos kikongos que o invadiram. Pobre MPLA! Só na Primeira Região ele ainda é o mesmo, o movimento de vanguarda. E nós, os da Primeira Região, forçados a fazer a guerra aqui, numa região alheia, onde não falam a nossa língua, onde o povo é contrarrevolucionário, e nós que fazemos aqui? Pobre MPLA, longe da nossa Região, não pode dar nada!

Caminharam toda a tarde, subindo o Lombe. Pararam às cinco horas, para procurarem lenha seca e prepararem o acampamento: às seis horas, no Mayombe, era noite escura e não se podia avançar.

A refeição foi comum: arroz com feijão e depois peixe, que Lutamos e um trabalhador apanharam no Lombe. Os trabalhadores não tentavam fugir, se bem que mil ocasiões se tivessem apresentado durante a marcha. Sobretudo quando Milagre caiu com a bazuca e os guerrilheiros vieram ver o que se passara; alguns trabalhadores tinham ficado isolados e sentaram-se, à espera dos combatentes, sem escaparem. A confiança provocava conversas animadas.

PEPETELA. *Mayombe*: romance. São Paulo: Ática, 1982. p. 32-33.

Vocabulário de apoio

bazuqueiro: quem empunha uma bazuca (arma que lança granadas-foguetes)
buldôzer: trator de lâmina
kikongo: etnia angolana
kimbundo: etnia angolana
miúdo: criança

Sobre o texto

1. O texto "Eu, narrador, sou milagre" se divide em duas partes com narradores diferentes.
   a) Que aspectos gráficos ajudam a identificar a passagem de uma parte para a outra?
   b) O que caracteriza o narrador de cada parte?
   c) Que efeito é produzido pela presença desses dois narradores?
2. O romance *Mayombe* retrata uma realidade histórica e social de Angola. Que indícios o texto apresenta da violência do processo de colonização? E das rivalidades étnicas e ideológicas?
3. Como o romance revela o desejo de consolidar a independência angolana pela literatura?

O que você pensa disto?

As raízes africanas são consideradas fundamentais na formação do povo brasileiro, mas muitos não sabem que países africanos têm o português como língua oficial ou onde se localizam.
- Em sua opinião, a cultura e a história da África são alvo de preconceitos e estereótipos em nosso país?

Ferramenta de leitura

O engajamento político da literatura

Jean-Paul Sartre em seu escritório em Paris. O filósofo e escritor francês foi um dos pensadores mais influentes do século XX. Fotografia de 1964.

O sistema literário nos países africanos de língua portuguesa firmou-se a partir das primeiras manifestações em torno da formação de uma identidade nacional. Parte de uma elite composta de negros, mestiços e brancos identificados com a terra ajudou a fixar, em obras artísticas, alguns traços de uma cultura local, mistura de uma tradição de origem europeia (trazida pelos colonizadores) com as marcas das várias etnias que ocupavam aqueles espaços há muito tempo – à exceção do arquipélago de Cabo Verde, que foi encontrado deserto, ao que tudo indica.

A literatura desempenhou importante papel nesse contexto, seja por meio do resgate de uma cultura predominantemente oral, seja pela junção entre o idioma português e o crioulo, seja ainda como canal de manifestação de um sentimento de pertencimento àquelas regiões.

Por isso, pode-se dizer que a literatura feita nas chamadas colônias ultramarinas – principalmente a partir da década de 1930 – possuía como elemento essencial a ideia de **engajamento**.

O filósofo e escritor Jean-Paul Sartre (1905-1980), em um de seus mais emblemáticos textos, discute essa questão. Partindo da pergunta "O que é escrever?", ele assim define a finalidade da escrita literária.

> Tentaremos mais adiante determinar qual poderia ser o objetivo da literatura. Mas desde já podemos concluir que o escritor decidiu desvendar o mundo e especialmente o homem para outros homens, a fim de que estes assumam em face do objeto, assim posto a nu, a sua inteira responsabilidade.
> SARTRE, Jean-Paul. *Que é a literatura?* São Paulo: Ática, 2006. p. 21.

Para Sartre, no contato com o texto literário o leitor vê o mundo tal como desvendado pelo escritor, de forma deslocada das visões prontas e acabadas.

> O escritor "engajado" sabe que a palavra é ação: sabe que desvendar é mudar e que não se pode desvendar senão tencionando mudar. Ele abandonou o sonho impossível de fazer uma pintura imparcial da Sociedade e da condição humana.
> SARTRE, Jean-Paul. *Que é a literatura?* São Paulo: Ática, 2006. p. 20-21.

Completando seu raciocínio, o filósofo articula a atitude do escritor, engajado na tarefa de desvendar o mundo a seu redor, e do leitor diante do texto.

> Do mesmo modo, a função do escritor é fazer com que ninguém possa ignorar o mundo e considerar-se inocente diante dele. E uma vez engajado no universo da linguagem, não pode nunca mais fingir que não sabe falar: quem entra no universo dos significados, não consegue mais sair [...] por que você [escritor] falou disso e não daquilo, já que você fala para mudar, por que deseja mudar isso e não aquilo?
> SARTRE, Jean-Paul. *Que é a literatura?* São Paulo: Ática, 2006. p. 21-22.

Segundo Jean-Paul Sartre, portanto, o escritor se engaja no propósito de mudar o mundo pela palavra literária, ao mesmo tempo que o leitor deve se engajar no universo da linguagem, eximindo-se de uma postura "inocente".

Agora você vai aplicar essa ferramenta de leitura a um poema do escritor moçambicano Rui Knopfli (1932-1997). Leia-o com atenção e responda às perguntas propostas.

Naturalidade

Europeu, me dizem.
Eivam-me de literatura e doutrina
europeias
e europeu me chamam.

Não sei se o que escrevo tem a raiz de algum
pensamento europeu.
É provável... Não. É certo,
mas africano sou.
Pulsa-me o coração ao ritmo dolente
desta luz e deste quebranto.
Trago no sangue uma amplidão
de coordenadas geográficas e mar Índico.
Rosas não me dizem nada,
caso-me mais à agrura das micaias
e ao silêncio longo e roxo das tardes
com gritos de aves estranhas.

Chamais-me europeu? Pronto, calo-me.
Mas dentro de mim há savanas de aridez
e planuras sem fim
com longos rios langues e sinuosos
uma fita de fumo vertical,
um negro e uma viola estalando.

KNOPFLI, Rui. In: APA, L.; BARBEITOS, A.; DÁSKALOS, M. A. (Org.). *Poesia africana de língua portuguesa*: antologia. Rio de Janeiro: Lacerda, 2003. p. 210.

Vocabulário de apoio

agrura: aspereza
dolente: doloroso, lastimoso
doutrina: princípios fundamentais de uma crença
eivar: contaminar
langue: frouxo
micaia: árvore nativa da África tropical
planura: planície
quebranto: feitiço

Sobre o texto

1. O poema apresenta uma reflexão sobre a identidade do eu lírico relacionada à sua nacionalidade. Que reflexão é essa?

2. O título do poema, "Naturalidade", possui um significado imediato que é o de local de nascimento. Mas é possível outra leitura, na qual *naturalidade* pode significar "a qualidade daquilo que é natural". De que forma esse segundo sentido se relaciona ao poema?

3. Apesar de se sentir africano, o eu lírico não contesta inteiramente a ideia de parecer europeu. Indique um trecho do poema que comprove essa afirmação. Justifique sua escolha.

4. Esse é um poema que fala do sentimento de pertencimento. Além da identificação do eu lírico com o espaço africano, há também uma identificação com a gente que lá vive.
   a) Selecione passagens do poema que sugiram essa ideia de pertencimento por meio da identificação com elementos da natureza local.
   b) Destaque uma imagem que transmita a ideia de identificação com o povo africano.
   c) Explique como se desenvolve, no poema, a ideia de pertencimento.

5. Segundo Jean-Paul Sartre, a literatura deve fazer com que o leitor assuma sua inteira responsabilidade diante do mundo desvendado pelo escritor. Que reflexão a leitura do poema de Rui Knopfli propõe ao leitor?

6. A procura da identidade, o intimismo e a relação entre o ser humano e a natureza são três motivos poéticos presentes no texto acima. Selecione um desses temas e explique de que forma ele é desenvolvido no poema.

Entre textos

Há inúmeras afinidades entre a literatura produzida nos países africanos de língua portuguesa e a literatura feita no Brasil. Essa influência de mão dupla é fundamental na formação tanto da identidade brasileira quanto das identidades africanas. Entre o místico e o político, entre o poético e o histórico, transitam sentidos, palavras e ideias.

Leia, a seguir, dois textos de autores brasileiros do século XX que falam de um território imaginário singular, constituído pelos laços entre Brasil e África.

O poema de Ribeiro Couto (1898-1963) traz dois elementos constantes em boa parte da produção poética africana de língua portuguesa: o ambiente marinho e uma certa melancolia. A imagem inicial do mar como "consolação" para a tristeza do eu lírico evoca aspectos que estão na base ancestral de toda a literatura de expressão portuguesa: a saudade de um lugar ou de um tempo remoto que se perdeu.

Vocabulário de apoio

espairecer: distrair-se, desviar-se das preocupações
intermitente: que se interrompe e recomeça
motorneiro: condutor de bonde
paquete: tipo de embarcação
saveirista: tripulante de barco usado para transporte ou pesca

TEXTO 1

Monólogo da noite

Esta noite estou triste e não sei a razão.
Vou, para espairecer minha melancolia,
Ouvir o mar, que o mar é uma consolação.
Paro junto do cais olhando a água sombria.
Intermitente, sob o véu da cerração,
Vejo uma luz vermelha a acenar-me... "Confia!"
Obrigado, farol que és como um coração...

A água negra, noturna, a bater contra o cais,
Ilude a minha dor fútil de vagabundo.
E o farol a acenar de longe... "Espera mais!"
Recordo... "Antônio, que o paquete fosse ao fundo!"
Depois, fico a pensar nos que foram leais,
Nos que tiveram a coragem de ir do mundo
E numa noite assim se atiraram do cais.

Água eterna... água terrível... água imortal...
Apavora-me a sua aparência sombria.
Se eu pudesse acabar de uma vez o meu mal!
Mas tenho medo. "Não... A água está muito fria.
Além de fria é funda e tem gosto de sal."
E surpreendo-me, a chorar de covardia,
Dizendo ao vento esse monólogo banal.

Couto, Ribeiro. *Poesias reunidas*. Rio de Janeiro: José Olympio, 1960. p. 89.

TEXTO 2

Capitães da Areia

A voz o chama. Uma voz que o alegra, que faz bater seu coração. Ajudar a mudar o destino de todos os pobres. Uma voz que atravessa a cidade, que parece vir dos atabaques que ressoam nas macumbas da religião ilegal dos negros. Uma voz que vem com o ruído dos bondes, onde vão os condutores e motorneiros grevistas. Uma voz que vem do cais, do peito dos estivadores, de João de Adão, de seu pai morrendo num comício, dos marinheiros dos navios, dos saveiristas e dos canoeiros. Uma voz que vem do grupo que joga a luta da capoeira que vem dos golpes que o Querido-de-Deus aplica. Uma voz que vem mesmo do padre José Pedro, padre pobre de olhos espantados diante do destino terrível dos Capitães da Areia. Uma voz que vem das filhas de santo do candomblé de Don'Aninha, na noite que a polícia levou Ogum. Voz que vem do trapiche dos Capitães da Areia. [...]

Amado, Jorge. *Capitães da Areia*. 69. ed. São Paulo: Companhia das Letras, 1989.

A literatura brasileira que se desenvolveu no Nordeste durante os anos de 1930 serviu de parâmetro para o delineamento de parte da prosa escrita por escritores africanos. A semelhança cultural, a preocupação em representar a parcela da população mais pobre e a forma direta de narrar chamaram a atenção de escritores do além-mar. Somado a isso, outro aspecto ganhou interesse na leitura desses romances: seu conteúdo ideológico.

540

Vestibular

(PUC-MG) Texto para a questão 1.

> "No princípio,/ a casa foi sagrada/ isto é, habitada/ não só por homens e vivos/ como também por mortos e deuses" (Sophia de Mello Breyner).

1. A epígrafe inicial de *Um rio chamado tempo, uma casa chamada terra*, de Mia Couto, revela uma característica marcante no livro: a memória ligada à ancestralidade. Assinale o fragmento do romance em que essa característica se faz presente:
   a) "Abstinêncio Mariano despendera a vida inteira na sombra da repartição. A penumbra adentrou-se nele como um bolor e acabou ficando saudoso de um tempo nunca havido, viúvo mesmo sem nunca ter casado."
   b) "Por fim, avisto a nossa casa grande, a maior de toda a Ilha. Chamamo-lhe Nyumba-Kaya, para satisfazer familiares do Norte e do Sul. 'Nyumba' é a palavra para nomear 'casa' nas línguas nortenhas. Nos idiomas do Sul, casa se diz 'kaya'."
   c) "Ainda bem que chegou, Mariano. Você vai enfrentar desafios maiores que as suas forças. Aprenderá como se diz aqui: cada homem é todos os outros. Esses outros não são apenas os viventes."
   d) "A cozinha me transporta para distantes doçuras. Como se, no embaciado dos seus vapores, se fabricasse não o alimento, mas o próprio tempo. Foi naquele chão que inventei brinquedo e rabisquei os meus primeiros desenhos."

2. **(PUC-MG)** Segundo Tânia Macedo, "Se a cidade de Luanda é o espaço privilegiado trilhado pela maioria dos textos ficcionais angolanos no pré e pós-independência, talvez poucas personagens possam exemplificar as transformações pelas quais passou o país e a literatura de Angola nos últimos cinquenta anos como as infantis [...]".
   Assinale a passagem em que **NÃO** compareçam indícios das transformações a que se refere o comentário:
   a) "Eu ainda avisei a tia Rosa, 'cuidado com as minas', ela não sabia que 'minas' era o código para o cocó quando estava assim na rua pronto a ser pisado."
   b) "Depois do lanche o Sol ia embora de repentemente. Os soviéticos abandonavam a obra do Mausoléu e ficávamos ali, no muro que dividia a casa da avó Agnette da casa do senhor Tuarles."
   c) "Naquele tempo, antes de sairmos de casa para o nosso desfile de crianças mascaradas, a disputa era quem ia levar o apito na boca. Esse que tinha o poder de apitar fazia a vez daqueles que, no desfile de verdade, vão à frente a marcar o ritmo do grupo."
   d) "Chegámos à casa dos camaradas professores Ángel e María. O camarada professor não estava vestido com a calça militar dele, tinha uma camisa tipo 'goiabera' e uma calça justa. [...] Um pingo de chuva, sozinho, caiu-me na cabeça, nessa que foi a última vez que vimos aqueles camaradas professores cubanos."

(UnB-DF) Texto para a questão 3.

> Discutindo Literatura (DL) – Tendo vivido em Moçambique, a questão do racismo foi importante para você em sua literatura?
> Mia Couto (MC) – Sim, com certeza. A cidade onde eu nasci é um lugar onde a discriminação racial é muito grande. Era tanta que na minha adolescência não precisaram explicar para mim o que era a colonização, por exemplo, pois eu sentia na pele o que era o colonialismo. Isso me fez ter uma atitude de engajamento político muito cedo na minha vida.
> DL – Há uma literatura tipicamente africana?
> MC – Não sei exatamente o que seria uma literatura tipicamente africana. O escritor africano, ao contrário do europeu ou do americano, precisava quase sempre prestar provas de autenticidade. Havia quase um olhar de que aquilo seria um artesanato e não uma arte que se pretendesse universal, fora de seu tempo e lugar. A necessidade de pertencer a um contexto histórico e étnico prejudicou em muito a dinâmica da literatura africana. Mas hoje há autores que vão além dessa limitação e estão fazendo literatura. Ponto final. Não tem que ser literatura africana ou tipicamente qualquer coisa.
> *Discutindo Literatura*, São Paulo, ano 3, n. 16, p. 11-13 (com adaptações).

3. Considerando as ideias do texto acima, julgue, assinalando C (certo) ou E (errado), os itens a seguir.
   a) Infere-se do texto que, de acordo com Mia Couto, há profunda relação entre discriminação racial e colonialismo.
   b) De acordo com Mia Couto, seu precoce engajamento político levou-o a perceber a existência do racismo em Moçambique e a denunciá-la em sua literatura.
   c) Infere-se do texto que, para Mia Couto, os escritores africanos são mais autênticos que os europeus e americanos.
   d) Ao afirmar que a literatura produzida pelos escritores africanos era vista como "um artesanato", Mia Couto recusa a visão exótica da literatura produzida na África.
   e) Considerando as opiniões de Mia Couto acerca do caráter típico da literatura africana, é correto inferir que um dos dilemas vividos por essa literatura foi a necessidade de ser local e, ao mesmo tempo, universal.
   f) A tese defendida por Mia Couto em sua resposta à segunda pergunta é a de que a literatura africana deve ignorar o contexto histórico e étnico de sua produção em favor dos modelos da literatura universal.

541

Referências bibliográficas

ABDALA JUNIOR, Benjamim; CAMPEDELLI, Samira. *Tempos da literatura brasileira*. São Paulo: Ática, 1985.

ABREU, Casimiro de. *Os melhores poemas de Casimiro de Abreu*. 2. ed. São Paulo: Global, 2000.

_____. *Poesia*. 4. ed. Rio de Janeiro: Agir, 1974.

ALENCASTRO, Luís Felipe de. Vida privada e ordem privada no Império. In: NOVAIS, Fernando A. (Coord.). *História da vida privada no Brasil*: Império. São Paulo: Companhia das Letras, 1997.

ALMEIDA PRADO, Décio de. A personagem no teatro. In: *A personagem de ficção*. São Paulo: Perspectiva, 1972.

ALVES, Castro. *Melhores poemas*. 5. ed. São Paulo: Global, 2000.

_____. *Melhores poesias*. São Paulo: Núcleo, 1996.

_____. *Poesia*. 5. ed. Rio de Janeiro: Agir, 1977.

_____. *Poesias completas*. 18. ed. Rio de Janeiro: Ediouro, 1995.

AMADO, Jorge. *Gabriela, cravo e canela*. 53. ed. Rio de Janeiro: Record, 1977.

_____. *Jubiabá*. 33. ed. Rio de Janeiro: Record, 1977.

Anchieta, José de. *Nossos clássicos*. 4. ed. Rio de Janeiro: Agir, 1982.

ANDRADE, Carlos Drummond de. *A rosa do povo*. 14. ed. Rio de Janeiro: Record, 1994.

_____. *Antologia poética*. 42. ed. Rio de Janeiro: Record, 1999.

_____. *Sentimento do mundo*. 8. ed. Rio de Janeiro: Record, 1999.

ANDRADE, Mário de. Amor e medo. In: *Aspectos da literatura brasileira*. 5. ed. São Paulo: Martins, 1974.

ANDRADE, Oswald de. *Pau-Brasil*. 5. ed. São Paulo: Globo, 2000.

ARGAN, Giulio Carlo. *Arte moderna*. São Paulo: Companhia das Letras, 1992.

ARISTÓTELES. Poética. In: *A poética clássica*. São Paulo: Cultrix, 1985.

AUERBACH, Erich. "Mimesis": a representação da realidade na literatura ocidental. São Paulo: Perspectiva, 1987.

AZEVEDO, Álvares de. *Os melhores poemas de Álvares de Azevedo*. 5. ed. São Paulo: Global, 2002.

AZEVEDO, Álvares de. *Poesia*. Rio de Janeiro: Agir, 1957.

_____. *Poesias completas*. 9. ed. Rio de Janeiro: Ediouro, 1996.

BAKHTIN, Mikhail. *A estética da criação verbal*. São Paulo: Martins Fontes, 2000.

_____. *Problemas da poética de Dostoievski*. Rio de Janeiro: Forense-Universitária, 1981.

BALAKIAN, Anna. *O simbolismo*. Trad. José Bonifácio A. Caldas. São Paulo: Perspectiva, 1985.

BASTIDE, Roger. *Arte e sociedade*. São Paulo: Companhia Editora Nacional-Edusp, 1971.

_____. Quatro estudos sobre Cruz e Sousa. In: *A poesia afro-brasileira*. São Paulo: Martins, 1943.

BEHR, Shulamith. *Expressionismo*. Trad. Rodrigo Lacerda. 2. ed. São Paulo: Cosac Naify, 2001.

BERNARD, Edina. *A arte moderna 1905-1945*. Trad. José Lima. Lisboa: Edições 70, 2000.

BLOOM, Harold. *A angústia da influência*: uma teoria da poesia. Rio de Janeiro: Imago, 1991.

BOSI, Alfredo. *História concisa da literatura brasileira*. 39. ed. São Paulo: Cultrix, 2001.

_____. *Machado de Assis*: o enigma do olhar. São Paulo: Ática, 2000.

BOURDIEU, Pierre. *As regras da arte*. São Paulo: Companhia das Letras, 2002.

BRADLEY, Fiona. *Surrealismo*. Trad. Sérgio Alcides. São Paulo: Cosac Naify, 1999.

BRITO, Mário da Silva. *História do Modernismo brasileiro*. Rio de Janeiro: Civilização Brasileira, 1964.

CAMARGOS, Márcia. *Semana de 22 entre vaias e aplausos*. São Paulo: Boitempo Editorial, 2002.

CAMINHA, Pero Vaz de. *Carta*. São Paulo: Dominus, 1963.

CAMPOS, Agostinho de. *Antologia portuguesa*. Paris/Lisboa: Aillaud & Bertrand, 1922.

CANDIDO, Antonio. *Formação da literatura brasileira*. 9. ed. Belo Horizonte: Itatiaia, 2000.

_____. *Literatura e sociedade*. São Paulo: Companhia Editora Nacional, 1965.

_____. *Na sala de aula*. São Paulo: Ática, 1985.

_____. *O discurso e a cidade*. São Paulo: Duas Cidades, 1998.

_____; CASTELLO, J. Aderaldo. *Presença da literatura brasileira*. São Paulo: Difel, 1968.

CARDOSO, Lúcio. *Crônica da casa assassinada*. 10. ed. Rio de Janeiro: Civilização Brasileira, 2009.

CARPEAUX, Otto M. *História da literatura ocidental*. Rio de Janeiro: O Cruzeiro, 1960.

CASTELLO, José Aderaldo. *A literatura brasileira*: origens e unidade. São Paulo: Edusp, 1999.

CHAVES, Rita. *Angola e Moçambique*: experiência colonial e territórios literários. São Paulo: Ateliê Editorial, 2005.

CHAVES, Rita; MACEDO, Tania (Org.). *Marcas da diferença*: as literaturas africanas de língua portuguesa. São Paulo: Alameda, 2006.

COTTINGTON, David. *Cubismo*. Trad. Luiz Antônio Araújo. São Paulo: Cosac Naify, 2001.

COUTINHO, Afrânio (Dir.). *A literatura no Brasil*. 4. ed. rev. e atual. São Paulo: Global, 1997.

_____. *Do Barroco*. Rio de Janeiro: Ed. da UFRJ/Tempo Brasileiro, 1994.

_____. *Introdução à literatura no Brasil*. São Paulo: Bertrand, 1995.

CURTIUS, Ernst Robert. *Literatura europeia e Idade Média latina*. São Paulo: Edusp/Hucitec, 1996.

DIAS, Elaine C. A pintura de paisagem de Félix-Émile Taunay. Revista *Rotunda*, Cepab, Instituto de Artes da Unicamp, Campinas, n. 1, abr. 2003.

DIAS, Gonçalves. *Os melhores poemas de Gonçalves Dias*. 7. ed. São Paulo: Global, 2001.

_____. *Poesia*. 8. ed. Rio de Janeiro: Agir, 1977.

FAORO, Raymundo. *A pirâmide e o trapézio*. São Paulo: Companhia Editora Nacional, 1974.

FAUSTO, Boris. *História do Brasil*. 10. ed. São Paulo: Edusp, 2002.

FIGUEIREDO, Fidelino de. *História literária de Portugal*. 3. ed. São Paulo: Companhia Editora Nacional, 1966.

FRIEDRICH, Hugo. *Estrutura da lírica moderna* (da metade do século XIX a meados do século XX). 2. ed. São Paulo: Duas Cidades, 1991.

GALVÃO, Walnice Nogueira. *Guimarães Rosa*. São Paulo: Publifolha, 2000.

GÂNDAVO, Pero de Magalhães. *Tratado da Terra do Brasil; História da Província de Santa Cruz*. Belo Horizonte: Itatiaia, 1980.

GAY, Peter. *Modernismo*: o fascínio da heresia: de Baudelaire a Beckett e mais um pouco. Trad. Denise Bottmann. São Paulo: Companhia das Letras, 2009.

GOMBRICH, E. H. *A história da arte*. Trad. Álvaro Cabral. 16. ed. Rio de Janeiro: LTC, 1999.

GOMES, Álvaro Cardoso; VECHI, Carlos Alberto. *A estética romântica*: textos doutrinários comentados. Trad. Maria Antônia Simões Nunes – textos alemães, espanhóis, franceses e ingleses; Duílio Colombini – textos italianos. São Paulo: Atlas, 1992.

GONÇALVES, Magaly Trindade; AQUINO, Zélia Thomaz de; BELLODI, Zina C. (Org.). *Antologia comentada de literatura* brasileira: poesia e prosa. Petrópolis: Vozes, 2006.

Guinsburg, Jacob (Org.). *O Romantismo*. São Paulo: Perspectiva, 1978.

Gullar, Ferreira. *Toda poesia*. 9. ed. Rio de Janeiro: José Olympio, 2000.

Hauser, Arnold. *História social da arte e da literatura*. São Paulo: Martins Fontes, 2003.

Holanda, Sérgio Buarque de. *O espírito e a letra*: estudos de crítica literária. São Paulo: Companhia das Letras, 1996. v. 1 e 3.

Ianelli, Mariana. *Passagens*. São Paulo: Iluminuras, 2003.

Lafetá, João Luiz. *1930:* a crítica e o Modernismo. São Paulo: Duas Cidades, 1974.

Lima, Jorge de. *Poemas negros*. Rio de Janeiro: Lacerda, 1997.

Lima, Luiz Costa. *Teoria da literatura em suas fontes*. Rio de Janeiro: Francisco Alves, 1983

Lispector, Clarice. *Laços de família*. 27. ed. Rio de Janeiro: Francisco Alves, 1994.

_____. *Perto do coração selvagem*. 16. ed. Rio de Janeiro: Francisco Alves, 1995.

Machado, Dyonélio. *Os ratos*. 22. ed. São Paulo: Ática, 2001.

Macy, John. *História da literatura mundial*. Trad. Monteiro Lobato. 5. ed. São Paulo: Companhia Editora Nacional, 1967.

Maingueneau, Dominique. *Elementos de linguística para o texto literário*. São Paulo: Martins Fontes, 2001 (Coleção Leitura e Crítica).

_____. *O contexto da obra literária*. São Paulo: Martins Fontes, 1996 (Coleção Leitura e Crítica).

_____. *Pragmática para o discurso literário*. São Paulo: Martins Fontes, 2001 (Coleção Leitura e Crítica).

Malard, Letícia. *Poemas de Gregório de Matos*. Belo Horizonte: Autêntica, 1998.

Malraux, André. *Le musée imaginaire*. Paris: Gallimard, 1997.

Manguel, Alberto. *Uma história da leitura*. São Paulo: Companhia das Letras, 1997.

Meireles, Cecília. *Poesia completa*. Rio de Janeiro: Nova Fronteira, 2001.

Melo Neto, João Cabral de. *Obra completa*. Rio de Janeiro: Nova Aguilar, 1994.

Mendes, Murilo. *Poesia completa e prosa*. Rio de Janeiro: Nova Aguilar, 1994.

Miguel-Pereira, Lúcia. *História da literatura brasileira* – prosa de ficção (de 1870 a 1932). Rio de Janeiro: José Olympio, 1978.

Moisés, Massaud. *A literatura brasileira através dos textos*. São Paulo: Cultrix, 2006.

_____. *A literatura portuguesa*. 26. ed. São Paulo: Cultrix, 1991.

_____. *A literatura portuguesa através dos textos*. São Paulo: Cultrix. 2006.

Moraes, Vinicius de. *Antologia poética*. São Paulo: Companhia das Letras, 1992.

Nabuco, Joaquim. *Minha formação*. 10. ed. Brasília: Ed. da UnB, 1981.

Olímpio, Domingos. *Luzia-homem*. São Paulo: Ática, 1978.

Perry, Marvin. *Civilização ocidental:* uma história concisa. Trad. Waltensir Dutra, Silvana Vieira. 2. ed. São Paulo: Martins Fontes, 1999.

Pessoa, Fernando. *Obra poética*. Rio de Janeiro: Nova Aguilar, 1977.

Petrarca, Francesco. *Poemas de amor de Petrarca*. Trad. Jamil Almansur Haddad. Rio de Janeiro: Ediouro, 2002.

Picchio, Luciana Stegagno. *História da literatura brasileira*. Rio de Janeiro: Nova Aguilar, 1997.

Proença Filho, Domicio. *Estilos de época na literatura*. São Paulo: Ática, 1978.

Rabello, Ivone Daré. *Um canto à margem:* uma leitura da poética de Cruz e Sousa. São Paulo: Nankin/Edusp, 2006.

Ramos, Graciliano. *Infância*. 12. ed. Rio de Janeiro: Record, 1977.

_____. *São Bernardo*. 81. ed. Rio de Janeiro: Record, 2005.

_____. *Vidas secas*. 80. ed. Rio de Janeiro: Record, 2000.

Rego, José Lins do. *Ficção completa*. Rio de Janeiro: Nova Aguilar, 1976.

Ricieri, Francine (Org.). *Antologia da poesia simbolista e decadente brasileira*. São Paulo: Companhia Editora Nacional/ Lazuli Editora, 2007.

Rimbaud, Arthur. *Rimbaud livre*. 2. ed. São Paulo: Perspectiva, 1993.

Rodrigues, Nelson. *Teatro completo I:* peças psicológicas. 2. ed. Rio de Janeiro: Nova Fronteira, 2004.

Roncari, Luiz. *Literatura brasileira:* dos primeiros cronistas aos últimos românticos. São Paulo: Edusp/FDE, 1995.

Saraiva, Antonio José; Lopes, Oscar. *História da literatura portuguesa*. Porto: Porto Editora, 1969.

Schwarcz, Lilia Moritz. *As barbas do imperador:* D. Pedro II, um monarca nos trópicos. São Paulo: Companhia das Letras, 1998.

Schwarz, Roberto. *Um mestre na periferia do capitalismo:* Machado de Assis. São Paulo: Duas Cidades, 1990.

Schwarz, Roberto. *Ao vencedor as batatas*: forma literária e processo social nos inícios do romance brasileiro. São Paulo: Duas Cidades/Ed. 34, 2000.

Sepúlveda, Maria do Carmo; Salgado, Maria Teresa (Org.). *África e Brasil:* letras em laços. Rio de Janeiro: Atlântica, 2000.

Sodré, Nelson Werneck. *História da literatura brasileira*. 9. ed. Rio de Janeiro: Bertrand Brasil, 1995.

Staden, Hans. *Viagem ao Brasil*. Rio de Janeiro: Academia Brasileira, 1930.

Staiger, Emil. *Conceitos fundamentais de poética*. Trad. Celeste Aída Galeão. Rio de Janeiro: Tempo Brasileiro, 1975.

Suassuna, Ariano. *Auto da compadecida*. 35. ed. Rio de Janeiro: Agir, 2005.

Teles, Gilberto Mendonça. *Vanguarda europeia e modernismo brasileiro:* apresentação dos principais poemas, manifestos, prefácios e conferências vanguardistas, de 1857 a 1972. Rio de Janeiro: Vozes, 1997.

Van Steen, Edla (Org.). *O conto da mulher brasileira*. São Paulo: Global, 2008.

Varela, Fagundes. *Melhores poemas*. São Paulo: Global, 2005.

_____. *Poemas de Fagundes Varela*. São Paulo: Cultrix, 1982.

_____. *Poesias*. 2. ed. Rio de Janeiro: Ediouro, s. d.

Venturi, Lionello. *Para compreender a pintura:* de Giotto a Chagall. Lisboa: Editorial Estúdios Cor, 1968.

Verissimo, Erico. *Clarissa*. São Paulo: Companhia das Letras, 2005.

_____. *O tempo e o vento, parte I:* o continente. 3. ed. São Paulo: Companhia das Letras, 2004.

_____. *Um certo capitão Rodrigo*. São Paulo: Companhia das Letras, 2004.

Veríssimo, José. *História da literatura brasileira*. 5. ed. Rio de Janeiro: José Olympio, 1969.

Vernant, Jean-Pierre. *Mito e pensamento entre os gregos*. Rio de Janeiro: Paz e Terra, 1990.

_____. *Mito e religião na Grécia Antiga*. Campinas: Papirus, 1992.

Vicente, Gil. *Obras de Gil Vicente*. Lisboa: Escritório da Biblioteca Portuguesa, 1852.

Warren, Austin; Wellek, René. *Teoria da literatura*. Lisboa: Publicações Europa-América, 1962.

Site consultado

Coleção composta de cerca de 20 000 documentos e 3 500 livros pertencentes a Guimarães Rosa. Instituto de Estudos Brasileiros (IEB). Disponível em: <http://www.ieb.usp.br/publicacoes/doc/guia_ieb__parte_4_1339452569.pdf>. Acesso em: 28 maio 2013.

Siglas dos exames e das universidades

Enem – Exame Nacional do Ensino Médio
ESPM-SP – Escola Superior de Propaganda e Marketing
Fatec-SP – Faculdade de Tecnologia de São Paulo
FGV-SP – Fundação Getúlio Vargas
Fuvest-SP – Fundação Universitária para o Vestibular
IFPE – Instituto Federal de Educação, Ciência e Tecnologia de Pernambuco
IFSP – Instituto Federal de Educação, Ciência e Tecnologia de São Paulo
ITA-SP – Instituto Tecnológico de Aeronáutica
Mackenzie-SP – Universidade Presbiteriana Mackenzie
PUC-Campinas-SP – Pontifícia Universidade Católica de Campinas
PUC-MG – Pontifícia Universidade Católica de Minas Gerais
PUC-PR – Pontifícia Universidade Católica do Paraná
PUC-RJ – Pontifícia Universidade Católica do Rio de Janeiro
PUC-SP – Pontifícia Universidade Católica de São Paulo
Udesc – Universidade do Estado de Santa Catarina
Uece – Universidade Estadual do Ceará
UEL-PR – Universidade Estadual de Londrina
UEMG – Universidade do Estado de Minas Gerais
UEM-PR – Universidade Estadual de Maringá
Uenp-PR – Universidade Estadual do Norte do Paraná
Uepa – Universidade Estadual do Pará
Uern – Universidade do Estado do Rio Grande do Norte
Uesc-BA – Universidade Estadual de Santa Cruz
Uespi – Universidade Estadual do Piauí
Ufam – Universidade Federal do Amazonas
UFG-GO – Universidade Federal de Goiás
UFMG – Universidade Federal de Minas Gerais
UFPA – Universidade Federal do Pará
UFRGS-RS – Universidade Federal do Rio Grande do Sul
UFRJ – Universidade Federal do Rio de Janeiro
UFRN – Universidade Federal do Rio Grande do Norte
UFT-TO – Universidade Federal do Tocantins
UFTM-MG – Universidade Federal do Triângulo Mineiro
UFV-MG – Universidade Federal de Viçosa
Unama-PA – Universidade da Amazônia
UnB-DF – Universidade de Brasília
Uneal – Universidade Estadual de Alagoas
Unemat-MT – Universidade do Estado de Mato Grosso
Unicamp-SP – Universidade Estadual de Campinas
Unifesp – Universidade Federal de São Paulo
UPE – Universidade de Pernambuco
Vunesp – Fundação para o Vestibular da Universidade Estadual Paulista

Créditos complementares de textos

p. 23 © by Lygia Fagundes Telles
p. 51 Copyright (1963) by Mangione, Filhos & Cia Ltda. Todos os direitos autorais reservados para todos os países do mundo. All rights reserved for all countries of the word. Grapiuna Produções/ Copyrights Consultoria
p. 115 Os direitos relativos ao poema "Soneto da Rosa", de autoria de Vinicius de Moraes, foram autorizados pela VM Empreendimentos Artísticos e Culturais Ltda., © VM Empreendimentos Artísticos e Culturais Ltda.
p. 186 Carlos Drummond de Andrade © Graña Drummond. www.carlosdrummond.com.br
p. 330 Carlos Drummond de Andrade © Graña Drummond. www.carlosdrummond.com.br